岩画研究

ROCK ART RESEARCH | 2018

宁夏岩画研究中心/主编

黄河出版传媒集团
宁夏人民出版社

图书在版编目（CIP）数据

岩画研究. 2018 / 宁夏岩画研究中心主编. — 银川：宁夏人民出版社，2018.12
ISBN 978-7-227-07021-4

Ⅰ. ① 岩… Ⅱ.①宁 …Ⅲ.①岩画—美术考古— 研究— 宁夏 — 2018 Ⅳ. ① K879.424

中国版本图书馆CIP数据核字（2018）第299459号

岩画研究. 2018 宁夏岩画研究中心 主编

责任编辑 姚小云
责任校对 丁丽萍
封面设计 水 木
责任印制 肖 艳

黄河出版传媒集团 宁夏人民出版社 出版发行

地 址 宁夏银川市北京东路139号出版大厦（750001）
网 址 http://www.yrpubm.com
网上书店 http://www.hh-book.com
电子信箱 nxrmcbs@126.com
邮购电话 0951-5052104 5052106
经 销 全国新华书店
印刷装订 宁夏雅昌彩色印务有限公司
印刷委托书号 （宁）0012058

开 本 787mm × 1192mm 1/16
印 张 14.25 字 数 200千字
版 次 2018年12月第1版
印 次 2018年12月第1次印刷
书 号 ISBN 978-7-227-07021-4
定 价 148.00元

目录
Contents

探索与研究　EXPLORATION AND RESEARCH

发现 DISCOVERY

保护 CONSERVATION

钩沉 HISTORY

视野 OVERSEAS

信息 INFORMATION

探索与研究
Exploration and Research

简论青藏高原岩画与中亚草原文化的接触

李永宪

摘　要：本文所论青藏高原岩画首先是从自然地理的角度出发，认为高原东部新发现的岩画群与西部（西藏西北部及印度河上游地区）高海拔地区构成了青藏高原岩画的主要分布区，具有高原岩画地域代表性。其次，认为青藏高原岩画与中国北方其他岩画分布区皆为古代“华夏”边缘地带文化，并且与更为北方的“中亚草原文化”有着诸多关联。由于青藏高原在自然地理、与牧业相关的先期文化等方面的特点，青藏高原岩画可能通过天山—帕米尔高原“内亚山地走廊”与中亚北方草原文化进行交往，这种交往所产生的影响在金属器、岩画图像等方面都有明显的表现。

关键词：青藏高原岩画；中亚草原文化；内亚山地走廊

近五年来，新发现的青藏岩画集中在高原东部的通天河流域，据不完全统计，通天河上游的玉树地区新发现岩画遗存二十余处[①]，遗存点数量超过此前正式刊布的青海全省岩画遗存点总数[②]。此外，与玉树藏族自治州毗邻的四川甘孜藏族自治州石渠县近年亦有多处岩画发现[③]，加之此前在青南高原野牛沟、野马滩发现的多处岩画[④]，诸多现象显示青藏高原东部的岩画与高原西部（西藏阿里及印度河上游地区）岩画之间有着许多相似性，这使得我们有必要从自然地理和人文地理两方面来观察整个高原岩画的区域性。

作者简介：
李永宪，男，四川大学历史与文化学院教授。

①尼玛江才：《玉树岩画－通天河卷》，青海人民出版社，2016年；青海省文物考古研究所、四川大学历史文化学院、成都文物考古研究所：《青南岩画》（待刊稿）。

②参见王利君：《“哈龙”古代岩画简介》，《青海社会科学》，1982年第5期，第113~115页；许新国、格桑本：《青海海西州哈龙沟、巴哈毛力沟的岩画》，《文物》，1984年第2期，第80~83页；汤惠生、张文华：《青海岩画——史前艺术中二元对立思维及其观念的研究》，科学出版社，2001年，第14~15页；国家文物局主编：《中国文物地图集·青海分册》“青海省岩画图”，中国地图出版社，1996年，第24~25页。

③承蒙石渠县委宣传部李宏部长、石渠温波寺丹增格登老师带领，笔者前往调查记录。

④参见汤惠生、张文华：《青海岩画——史前艺术中二元对立思维及其观念的研究》《中国文物地图集·青海省分册》等图文资料。笔者曾于2018年3月在格尔木文物部门负责人带领下考察过野牛沟、野马滩等处岩画遗存。

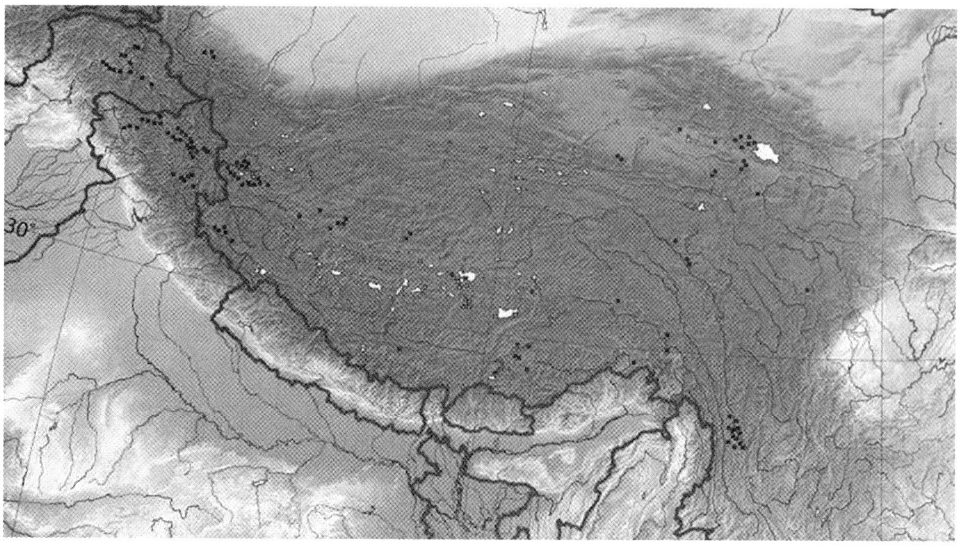

图1　青藏高原岩画分布示意图

作为牧业文明标志之一的亚洲山地草原岩画，与金属武器、工具和装饰品等物质文化元素有所不同。岩画是不可移动的地面遗存（与遗址、墓葬等埋藏遗存相似），它既包含有可以移动的信息（如制作岩画的工具、技术、图像样式、制作人群等），更有不可移动的特定要素，如遗存地点、地理环境等。从这个角度上讲，岩画的区域性（或分布带）就是一种不可移动的因素，因此对岩画内容与形式的观察与理解应有分区、分片、分带的意识。

青海省境内发现的岩画主要分布在两个地理区。一个是以青海湖为中心的海拔3500米以下的湖盆、湖周谷地，包括海拔3000米以下的贵德等黄河流域岩画①，这个区域已刊布的岩画遗存点共有近20处，海拔高度多在3000米上下，自然地理区划属地理科学划分的青海三个"一级气候区"之中的"东部季风区"（由祁连山东部、青海湖盆地、河湟谷地3个二级气候区构成）。②而近年来新发现的岩画则集中在玉树、石渠、海西等"青南高原区"（以昆仑山、唐古拉山为南北界的高海拔地理区）③，岩画遗存高度为海拔3900~4500米④，地貌特征多属以河流为纵轴的宽谷及其支流河谷。地理科学划分青海"三大气候区"的意义，一是体现了青海宏观自然地理特点的差异性，二是概括了三大气候区内部各种自然特性的相对一致性，三是很大程度上概括了不同气候区内"人类活动、对自然界的利用及环境整治方向上的一致性"⑤，这对研究者认识青海岩画与自然地理之间的关系尤为重要。"青南高原区"与"东部季风区"之间在自然地理区域上的差异，同时也显示了整个青藏高原岩画明显的区域性特征：青南高原与西藏羌塘地区（阿里、那曲）之间存在更多的地理共性，其海拔高度均在4000米以上，地貌以高原面发育的湖盆宽谷为主，植被稀少，地理环境都处于寒冷、降水量稀少的区域，动物种群相似性高。这个自然地理上的共性，是与整个青藏高原隆起的地质事件（从北向南

---

①青海黄河流域亦有岩画发现，其中贵德县宗果岩画由青海师范大学公保才让教授调查发现并见告。

②③参见张忠孝：《青海地理》第六章第二节《综合自然区划的原则与方案》，青海省综合自然区等级分为三级：大区（一级区）、地区（二级区）、小区（三级区）。科学出版社，2016年，第116~124页。

④海西州野牛沟岩画海拔3940米，地处昆仑河（哈齐布哈河）右岸；玉树藏族自治州昂拉岩画点海拔4400米，地处通天河北侧支流楚玛尔河（曲麻莱县境内）右岸。

⑤张忠孝：《青海地理》，科学出版社，2016年。

渐次成陆）和地质构造带密切相关。“青南高原”与“藏北羌塘”“阿里高原”不仅是青藏高原的东西向的“屋脊”，同时也是青藏高原岩画东西向分布的主要遗存区，因此不能不关注这个“高海拔岩画分布区”所代表的人类活动及其文化的意义。

20世纪80年代末，童恩正提出中国“半月形文化传播带”的概念①，指出了一个重要的观察视角，即自新石器时代到青铜时代呈“半月形”环绕“华夏边缘”的古代文化遗存具有诸多共性因素，它们在很大程度上代表着中国北方以牧业为主的古代文化和古代部族的活动范围，它们与南部中原汉地农业文明之间的互动与冲突，形成了中国古代历史的若干特点。“半月形文化传播带”的提出，强调了中国南北两大文化圈的整体差异及其互动性，在这个呈“半月形”的“边地文化传播带”中，青藏高原包括岩画在内的诸多文化元素无疑是处于中国“从东北至西南”的“北方文化圈”之中。如果以更为宏观的视野来观察这一“南北文化差异与互动”的现象，我们或可发现，在中国“半月形边地文化传播带”之外更为北方的东亚草原地区，还有一个更为广袤的“半月形文化传播带”，这就是以乌拉尔山为西界的“北方亚洲—中亚山地草原文化传播带”。这一文化传播带展现了更为宏观的东部亚洲南北文化的互动格局，即代表早期牧业文明的中亚、东北亚文化圈，与代表早期农业文明的东亚黄河、辽河、长江文化圈之间的互动与冲突。杨建华等指出，在中国北方地区青铜时代至早期铁器时代期间与更为北方的亚洲游草原文化的互动圈中，其“东区”与“西区”之间是存在着差异性的②，在互动方向上“东区”多见于向北方传播，“西区”则多见于接受北方的影响；在互动时段上，“东区”较早的北进或导致了匈奴联盟的形成，“西区”则

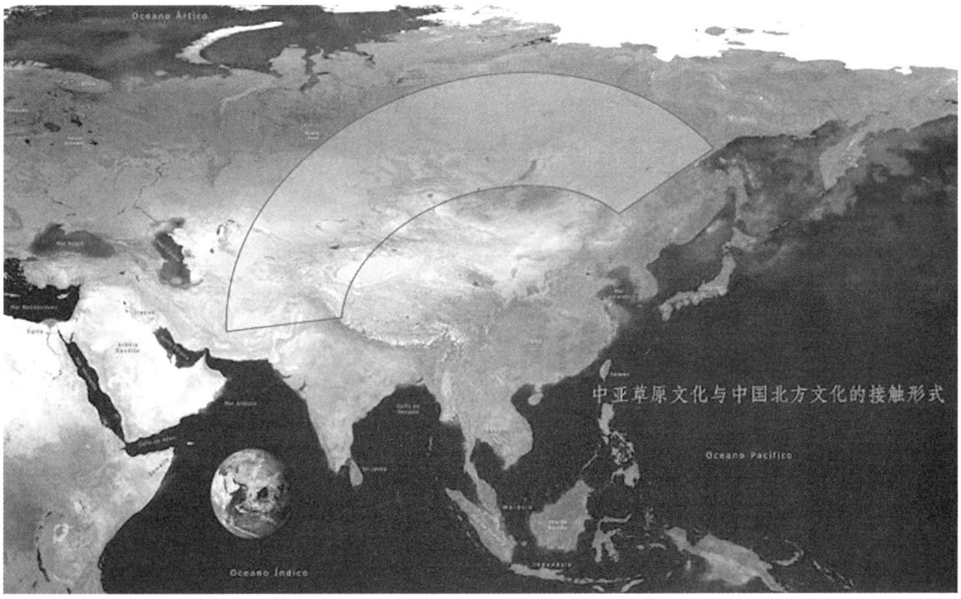

图2　中亚草原文化与中国北方文化的接触形式

①童恩正：《试论我国从东北至西南边地半月形言语论传播带》，《文物与考古论集》，文物出版社，1987年。
②杨建华、邵会秋：《匈奴联盟与丝绸之路的孕育过程——青铜时代和早期铁器时代中国北方与欧亚草原的文化交往》，《吉林大学社会科学学报》，2015年第1期。

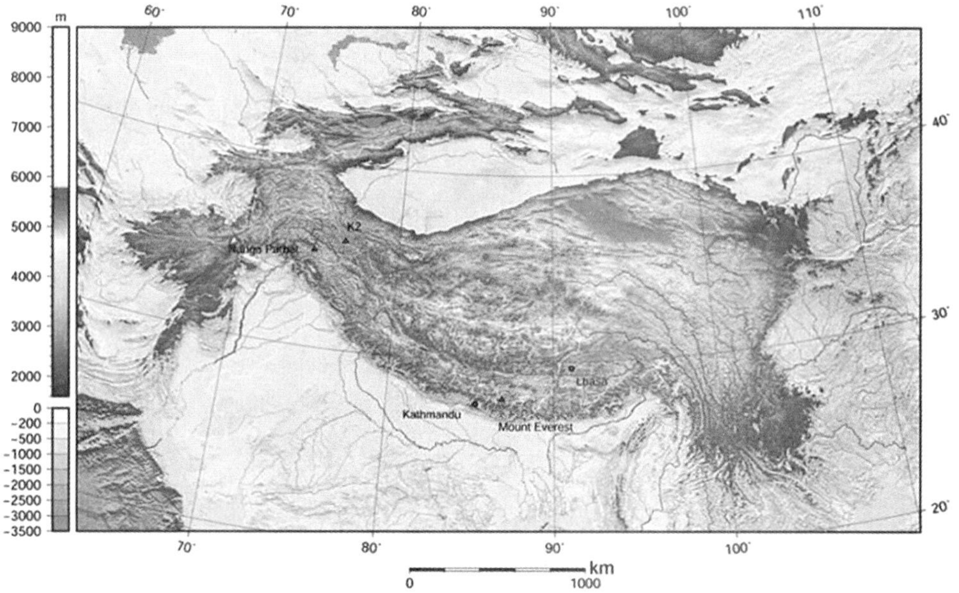

图3　连接青藏高原内亚山地（海拔200米以上）地形图

随着时间的推移从北至南受到北方草原文化的渐次影响。

迄今为止，青藏高原的诸多考古材料显示，在公元三千纪之后，高原

中国西藏西部

吉尔吉斯斯坦

中国新疆

哈萨克斯坦

图4　岩画中的“动物风格”

文化不断受到来自北方中亚草原文化的影响，这种影响在金属器（如有柄铜镜、青铜短剑、黄金面具等）和岩画图像（“斯基泰动物风格”、马车等）上都有反映。然而，青藏高原特殊的地理环境与先期文化的高原性质，使其与中国北方其他地区（如河套—蒙古高原区、祁连山—河西走廊区等）受到北方中亚草原文化的影响或通道都有不同。简而言之，仅从岩画的形式与内容来观察，青藏高原与中亚草原文化的交往，可能主要是通过“内亚山地走廊（Inner Asia Mountain Corridor）”传播的，在岩画图像的比较中，可以明显看到中亚北方草原岩画经由阿尔泰、天山、帕米尔高原、印度河上游（克什米尔—拉达克地区）到青藏高原西部之间的传播关联性，这中间既有自然地

1 2 3

Tibet Plateau(1.Lhasa;2.German collection;3.French Collection)
铜镜：1.拉萨出土；2.德国收藏品；3.法国收藏品

有柄铜镜The mirror with a handle（a.3500-2000 B.P）

4

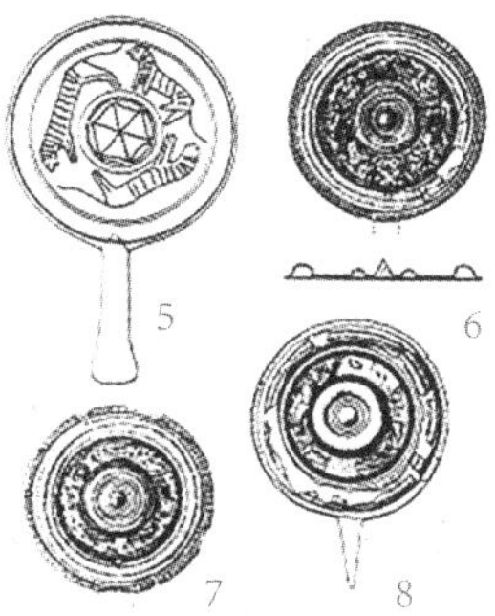

Central Asia(4.Afghanistan;5.Siberia Bystrovka;6,7.Altai Rogpzikha,Lokot;8.Southern Ural Mechetsai)
中亚铜镜：4.阿富汗；5.西伯利亚；6、7.阿尔泰地区；8.乌拉尔地区

中亚岩画与青藏高原岩画中的“动物风格”
Animal Style of Central Asia and Qinghai-Tibet plateau

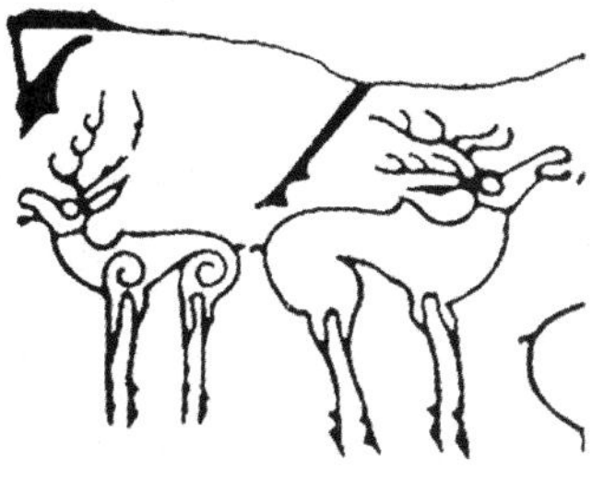

On a deerstone fragment found during excavation at Arzhan,Tuva,dated to 3200BP to 2900BP
在图瓦阿尔赞墓葬发掘中出土的鹿石残片

Western Tibet plateau
青藏高原西部

From the site of Arpauzen in South Kazakhstan
出自哈萨克斯坦南部Arpauzen地点

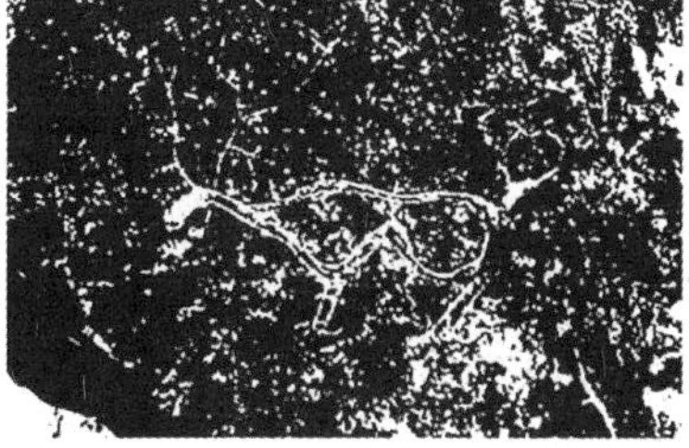

Eastern Tibet plateau
青藏高原东部

图5　受中亚文化影响的高原文化

理与生态环境的相似性，也与畜牧生业在高原山地当时文化中的主导地位或有关系。总之，青藏高原岩画与“中亚草原岩画”的关联性，既有“中国北方岩画”的某些文化共性，又有其因特殊的高原地理特性所形成的接触通道。

岩画研究，从来就是多视角、多层次、多学科领域的。在岩画图像的研究中，无疑包含有制画工具、岩画技法、图像造型、图像风格、制作时代，以及不同岩画地点之间关联程度的信息；而对多个岩画遗存点及其岩画内容的研究，可以从中观察到古代社会生活中诸如物质产品及其技术、生业方式、社会组织、视觉习惯、精神信仰等文化信息，但这些信息往往是比较隐性的，并不能从图像上一目了然。考古学文化研究中常用的“区域性”视角，是基于不可移动因素的共地性、共时性，以及文化区域间的时空关联性，当然，我们的研究绝不是止步于此，而是尽可能多地探求“解读”岩画的途径与视角，这即是本文努力的方向。

Discussion on the Contact Between Tibetan Plateau Rock Art and Central Asia Prairie Culture

Li Yongxian

Abstract: First of all, from the point of physical geography, the paper argues that the new found rock art in eastern of Tibetan Plateau constitutes the main distribution area with high elevations in the west (northwest of Tibet and upper reaches of the Indus) , also have geographical characteristic of Plateau rock art. Secondly, it is believed that Tibetan Plateau rock art as well as other rock art in north of China belong to marginal culture of ancient "Hua Xia", while have many connections with Central Asia prairie culture in the further north. For the reasons of physical geography of Tibetan Plateau and earlier nomadic cultures, it is possible that Tibetan Plateau rock art may have connections with Central Asia Prairie Culture through the Inner Asia Mountain Corridor of Tianshan–Pamir Plateau. The influence of this interaction is obviously revealed on metal objects and rock art graphics.

Key words: Tibetan Plateau Rock Art; Central Asia Prairie Culture; Inner Asia Mountain Corridor

略论新疆地区四千年前的萨满式人物形象

——兼论康家石门子岩画的年代

韩建业

摘　要： 距今4000年前后的青铜时代，在新疆地区的切木尔切克文化、哈密天山北路文化、古墓沟—小河文化等当中，有一种头面装饰奇特的萨满式人物形象。这类形象在大体同期的俄罗斯阿尔泰地区奥库涅夫和卡拉库尔等文化当中有着更为丰富的发现，类似形象还见于新疆康家石门子，以及阿尔泰山、天山、贺兰山、阴山等地区的岩画。推测这些人物形象，不但彼此时代相近、互相存在联系，而且可能具有共同的萨满特征的信仰底层。

关键词： 新疆地区；青铜时代；人物形象；萨满

本文为国家社会科学基金重大项目“史前时期中西文化交流研究”（项目编号：12&ZD151）的阶段性成果。

作者简介：
韩建业，男，中国人民大学历史学院教授。

一

距今4000年前后的青铜时代，在新疆地区的切木尔切克文化、哈密天山北路文化、古墓沟—小河文化等当中，时见各种人物形象，尤以一种萨满式的人物形象最为有趣。这里所谓萨满式人物形象，是指人像头顶有角状—羽状饰、面部有横线纹等奇特装饰，类似晚近北方草原萨满装扮的形象。

切木尔切克[①]文化，以中国新疆阿勒泰地区为中心，涉及周边的塔城、昌

①切木尔切克原译作克尔木齐，后来地名标准化译作切木尔切克，参考1995年新疆维吾尔自治区测绘局编制《中华人民共和国新疆维吾尔自治区地图集》，见王博：《切木尔切克文化初探》，《考古文物研究——纪念西北大学考古专业成立四十周年文集》，三秦出版社，1996年，第285页。

吉，以及蒙古西部的乌列盖省、科布多省等地，绝对年代在公元前2500~公元前1500年[①]。其萨满式人物形象主要见于墓前石碑，[②]以阿勒泰喀依纳尔1号墓地石人为代表[③]。该墓地于茔院墓围之前立有5尊人像石碑，真人大小，圆顶长方体，头颈稍有分界，正面浅浮雕出圆头，以及眉眼鼻口，双手抚胸腹。值得注意的是，其双颊有两个横三角形浅浮雕饰，有的胸部正中有圆形浅浮雕饰，像是文面着胸饰的萨满形象（图1，1、2）。在紧邻阿勒泰的蒙古科布多省亚格辛霍多（Ягшийн ходоо）墓地，[④]也发现有类似的石碑人像，只是除了文面，头上还有双短竖线式的角状—羽状饰，左右手各持弓和钩形器（图1，3）。

1　　2　　3

1、2. 喀依纳尔1号墓地；3. 亚格辛霍多3号墓

图1　切木尔切克文化石碑人像

哈密天山北路文化，位于新疆哈密盆地和巴里坤盆地，绝对年代在公元前2000~公元前1300年。[⑤]哈密天山北路墓地的一件黑彩彩陶双耳罐上，在双

①韩建业：《新疆的青铜时代和早期铁器时代文化》，文物出版社，2007年，第46页；林沄：《关于新疆北部切木尔切克类型遗存的几个问题——从布尔津县出土的陶器说起》，《林沄学术文集（二）》，科学出版社，2008年，第143~161页；A. A. 科瓦廖夫著，贺婧婧译：《公元前第三千纪早期切木尔切克人从法兰西向阿尔泰的大迁徙》，《吐鲁番学研究》，2015年第1期，第118~155页；丛德新、贾伟明：《切木尔切克墓地及其早期遗存的初步分析》，《庆祝张忠培先生八十岁论文集》，科学出版社，2014年，第275~308页。

②阿勒泰地区文物局（博物馆）：《切木尔切克文化》，新疆人民出版总社、新疆科学技术出版社，2016年，第69~71页。

③喀依纳尔1号墓地位于切木尔切克乡喀依纳尔村西南，早年包含在泛称的克尔木齐墓群之中。见李征：《阿勒泰地区石人墓调查简报》，《文物》，1962年第7、8期，第103~108页；新疆社会科学院考古研究所：《新疆克尔木齐古墓群发掘简报》，《文物》，1981年第1期，第23~32页；阿勒泰地区文物局、阿勒泰地区博物馆：《狩猎·游牧·黄金道》，新疆人民出版总社、新疆科学技术出版社，2015年，第18~19页。

④ A. A. 科瓦列夫、Д. 额尔德涅巴特尔著，邵会秋、潘玲译：《蒙古青铜时代文化的新发现》，《边疆考古研究》第8辑，科学出版社，2009年，第246~279页。

⑤又称天山北路文化、林雅文化等，我为避免误解，使用了哈密天山北路文化一名。见韩建业：《新疆的青铜时代和早期铁器时代文化》，文物出版社，2007年，第41页。

耳及以下部位，各彩绘站立人物一个。[①] 其中一人头部彩绘剥蚀不清，仔细观察头应为粗圆点，不见五官，上伸出一对正反“F”形羽状饰，[②] 身体为两个对顶三角形，平肩垂臂，手部呈树枝状，双短腿，两脚偏于一侧，中间有竖道应为阳具（图2）。

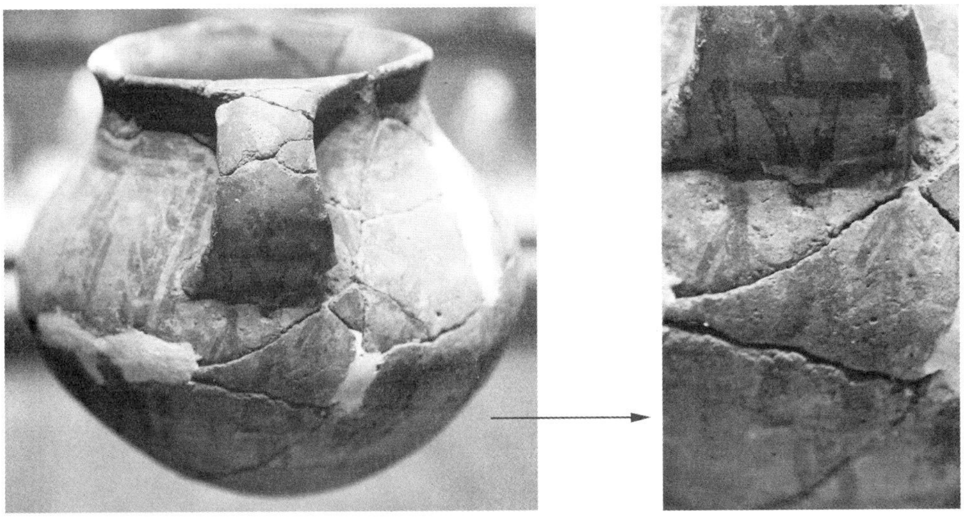

1. 彩陶罐　　2. 人像

图2　哈密天山北路墓地（M214）彩陶人像

古墓沟—小河文化[③]，位于从罗布泊至克里雅河流域的塔里木盆地，绝对年代在公元前2100~公元前1450年[④]，其中小河墓地上部第1、2层年代公元前1650~公元前1450年[⑤]。小河墓地有一种随葬的木人头像，一般置于墓主人胸部，高10厘米左右，高鼻深目，尤其鼻子高耸夸张，镶嵌小白珠为眼珠，以羽管为牙，在鼻梁至双颊横搭7道细线绳（图3，1、2）。有趣的是，随葬木人头像的M13、M24等的墓主人也是“额至鼻部绘有红色的横线”，其中M13“额部的3道最明显，鼻梁至上唇的几道断断续续，不甚清晰”（图3，

①新疆维吾尔自治区文物事业管理局等编:《新疆文物古迹大观》，新疆美术摄影出版社，1999年，第111页。
②我曾经将此头顶饰视为倒置的“尖顶冠形符号”，并认为其与中亚的阿尔丁特佩文化有关，或者其为中亚符号和阿尔泰装饰图案的融合体。见韩建业：《公元前3至前1千纪中国和中亚地区的尖顶冠形符号》，《西域研究》，2015年第4期，第142~146页。
③又称小河文化、小河—古墓沟文化等，最早20世纪30年代发现于罗布泊小河墓地，80年代古墓沟墓地的发掘者提出古墓沟文化的命名。见贝格曼：《新疆考古记》，王安洪译，新疆人民出版社，1997年，第75～183页；新疆社会科学院考古研究所：《孔雀河古墓沟发掘及其初步研究》，《新疆社会科学》，1983年第1期，第125~126页。
④王炳华：《古墓沟》，新疆人民出版社，2014年；伊弟利斯·阿不都热苏勒、李文瑛等：《罗布泊地区古代人类活动》，《中国罗布泊》，科学出版社，2007年，第390~447页。
⑤新疆文物考古研究所:《2002年小河墓地考古调查与发掘报告》,《新疆文物》,2003年第2期，第8～64页；新疆文物考古研究所：《新疆罗布泊小河墓地2003年发掘简报》，《文物》，2007年第10期，第4~42页。

3）。[①]可见，木头人像面部的线绳，很可能表示的就是文面形象。

上述人物形象中，切木尔切克文化见角状或羽状饰和横线文面，哈密天山北路文化见角状—羽状饰，古墓沟—小河文化有文面，应当和陶器、草篓、青铜器等其他器物反映的情况一样，说明这些文化彼此间存在联系。

1　　2　　3

1、2. 木人头像（M13、M24）；3. 女尸人面（M13）

图3　小河墓地木人头像和女尸人面

二

类似新疆青铜时代这种萨满式的人物形象，在大体同期的俄罗斯阿尔泰地区的奥库涅夫（Okunev）和卡拉库尔（Karakol）等文化当中，有着极为丰富的发现。

奥库涅夫文化主要分布在东西萨彦岭之间叶尼塞河上游的米努辛斯克盆地，绝对年代在公元前2500~公元前1500年。[②]萨满式人物形象主要雕刻在石碑上，也有的在陶器等器物上面，形态多种多样，人像头顶有多枝角状或羽状装饰，但多以其中两枝为主，有的头顶呈日光状，或有细长高冠或发辫；面部除双目外，还在额头中间常见第三只“天眼”，常在额至鼻部饰横带纹；有的在头下方有一个或数个内圆外方的琮形图案（图4，12~16）。[③]与其

---

①新疆文物考古研究所：《新疆罗布泊小河墓地2003年发掘简报》，《文物》，2007年第10期，第4~42页。

②Hermann Parzinger, *Die frühen Völker Eurasiens: Vom Neolithikum bis zum Mittelater*, Verlag C. H. Beck, München, 2006: 300~312; Anton Gass, *Frühbronzezeit am mittleren Enisej: Gräberfelder der frühbronzezeitlichen Okunev-Kultur im Minusinsker Becken*, Habelt, 2011. Universitätsforschungen zur prähistorischen Archäologie. Vol. 199.

③Э. Б. Вадецкая, Н. В. Леонтьев, Г. А. Максименков, Памятники окуневской культуры. Ленинград: 1980; Д. Г. Савинов, М. Л. Подольский, Окуневский сборник. Культура, искусство, антропология. СПб. 1997; Nikolaj V. Leont'ev, Vladimir F. Kapel'ko, Steinstelen der Okunev-Kultur. Philipp von Zabern, Mainz, 2002; Д. Г. Савинов, М. Л. Подольский, А. Наглер, К. В. Чугунов. Окуневскийсборник 2. Культура и её окружение. СПб: 2006.

大体同期的卡拉库尔文化，主要分布在鄂毕河上游阿尔泰共和国南部地区，[①]萨满式人物形象也有头顶角状或羽状、日光状、高冠状等，有的似乎也有文面。但与奥库涅夫文化不同的是，这些人物一般都有身体四肢，有的双手持似棒状物，或者树枝形物（图4，9~11）。此外，在鄂毕河和额尔齐斯河中游之间的萨姆斯文化（Samus）陶器上，也常见压印的头顶二或三枝角状或羽状饰的人物形象。[②]

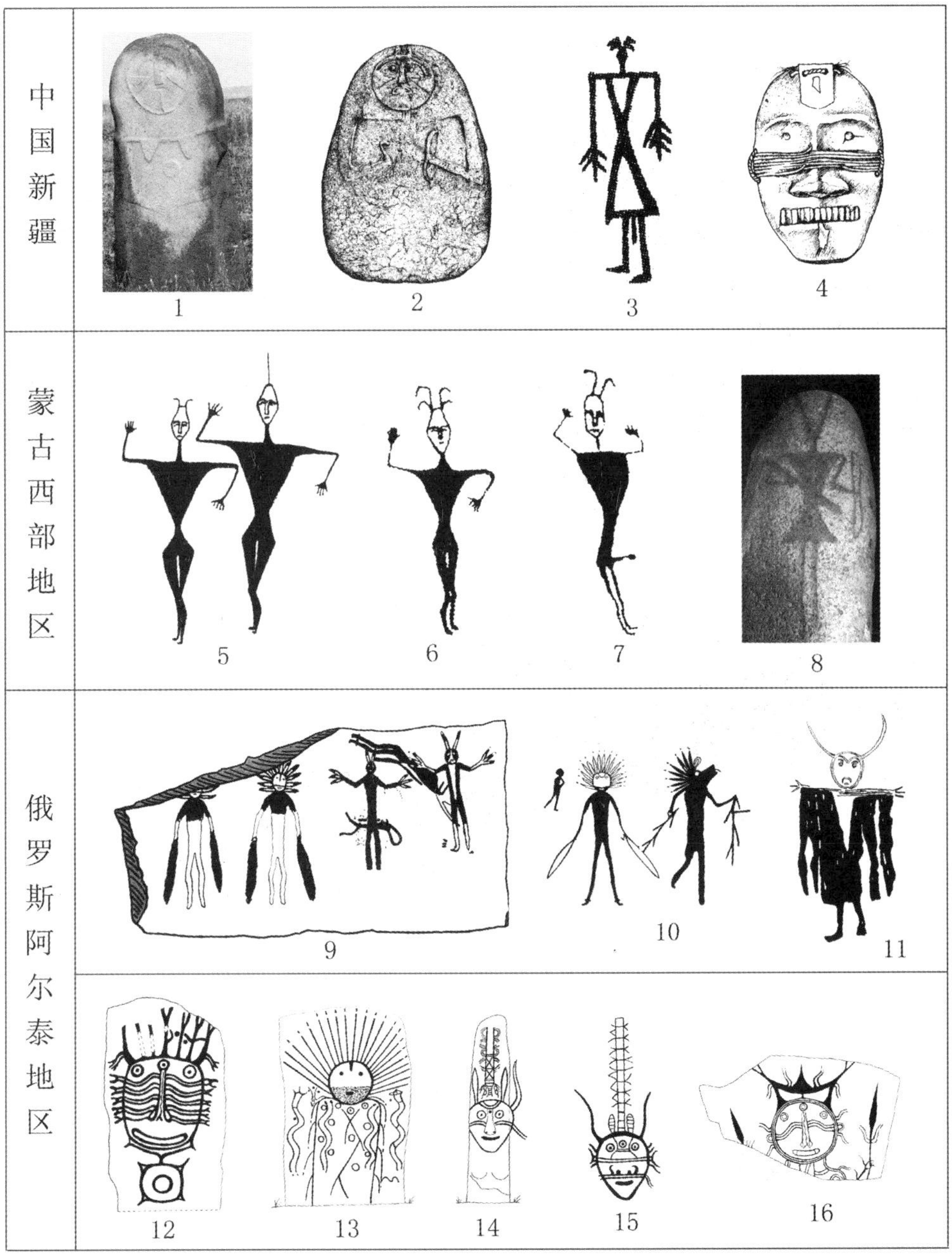

1. 喀依纳尔1号墓地；2. 亚格辛霍多3号墓；3. 哈密天山北路M214；4. 小河M24；
5~7. 康家石门子；8. 哈巴河博物馆藏；9~11. 卡拉库尔文化；12~16. 奥库涅夫文化

图4　中国新疆、蒙古西部和阿尔泰地区的萨满式人物形象比较

① Hermann Parzinger, *Die frühen Völker Eurasiens: Vom Neolithikum bis zum Mittelater*, Verlag C. H. Beck, München, 2006: 297~300.

②Есин Ю. Н. Древнее искусство Сибири: самуськая культура, Томск: Томский государственный университет, 2009.

新疆萨满式人物形象和奥库涅夫文化、卡拉库尔文化的共同之处，表现在头顶都有角状或羽状装饰，都有文面①，哈密个别人物树枝状手的形象与卡拉库尔文化也有相近之处。总体而言，新疆和卡拉库尔文化人物形象更为接近。但新疆人物目前还未见额有“天眼”者，头顶装饰一般为一对，远没有奥库涅夫文化和卡拉库尔文化复杂，尤其不能和奥库涅夫文化相提并论；哈密天山北路文化人物身体呈对顶三角形，② 也与卡拉库尔文化的长身人物形象不同。

三

新疆岩画也有和上述年代明确的考古资料类似的萨满式人物形象，以呼图壁康家石门子岩画最具代表性。这幅岩画在100余平方米的横长条形空间上，凿刻了大大小小一二百个人像或人头，以及对马图像等（图5）。③人物形态各异，突出特征就是绝大多数头顶有一对角状或羽状装饰（图4，5左、7），也有个别为两对羽状饰（图4，6），或在头顶正中有一枝角状或羽状装饰（或者简化的高冠）（图4，5左），上身呈倒三角形，手臂一举一垂似“卐”字形。岩画的性特征非常突出，女性有三角形下身和丰腴腿臀，婀娜

图5　康家石门子岩画

①郭物曾经指出：“小河墓地随葬的人面，其特点和奥库涅夫文化立石人上的人面非常接近，特别是脸部横缠的线”，见郭物：《新疆史前晚期社会的考古学研究》，上海古籍出版社，2012 年，第 264~265 页。

②此类对顶三角形身体的人物（或动物）形象，流行于中西亚和欧洲等地区。公元前 2000 年前后，土库曼斯坦南部阿尔丁特佩文化（或纳玛兹加五期文化）的小陶人，也都是三角形上身。见 V. M. Masson，Translated by Henry N. Michael，Altyn-Depe，The University Museum（University of Pennsylvania），1988: 84~89; 郭物：《新疆史前晚期社会的考古学研究》，上海古籍出版社，2012 年，第 264、317 页；韩建业：《新疆古墓沟墓地人形雕像源于中亚》，《三代考古》（六），科学出版社，2015 年，第 473~478 页。

③王炳华：《新疆呼图壁生殖崇拜岩画》，北京燕山出版社，1992 年。

多姿，男性细长下身细腿，有夸张阳具。[①]

康家石门子人物头顶的角状或羽状装饰，与上述新疆、蒙古西部以及俄罗斯阿尔泰地区诸青铜时代考古学文化所见人物形象类似。有人还早就提出其羽状饰和小河墓地墓主人帽侧所插羽翎装束是一回事。[②]而康家石门子人物的倒三角形上身、树枝状手、阳具等特征，与哈密天山北路文化人物形象更加相似。[③]如此一来，基本就可确证康家石门子主体岩画的时代就在公元前2000年前后的青铜时代，[④]而不会晚到公元前第一千纪。

新近发表的新疆哈巴河博物馆所藏一件砾石岩画，上有一立人，头为一大圆点，上有一对很长的角状或羽状饰，对顶三角形身体，细长双腿，左手持弓，右手握别在腰部的细长棒或剑类器物（图4，8）。[⑤]这件岩画人物整体形态、装束和天山北路、康家石门子基本一致，尤其和天山北路彩陶人物几乎完全一样，手持弓则类似于蒙古亚格辛霍多石碑人物。其年代也应该在公元前2000年前后。

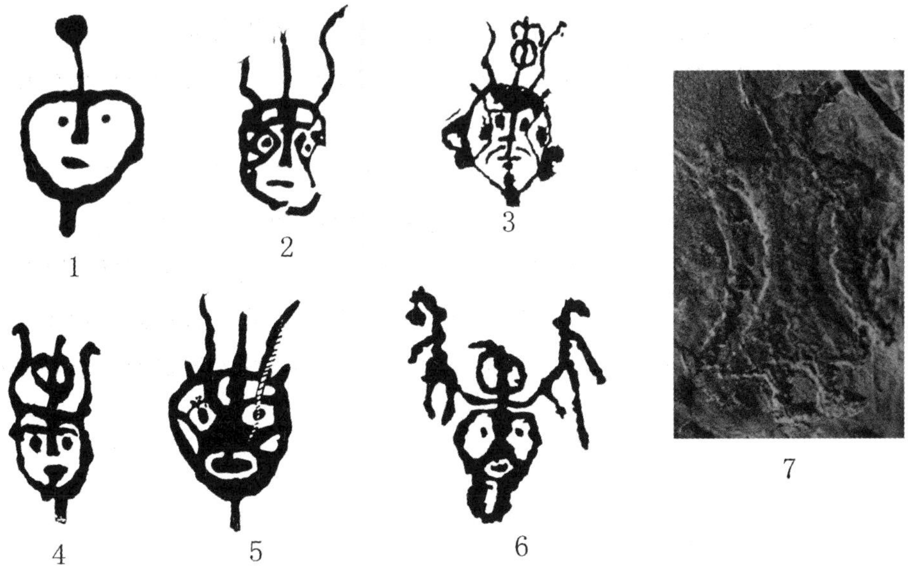

1~7. 穆古尔—萨尔高拉

图6　叶尼塞河流域岩画

①刘成等利用科技手段对康家石门子岩画进行分析，发现现在所看到的岩画是不同时代叠加而成，“岩画早期题材主体人物并非生殖崇拜，而是一组由 1 男 8 女组成的纯粹的舞蹈场面”。见《多层涂刻背后暗藏“大秘密”——岩画涂改见证母系社会到父系社会的变迁》，《光明日报》，2016 年 3 月 1 日 5 版。

②刘学堂：《呼图壁岩画的时代、作者及其他》，《新疆文物》，2006 年第 3~4 期，第 49~62 页。

③林梅村：《吐火罗人的起源与迁徙》，《新疆文物》，2002 年第 3、4 期，第 76~80 页。

④刘学堂：“呼图壁岩画不是公元前一千纪前半或中期的遗存，它的时代要早期（到）公元前二千纪前半或更早一些”。见刘学堂：《呼图壁岩画的时代、作者及其他》，《新疆文物》，2006 年第 3~4 期，第 60 页。

⑤阿勒泰地区文物局、阿勒泰地区博物馆：《狩猎·游牧·黄金道》，新疆人民出版总社、新疆科学技术出版社，2015 年，第 278 页。

类似上述有角状或羽状头饰、“天眼”、文面等特征的岩画，在阿尔泰山、天山、贺兰山、阴山等地区有广泛分布，尤以叶尼塞河流域的这类岩画最为典型，比如穆古尔—萨尔高拉遗址（Мугур–Саргола）（图6），甚至见有和哈巴河岩画人物近同的身体为对顶三角形的人物形象（图6，7）①。其年代也当与上述青铜时代人物形象大体一致②。

四

关于此类人物形象的功能众说纷纭，但一般认为与某种信仰或习俗有关。康家石门子岩画被直呼为“生殖崇拜岩画”③，哈密天山北路的彩陶人物画被认为可能是巫师形象④，叶尼塞河流域的石碑和岩画人物，或被认为表示包含天、地、地下在内的世界之轴（world axis），或象征日月轮回⑤，或与原始萨满教有关⑥。其实生殖崇拜也好，世界之轴也好，日月轮回也好，都可以视为原始萨满精神系统的组成部分，而中国话语中的“巫”或者与萨满本来就大体是一回事。因此，将上述角状或羽状头饰、“天眼”、文面等与原始萨满装饰联系，或者与萨满教的起源相关，不失为一种很有见地的解释。⑦

萨满教被认为是宗教的原初形式，包含入迷、天界飞行、多层宇宙、宇宙核心（宇宙数）等特征⑧，或可追溯到数万年前的旧石器时代晚期⑨，成为后来早期中国、东亚地区乃至整个蒙古人种地区最“底层”的文化基础⑩。这样看来，与上述亚洲北方草原广大地区的形态近似的萨满式人物形象（图7），除了彼此时代相近、互相存在联系的一面，还可能共同具有萨满特征的信仰底层。

---

①М．А．Дэвлет，ПетроглифыМугур–Саргола, Наука, Москва, 1980.
②戴夫雷特（Дэвлет）认为叶尼塞河流域此类岩画的年代在公元前2千纪初的青铜时代。М.А．Дэвлет, Петроглифы Мугур–Саргола, Наука, Москва, 1980.
③王炳华：《新疆呼图壁生殖崇拜岩画》，北京燕山出版社，1992年；刘学堂：《呼图壁岩画的时代、作者及其他》，《新疆文物》，2006年第3、4期，第49~62页。
④林梅村：《吐火罗人的起源与迁徙》，《新疆文物》，2002年第3、4期，第76~80页。
⑤参见 Nikolaj V. Leont'ev，Vladimir F. Kapel'ko，Steinstelen der Okunev–Kultur. Philipp von Zabern，Mainz，2002.
⑥М．А．Дэвлет, Петроглифы Мугур–Саргола, Наука，Москва，1980; Д．Г．Савинов，М．Л．Подольский，Окуневский сборник．Культура，искусство，антропология．СПб．1997.
⑦［匈牙利］米哈伊·霍珀尔：《萨满教的起源与西伯利亚的岩画》，《西域研究》，1996年第2期，第67~77页。
⑧ Mircea Eliade，Shamanism: Archaic Techniques of Ecstasy （Bollingen Series，No. 76），Princeton University Press，1974; 吴凤玲：《萨米人萨满文化变迁研究》，社会科学文献出版社，2014年，第15页；乌丙安：《萨满信仰研究》，长春出版社，2014年。
⑨ Leo Rutherford，Principles of Shamanism，Thorsons，1996.
⑩张光直：《考古学专题六讲》，文物出版社，1986年，第20~22页。

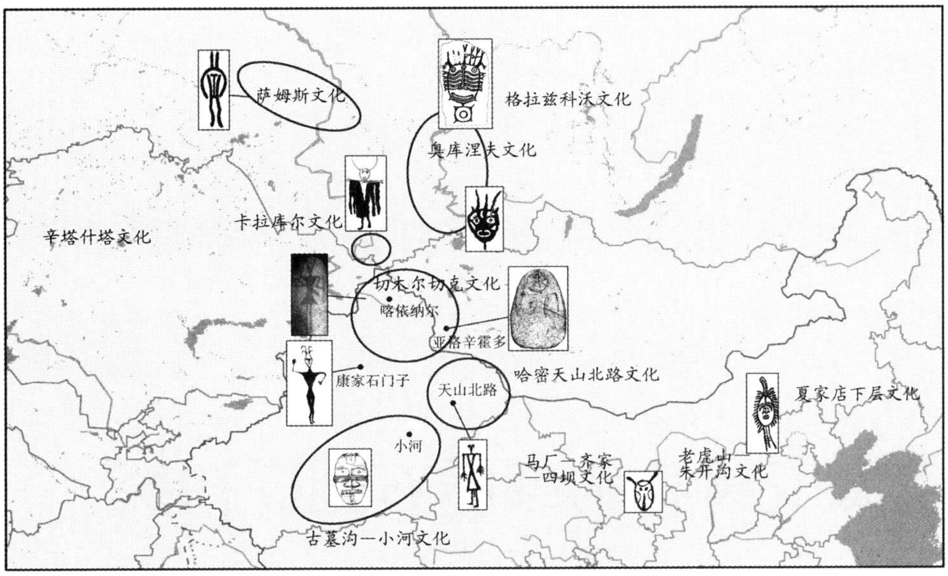

图7　亚洲北方草原地带4000年前萨满式人像的分布

（原载于《西域研究》，2018年第3期）

A Brief Discussion of Shamanistic Characters Four Thousand Years Ago in Xinjiang

——On the Age of Kangjiashimenzi Rock Painting

Han Jianye

Abstract: In the Bronze Age around 4000 years ago, there was a type of Shamanistic human figure with special decorated head and face was found in Qiemuerqieke Culture, Hamitianshanbeilu Culture and Gumugou-Xiaohe Culture in Xinjiang. Meanwhile, this type of figure was found more in Okunev Culture and Karasuk Culture in Altai region of Russia, the similar figure could be observed also in the rock art of Kangjiashimenzi, Altai Mountains, Tianshan Mountains, Helan Mountains and Yinshan Mountains. It is speculated that these human figures are not only closely related to each other, but also based on the same foundation of Shamanism belief.

Key words: Xinjiang; The Bronze Age; Human Figure; Shaman

青海玉树扎勒摩崖石刻群初探

拉日·甲央尼玛

摘　要：凿刻于玉树藏族自治州称多县的扎勒摩崖石刻，不仅是藏区少有的早期后弘风格的摩崖石刻，而且藏文注释与图像并存，为藏传佛教艺术的早期风格在藏东的流行和发展提供了丰富的资料。本文作者通过实地调查，结合相关史实，对此处石刻进行了一些探讨，基本梳理出石刻内容、年代及成因的大致面貌。

关键词：扎勒摩崖石刻；内容；造像年代

2015年6月，有学生聊起在老家小时候有一片嬉戏之地，岩面上有头牛，牛尾巴上有一串海螺，不知何物或何故，特邀我去鉴赏。经笔者初步观察研究，发现岩面不止牛和海螺，还有佛像，护法，藏文题记的摩崖石刻，经过仔细辨认，发现这些图像和文字都围绕着一个西藏著名人物直贡巴·觉巴·吉天颂恭（འབྲི་གུང་པ་སྐྱོབ་པ་འཇིག་རྟེན་གསུམ་མགོན།），这处摩崖石刻以往尚未见诸解说，本地信众也无人辨识。本文将初步探讨此处石刻内容及造像风格。

扎勒摩崖石刻位于青海玉树藏族自治州称多县歇武镇当巴村对面山头上，距离玉树藏族自治州府37.5公里。地理坐标为北纬33°03′43″，东经97°17′6″，海拔高度3736米。该地距勒巴沟沟口大约13公里，该地目前并未发现其他摩崖石刻，这铺石刻当属新发现。此地不但发现大面积凿刻的佛像，同时有年号、人物名称等重要信息的题记。本文将对扎勒摩崖石刻，以及直贡噶举派创始人觉巴·吉天颂恭的生平乃至该派创立之时（11世纪）藏传佛教艺术绘制内容、风格特点等相关问题进行初步的探讨。

作者简介：
拉日·甲央尼玛，男，青海省玉树藏族自治州职业技术学校美术教师。

一、石刻分布及内容情况简介

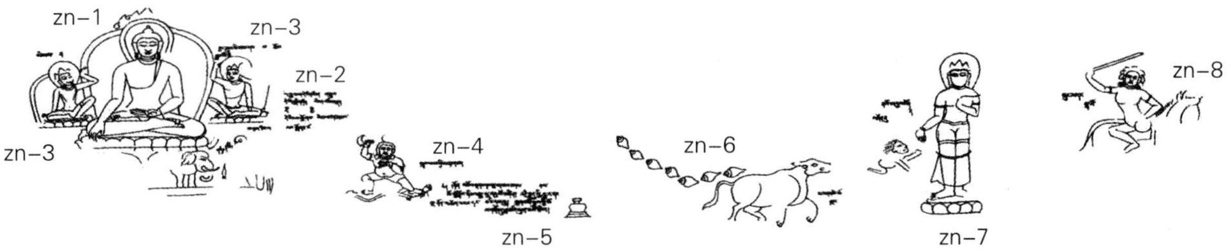

zn-1	顶礼阿閦佛	阿閦佛两胁侍顶礼僧人金刚宝象座	340cm x 345cm
zn-2	藏文题记一	可辨32字	五　行
zn-3	护法一	两臂玛哈嘎拉（大黑天）	200cm x 160cm
zn-4	藏文题记二	可辨46字	四　行
zn-5	佛　塔	噶当塔	106cm x 78cm
zn-6	神牛图	七只海螺和一头犏牛	140cm x 395cm
zn-7	观音立像	观音立像和一非人	320cm x 168cm
zn-8	护法二	拉姆都索玛和一骡马	200cm x 200cm
zn-9	不　详	不　详	不　详

扎勒为藏语意为扁形岩石，石刻所在山丘上岩石密布，刻满玛尼，有当时嘉囊活佛（རྗེ་ནག་སྤྲུལ་སྐུ）、朵仁香曲巴汪（རྡོར་ཤིང་ཆོས་པ་དབང་）修建新塞玛尼石经城选址此地，后因缘不具而放弃之说。

石刻凿刻于山间一面高约12米，长20米的巨型石灰岩岩面底部。内容从左至右依次为顶礼阿閦佛图、题记一、护法、题记二、神牛图、佛塔、观音立像、护法都索玛八个佛教图像。

（一）顶礼阿閦佛图

顶礼阿閦佛图，为最左侧构图，阿閦佛总高360厘米，佛身就高达3米，阿閦佛一面双臂，左手施禅定印，右手触地印，袒右臂，着佛简装，跏趺坐于双层莲瓣上，有朝向两边的宝象座。阿閦佛两边各有一位胁侍面向主尊，单手做顶礼，另一手撑地为静息状，着菩萨装，坐于仰莲莲台上。胁侍高180厘米，安置于主尊膝盖两侧，主尊左手下方还有一位僧人，双手顶礼跪向主尊。僧人像剥落比较严重，目前只有顶礼双手及头部依稀可辨。

（二）藏文题记一

ཀྱུ་ར་བན་དེ་རིན་ཆེན་……བ་ས་བ་སྐྲུ་
དེ་ཡི་བུ་ནི་གཞོན་……ཡིས།། བཅོམ་ལྡན་
རྗེ……ཀྱེ……ར་བཅུ……
དེ་འི་…མ་སྨྱུགས་……སེམས་ཅན་ཕ་…
མ་ཉག་ཏུ་ཟ་གཞོན་…ཆོས……ཕར་སྨོན།།

该题记位于胁侍左部，共五排，能辨认2/3，共38字。汉文译为：觉然比丘仁青之时，他之子—制，世尊—的—十—这之地—等，众生—佛—而祈福。

（三）护法一

护法高200厘米，左手捧血碗于胸前，右手持月刀高举，伸左腿，屈右腿，站于一俯卧恶人之上。此尊为噶举派主要护法玛哈嘎拉，是佛教根本的化身。为调伏刚强众生而呈愤怒相。本尊及眷属护法众，依缘多现两臂、四臂、六臂等。其中两臂玛哈嘎拉是普赞如来及金刚总持之愤怒化身，亦为噶举派最重要的护法。护法左手边藏文题记སྲུང་མ་ཧྲི་མ་ཧ་ཀ་ལ，汉文译为：护法玛哈嘎拉。

（四）藏文题记二

༄། ཉིན………བཅོམ་ལྡན་འདས་མྱ་ངན་ལས……ནས་
ལོ་སུམ་སྟོང་ཉིས་བརྒྱ་སུམ་བཅུ་སོ་བཞི་ན། འབྲི་གླིང་དུ་སྐྱེ་ཀྱུ་ར་··དང་
ལྷ་ཀོན་མཆོག་མངའ་དར་བའི་དུས་སུ། ལྕགས་མོ་སྦྲུལ་ཀྱི་ལོ··ལ་གཞོན་ནུ་བླ་མའི་ཐུགས་བྲིས།།

此处藏文题记辨识度较高，共48字，出现释文涅槃纪年等非常重要的信息。汉文译为：世尊涅槃—后—三千两百三十四年之时，智垄之地的觉然姓和神与三宝昌盛之时，母铁蛇年修努喇嘛亲制。

（五）佛塔

此处佛塔高106厘米，藏传早期样式，塔座，然后收分成座，上面三阶，然后是塔身呈瓶形，无塔顶，只有简单方形顶盖。

（六）神牛图

七海螺及神牛图是一只犏牛面西昂首而行，尾部开始，七只海螺一排成串刻绘于岩壁之上。牛身长140厘米，海螺排列长2.7米，单只海螺长40厘米宽22厘米。此处这个奇特的图形无疑为这里增添了无限的神秘感。黄牛头下面有藏文题记ས་བདག་ཆེ་མོ……གླང་ལྷུང་，汉文译为：大地主——落牛。

（七）观音立像

观音立像高约300厘米左右，单面双臂，左手持莲于胸前。右手伸出做愿仰。双脚呈一字形，并列站立于莲台上。头戴三叶宝冠，袒上身，着双层衣裙，观音右臂附近有藏文题记༄། ན་མོ་ཨ་རྱ་བ་ལོ་བནྡེ，汉文译为：顶礼圣观音菩萨比丘。

（八）护法二

此处为整个摩崖的西侧面，石面更加粗糙，刻痕风化严重，漶漫不清，几经辨认还是显出一个护法的轮廓，龇牙瞪目状，有左手和肚部，但所持物或手印不清，右手持剑过头顶，左腿不清晰，右腿弯曲，似乎坐于一匹骡马上，有藏文题记（སྲུང་མ་དར་ལྷ་མོ）护法天姆字样。

（九）还有一尊菩萨像不详

在这尊护法右侧，依稀可辨一尊菩萨的左臂及左腿膝盖部分。

二、石刻内容，题记辨识及年代与相关问题

（一）阿閦佛（མི་འཁྲུགས་པ）

为不动如来，梵文转写Ak obhya，意思为“不动”，因菩提心坚定不动如山，故名为“不动”，有无嗔恚的意思。《佛说阿閦佛经》中说阿閦佛为菩萨时，在大日如来（或译为广目如来）前发“于一切人民飞蠕动之类不生嗔恚”等誓愿，经过累劫的修行，终于在东方的阿比罗提妙喜世界七宝树下成佛，佛刹名为“妙喜”。由于他的愿力所感，佛刹中没有三恶道，大地平正柔软，一切人都行善事，环境极其殊胜。依《大宝积经》所说，往生妙喜世界的因缘多种，但是佛陀说的根本因缘则是“应学不动如来往昔行菩萨行，发弘誓心愿生其国”①。

阿閦佛的图像特征很明确，在五佛组合中不难辨认。但失去组合关系，单尊形式出现时，特别是在摩崖石刻，失去身份辨识时，很容易与降魔释迦牟尼像混淆，但此处，宝象座无疑为这尊阿閦佛提供了无可争议的重要依据，但两胁侍是不太好定义的图像。大日如来常与八菩萨组合，五方佛也与八大菩萨组合从属关系。大日如来与文殊、普贤组合为华严三圣，西方阿弥陀佛和观音，持金刚组合为无量三尊或极乐三圣，药师佛和左胁侍日光遍照菩萨，右胁侍月光菩萨合称东方三圣。宝生佛和普贤，除盖障。而不空成就和地藏、虚空藏的这种组合方式，在后弘早期普明部也常见。阿閦佛愤怒尊明妃为触金刚女，静相明妃为摩摩枳（Mamaki），持金刚杵，蓝色。两胁侍多是金刚爱菩萨和金刚喜菩萨。金刚爱菩萨（Vajraraga），位于金刚界曼陀罗第一成身会中，东方月轮五尊中阿閦如来左方之菩萨也。司大悲爱染。秘藏记末曰：“左金刚爱菩萨，肉色，持箭。”圣位经曰：“毗卢遮那佛，于内心证得爱大悲箭三摩地智，自受用故，成金刚爱菩萨形，住阿閦如来左边月轮。金刚界成身会三十七尊阿閦佛有四眷属：全刚萨埵、金刚王、金刚爱和金刚喜。金刚喜菩萨（Vajrasadhu），金刚界曼陀罗第一成身会中东方五月轮之五尊中，位于阿閦如来后方之菩萨名。司欢喜之德。秘藏记末曰：“金刚喜菩萨，肉色，二手当胸拳。”②圣位经曰：“毗卢遮那佛于内心证得金刚善哉自受用故，（中略）成金刚善哉菩萨菩萨形，住阿閦如来后边月轮。此图中俩胁侍手印或持物不完全相符。所以阿閦佛及胁侍怀疑为东方药师佛及

①请参阅后汉月支国三藏支娄迦谶译：《佛说阿閦佛国经卷上》。

②直贡噶举派，是从帕竹噶举中衍生的八小派系之一。由晋旦觉巴公布·仁青白（1143—1217年）所创，他出生于玉树结古镇西航村，也就是闻名于世的吐蕃摩崖石刻遗产贝库附近。二十岁左右时，前往卫藏地区求学，约1167年，依止帕竹噶举派创始人多杰嘉布，获得噶举派的殊胜传承。于1179年在墨竹工卡县的直贡地方建立直贡梯寺，标志着直贡噶举的流派正式成立。请参阅《四川民族学院学报》，夏吾李加，第22卷，第4期，2013年8月。

日光菩萨月光菩萨，这在《药师佛造像图式的通融性》[①]一文也提到药师佛与阿閦佛同体关系，如此推理成立，阿閦佛的胁侍也应与月光菩萨、日光菩萨有关。药师出身东方，与阿閦佛一致。药师本籍究竟如何不得而知，但在卷宗药师的供养与阿閦佛一致。这样，我们或许可以推测药师佛与阿閦佛的演变。在药师造像图的融通性一份中，也提出密教一般将其视为东方阿閦佛之同体，神秘的解释以药师佛显东方一切佛故。

在阿閦佛之尊左手边胁侍之下，一双手顶礼状僧人跪向主尊，这个图像的意义就似乎与整幅图像左侧的题记有关。

（二）藏文题记

题记中出现“觉然沙弥仁钦贝”字样，“觉然”为族姓，在玉树一带非常有名。

现代著名学者桑丁昂江（བསམ་གཏན་རྣམ་རྒྱལ）就是此姓。此姓中出现过一位名人，即仁钦贝（རིན་ཆེན་དཔལ）（Rin—chen—dpal）[②]，此名为其授教于帕木竹巴（1110~1170）菩提经时的法名。本名吉天贡布（འཇིག་རྟེན་མགོན་པོ）（vJig—rten—mgon—po），又名觉巴・吉天颂恭，意为“世间依祜，佛，观音菩萨”，这当然是他事业有成之后人们对他的尊称，也名直贡巴，顾名思义即直贡派的创始人。吉天贡布（1143—1217），1143年出生于朵弥六岗之属觉然家族，当今也有部分高僧认为其出生地为玉树境内巴塘乡卓玛杂扎附近。吉天贡布从小受到职业训练，据说9岁时就会为人念经、讲经。1168年，年方25岁的吉天贡布前往丹萨梯寺拜帕木竹巴为师。帕木竹巴为帕竹噶举和丹萨梯寺创建人，在当时弟子门徒颇众，很有势力。帕木竹巴与吉天贡布同为藏东同乡，得其信任授予密法，两年后帕木竹巴圆寂。吉天贡布成为丹萨梯寺住持。1179年，36岁的吉天贡布在桑日北部建立著名的直贡梯寺。[③]这铺石刻就跟直贡巴・觉巴・吉天颂恭（འབྲི་གུང་པ་སྐྱོབ་པ་འཇིག་རྟེན་གསུམ་མགོན）在拉萨建寺立派似乎有了直接关系，在藏文题记中，依稀能辨认出一个名叫修尼喇嘛的子嗣[④]为吉天颂恭普天众生带来福泽而刻。

接下来的护法为两臂玛哈嘎啦（མ་ཧཱ་ཀཱ་ལ），玛哈嘎拉是梵语，意为“大黑天”（ནག་པོ་ཆེན་པོ），藏语也叫“滚波”（མགོན་པོ），是藏密一尊重要护法神。续典《金刚帐》云：复次，薄伽梵大金刚总持（玛哈嘎拉）从其（金刚总持）之身、口、意金刚所生。玛哈嘎拉译为“大黑天”，藏密认其为事业护法，以天龙为首之八部神或鬼神，彼等随喜功德护持佛法，将来都会成佛；而超世护法本身已证佛菩萨地，故为佛菩萨化身修行者为祈求未曾中断之传承祖师给予不断地加持，令自身从俗世提升以成就佛法事业，故修玛哈嘎拉及一切护法，护卫一切众生免除业障，特别是毒所造成的业，此尊为噶举派主要护法玛哈嘎拉，是佛教根本的化身。为调伏刚强众生而呈愤怒相。本尊及眷属护法众除护法佛法外，依缘多现两臂、四臂、六臂等。其中两臂

---

①王忠林:《艺科论坛》《药师佛造像图式的通融性》，第 443 页。

②热色贡觉嘉措，藏文《觉巴・仁钦拜传》，西藏人民出版社。

③夏吾李加:《帕竹噶举派的分支流派在玉树地区的传播发展》，《四川民族学院学报》，2013 年第 4 期。

④藏传佛教有这种把亲近学徒叫作子嗣的习俗，仁青贝从幼出家，终生并无子嗣。

玛哈嘎拉是普赞如来及金刚总持之愤怒化身。首先“智慧怙主”是空悲双运，界智无二之自性。外显圆满报身相，身无披风，手持弯刀（一种特殊法器）。其说为一切护法之根本枢纽，因此安立为智慧怙主。据称大黑天为战神，供奉此神可增威德，举事能胜，民间视其为施福之神。也有将他译为勇保护法的。玛哈嘎拉有多种，常见的有两臂、四臂、六臂三种，他们的身色都是青黑色①。

此处两臂玛哈嘎拉，一面三眼双臂，双腿站立于一恶人之上，左臂附近有藏文题记。两臂玛哈嘎拉是历代噶玛巴（大宝法王）的不共护法，誓愿护持噶玛巴弘扬佛法，故为噶玛噶举传承推举为第一护法。总结来说，具有以上传承历史的智慧怙主——两臂玛哈嘎拉，可以说是经续教证双运之醍醐教法——证悟义传之殊胜护法，乃秘密之护法，较之其他护法更加殊胜。嘎玛巴西开示道：所有修持普遍称名“噶玛巴”法教的行者，无量事业都能因护法众（玛哈嘎拉众）的守护而成就。此处刻绘此尊护法，也表明直贡巴及直贡噶举派被玛哈嘎拉护佑。

护法左边藏文题记中出现了涅槃纪年，是判断造像年代的重要依据。现粗译如下：世尊涅槃后三千两百三十四年，智垄之地的觉然和三宝所辖昌盛之时，母铁蛇年，修尼喇嘛亲制。纪年表示释迦涅槃后3234年。这个题记应该刻制于觉巴吉天颂恭建寺立派之时，但现在公认的佛祖涅槃为两千多年，一般不认为有3234年之久，但藏传佛教有一种昼夜纪年的习俗，不多见，其局部地区确实有此法存在。即一昼一夜计数为两天，那么3234年也就是1617年。释迦涅槃后1617年，我们以一般佛家公认公元前486年推算得出释迦涅槃后 1617年是1131年。但公认觉巴吉天颂恭出生于水猪1143年，建寺立派1179年，似乎只相差了几十年。藏文题记中还出现了智垄（འབྲི་ལུང་）这个地名，当属藏地下部六岗之一的玉树地区，说明了觉巴出生觉然之姓。这姓就出了直贡派创始人仁钦贝，这里还有母铁蛇年。查阅吉天颂恭在世期间只有一个铁蛇年出现，就是1161年，但此时吉天颂恭才18岁，没有什么事迹可以勒石为表，1179年才是个有建树的年号。比较清楚地说明了此处凿刻时间及事件和所凿刻之人的姓名。

海螺与神牛：此图在这铺壁画中着实让人摸不透，不过在对觉巴吉天颂恭的历史深入寻访中，在一些藏文典籍中找到一个重要事件跟觉然这个姓氏有关。觉然家族前身为藏族六大姓之赞普智姓。藏王赤达玛之时，一名曰智达的贵族生了七子。父亲有件名贵的藏袍，晒在龙椅之上被风吹走掉入湖中，为捞起衣袍，七个儿子抓着一犏牛鼻绳跳入湖中。结果牛鼻孔被拉破，七个儿子溺水而亡。后这位富主续弦，生得一子曰智尼玛黑白花，智尼玛又生子曰巴吾荣格、巴吾亚格、巴吾玛格。长子巴吾荣格二十岁时，在转阿尼玛庆之时途中遇见一群鹰在湖边褪去羽毛，变成美丽的少女洗漱。他偷偷藏

①李志勇：《藏传佛教常见护法尊像略述》，《新西部》，2014年第33期。

起一只鹰的羽毛，待众鹰换上羽毛飞走之际，剩下一位美丽的姑娘与之合好。姑娘临行之时，叮嘱巴吾荣格在九月之后来湖边寻子，后巴吾荣格在湖边得一具吉祥，宝贵预言为族部幸福，福泽众生有情之子。①

此则故事中七个儿子溺水而亡与神牛的故事被神化为七只海螺，也算是一种祈福吧。随后觉然家族形成，后没落，吉天颂恭生于此姓家族。

最末一尊造像是一尊观音立像，像高3.2米，由于石质粗糙，石刻难以辨认，但从题记上看，顶礼“圣观世音菩萨观音”还能清楚辨别。观音之像左手持莲于胸，右手持印，手指非人跪地祈祷，两腿直立，两脚左右呈一字形站立于莲台上，头戴三叶冠，两臂中部系手镯，袒上身，着两层长裙。藏地观音《西藏王统记》载，当年松赞干布为了寻找自己的本尊去南印度等地，请来了十一面观音像，但单面双臂作为主尊在藏地似乎非常罕见。一般这种像都出现于大日如来，观音菩萨作为从属时的形态为多，而单尊出现是单面四臂。大面于密教思维即十一面观音，由于其功力由两臂变化为四臂、六臂、八臂及千臂。同样单面也可化现为各种千头等。而此处单面双臂，而且右手下伏魔这般造像，实属罕见。

这铺石壁尽头面西的石面上还刻了一尊护法。此护法龇牙瞪目，左手残破，右手举剑于头顶，似游戏坐于一匹骡子上，藏文题记 སྲུང་མ་དང་……ལྷ་མོ་护法及天母模样，经辨识为噶举派护法都索玛。

此处石刻与觉巴·吉天颂恭在墨竹工卡建立直贡梯寺有着呼应关系。石刻造像及题记都围绕着觉然这个族姓和仁钦贝展开。此处石刻极具吐蕃时期造像风格，阿閦佛两胁侍的坐姿及观音立像的三叶冠，仰覆莲座，袒上身，着裙，双层项饰，都与玉树勒巴沟出现的菩萨造像如出一辙。另护法玛哈嘎拉和护法都索玛的怒像造型，及臂饰佩戴在手臂中部的绘法，也都体现出浓厚的吐蕃时期造像的遗迹。此处摩崖石刻无疑为后弘早期佛教造像艺术，填补了西藏东部地区十一二世纪佛教摩崖石刻的空白，为研究佛教造像艺术传承及藏东阿閦佛崇拜的传播发展，乃至直贡巴的生平，都会提供有力的历史依据。

Research Visit on "Zhale Cliff Inscriptions" Located in Yushu，Qinghai Province

Lari · Jiayangnima

Abstract："Zhale Cliff Inscriptions" was found in ChengDuo，YuShu，QingHai，of which not only represents very rare but significant historical styling in early part

①直贡旦增白玛坚参，藏文《直贡法嗣》，西藏藏文古籍出版社，第67页。

of Later Diffusion Buddhism, but also projected lots of Tibetan Buddhism patterns and annotations. The Zhale provided concrete evidence and materials to prove arts prevalence of Tibetan Buddhism's in the vast east Tibet area during the Later Diffusion Buddhism period. The author took large efforts for detail exploration, consulting Zhale habitants on local history study, made out a connection of Zhale Cliff Inscription to the Later Diffusion Path in East Tibet. By his contribution we saw a clear picture of its stories, and the connections to the prevalent path of Tibetan Buddhism's, archaeological age of Zhale cliff inscriptions, and the reason of Zhale to become its location of such creation.

Keywords: Zhale cliff inscriptions; History; Age of Zhale cliff inscriptions

1. 犏牛与七海螺
2. 阿閦佛局部
3. 藏文题记
4. 阿閦佛右胁侍
5. 阿閦佛全图
6. 两臂玛哈嘎拉

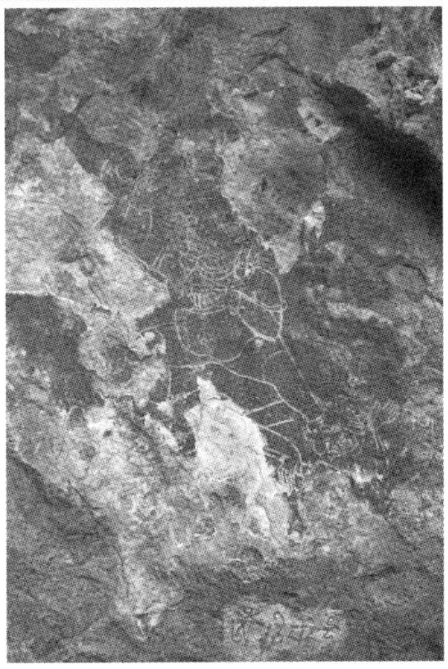

人面岩画的发现与研究

朱利峰

摘　要：人面岩画是一种环太平洋的文化现象，早在18世纪国际上就已经开始了对相关内容的调查研究，中国近现代的发现和研究也已经有上百年的历史。通过对国内外人面岩画发现、研究、解读，以及断代等问题的梳理，在借鉴岩画学家以及考古学家常规做法的基础上，有助于开展对专题岩画的分期、分区、分类研究。

关键词：岩画；人面像；环太平洋；断代

在岩画体系中，有一种仅表现人类面部或类人形五官而没有身体的岩画类型，颇具特色，学界俗称“人面像”岩画，简称人面岩画。“人面像”岩画与常见的“人像”岩画不同，虽然都是表现人，但是人面岩画更突出眼睛、眉、鼻子、嘴巴等面部五官，而忽略了身体，因此呈现出更为强烈的视觉魅惑。近年来，中国人面岩画的新发现令人瞩目，吸引人们对这些图像一探究竟。

前国际岩画委员会主席E. 阿纳蒂先生曾为陈兆复教授的著作《中国岩画发现史》撰写序言，其中专门提到了人面岩画。他认为，人面岩画是最古老的岩画之一，是人兽祖先的神灵和保护者，并提出人面岩画的“环太平洋”概念。阿纳蒂指出，环太平洋区域内的人面岩画以及在其他媒介上的相似图像，可能源于亚洲。同时，他也表现出了谨慎的态度，指出亚洲、澳洲和美洲之间巨大的距离是人面岩画深入研究的难点。还提出中国和俄罗斯远东地

本文系2012年度中华女子学院重大课题“利用民族艺术资源创新改善偏远地区民生”（项目编号：KG2012—01001）阶段性成果。

作者简介：
朱利峰，男，中华女子学院艺术学院副教授，人类学博士。

区人面岩画的年代，应该是在距今七八千年的主张。

自18世纪以来的300余年间，一些环太平洋国家和地区，如北美洲的美国（含阿拉斯加州和夏威夷诸岛）、加拿大，中美洲及加勒比海区域的古巴、波多黎各、圣文森特岛等，南美洲的巴西、阿根廷、智利（含复活节岛）、秘鲁、哥伦比亚等，亚洲的俄罗斯、蒙古、中国、韩国等，大洋洲的澳大利亚及其周边一些南太平洋岛屿，都先后发现有不同数量的人面岩画遗存。19世纪末之后岩画被广泛发现，并掀起研究热潮的百余年间，国际学术界鲜有将人面岩画作为专题进行研究的，通常，都是在史前艺术或者岩画研究的过程中涉及此类岩画的时候略微提及。

一、外国人面岩画的发现

国外最早对人面岩画的图像记载始于1767年。当时美国耶鲁大学的校长以兹拉·斯蒂尔斯（Ezra Stiles），在调查马萨诸塞州伯克利镇顿河（Taunton River）左岸的一块名为Dighton Rock的岩石后，于1767年7月15日描绘了这块岩石上的所有图形，其中明显有两个椭圆形人面像（图1）。然而斯蒂尔斯的兴趣在类似于文字符号的其他图形上面，因此，他称这块岩石为“Writing Rock”，没有对其中的人面岩画进行研究，尽管如此，他对北美洲岩画的发现和调查仍具有里程碑般的意义。

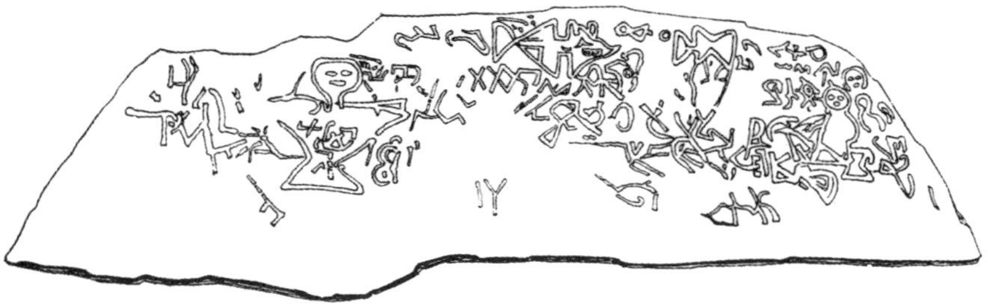

图1　Dighton 岩石

1871年，美国康奈尔大学佛雷德·哈特（Ch. Fred Hartt，M.A.）教授发表了一篇关于巴西岩画的论文《巴西岩刻画》（*Brazilian Rock Inscriptions*），首次披露了部分巴西人面岩画。1889年，美国人类学家布林顿·丹尼尔·加里森（Daniel G. Brintond）的论文《西印度群岛圣文森特岛上的史前岩画》中用素描方式描绘了一个人物和两个人面的岩画图形（图2），并进行了初步的解读，首次用“Human Faces（人面）”作为一个岩画类型的名称。

亚洲的人面岩画最早发现于1897年，美国考古学家博斯霍尔德·劳弗尔（Berthold Laufer）在俄罗斯远东地区的萨卡奇—阿连村发现了100多个人面岩画，并于1899年发表了论文《黑龙江史前岩画》（*Petroglyphs on the*

图2　圣文森特岛岩画

Amoor），他也使用了“Human Faces（人面）”这一岩画术语。根据当地出土的新石器时期人面陶塑，阿纳蒂判断这里的人面岩画是与陶制品同时出现的。

1917年，美国民族学家沃尔特·霍夫（Walter Hough）在其著作《人类学笔记》（*Anthropological Notes*）中记载了C. A. 哈尔沃森船长（C. A. Halvorsen）提供的一些照片，证实在美国阿拉斯加的科迪亚克岛（Kodiak Island）西南侧港湾处发现了一个人面岩画遗址（图3），据称有数百个图像，并记录了具体的经纬度坐标。1947年，美国考古学家罗伯特·F. 海泽（Robert F. Heizer）在霍夫博士发现的基础上，又结合1944年披露的一批照片，对科迪亚克岛的两处岩画做了进一步的调查和详细的类型学排比，发表了论文《阿拉斯加科迪亚克岛西南部史前岩画》（*Petroglyphs from Southwestern Kodiak Island，Alaska*），其中将人面岩画分为有轮廓（faces with facial outline）和无轮廓（faces without outline，features only）两种，认为是阿拉斯加的原住民康尼亚戈人（Koniag）创作了这些作品。在随后的20世纪70~90年代，美、加学者在美洲西海岸发现了为数众多的人面岩画遗迹，这些人面岩画沿着阿拉斯加岛屿，顺着海岸线向南延展到北美中部。随着更多线索在美洲被发现，一些学者注意到这些人面岩画之间的差异性，但均只从美洲大陆的原住民角度进行研究，并未能以全球视野深入探讨它们之间的共性因素。

图3　阿拉斯加岩画

图4　北美洲西北海岸岩画

加拿大印第安部落研究专家爱德华·米德（Edward Meade）于1971年出版的专著《西北太平洋地区印第安岩刻》（*Indian Rock Carvings of the Pacific Northwest*），首次收录了北美洲太平洋沿岸多达49个地点的岩画，其中不乏人面岩画，爱德华称之为“Mask Face”；加拿大温哥华图书馆的研究员贝斯·希尔（Beth Hill）在不列颠哥伦比亚省（British Columbia）调查了200余个岩画点，其中有70多个地点发现人面岩画，并于1974和1975年先后出版了专著《太平洋西北地区印第安史前岩画》（*Indian Petroglyphs of the Pacific Northwest*）（Beth 1974）《太平洋西北海岸的印第安岩刻指南》（*Guide to Indian Rock Carvings of the Pacific Northwest Coast*）（Beth 1975），详细描述了加拿大西北太平洋沿岸的岩画调查情况，书中将人面岩画统称为“face”。虽然当时中国的人面岩画尚未被广泛发现，但希尔已经敏感地意识到，在美洲西北海岸所发现的岩画“很有可能源于中国早期文明的艺术传统，并沿着太平洋沿岸扩散开来”①。

图5　西北海岸班布里其岩画

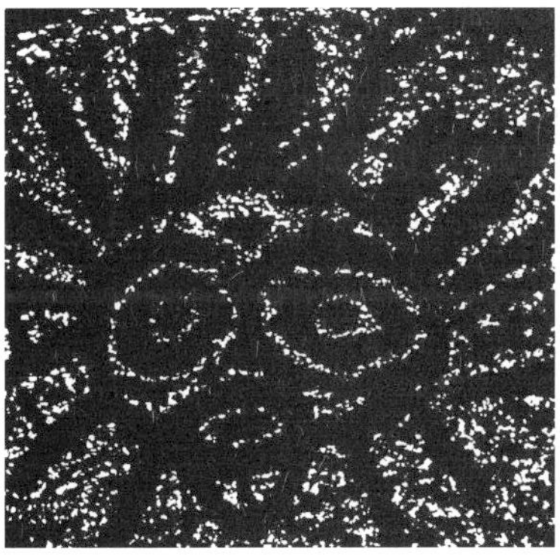

图6　西北海岸韦恩岩画

图7　西北海岸维克多岩画

1981年，美国学者丹尼尔·里恩（Daniel Leen）在《西北人类学研究》杂志发表了名为《华盛顿西海岸的岩画》（*The Rock Art of Northwest Washington*）的长篇学术论文，文中列举了大量首次发现的美国西北海岸人面岩画拓片和描图，并结合北美印第安土著艺术进行了民族学的比较研究，以图例标示了

① Beth and Ray Hill, Indian Petroglyphs of the Pacific Northwest, B.C. Canada: Hancock House Publishers, 1974, p.19. “In our petroglyph region there is some evidence supporting the possibility of an art tradition generated by the ancient civilizations in China, diffused around the Pacific Ocean.”

北美西北海岸地区人面岩画的分布规律。美国学者凯泽（Keyser）于1992年在他的著作《哥伦比亚高原的印第安岩画》（*Indian Rock Art of the Columbia Plateau*）中认为："……面具或具有人面特征的形象具有夸张的牙齿、眉眼或其他面部特征，它们之中没有哪两个具有显著的相似性，这与其他艺术形式中总是重复相同的特征明显不同，表明每一个艺术家在描绘他的守护神时更多地具有其个人色彩。"①同年，美国学者亚历克斯·帕特森（Alex Patterson）在他编制的《美国西南部岩画符号的田野指南》（*A Field Guide to Rock Art Symbols of the Greater Southwest*）时，将人面岩画纳入到Humanlike（类人型）岩画类型之中，其中对各种人面岩画的具体称呼不下十几种。直到近十几年来，在一些学术会议和著作中，人们才普遍将Faces和Masks作为人面岩画类型的约定俗成的称呼。

2011年，澳大利亚学者本·沃森（Ben Watson）发表了题为《以眼为见：世界岩画中的人类感知及其拟人面孔》（*The Eyes Have It: Human Perception and Anthropomorphic Faces in World Rock Art*），通过观察澳大利亚所发现的以表现眼睛为主的人面岩画，把视线引向整个环太平洋区域，将环形双目作为基本要素提炼出来进行对比分析，得出结论，认为这种对称的眼睛作为人用来感知世界的最强有力的神经系统构件，使得原始岩画艺术家很自然地选择其为传递信息的一种社会符号。1961~1965年，加拿大魁北克省北部发现了一个人面岩画遗址群，1992年澳大利亚的岩画学家保罗·塔森发表了一篇研究论文进行过初步介绍。近几年来，魁北克大学的人类学家丹尼尔·阿瑟诺（Daniel Arsenault）教授在此基础上，通过更深入的实地考察，将研究重点放在了一个叫作夸加它里克的岩画点，结合整个北极地区（包括从挪威到格陵兰岛再到阿拉斯加、西伯利亚）不同社群的岩画艺术在图案和主题上存在的相似性，并列举了大量的多赛特便携式艺术品，试图说明从萨满教的

图8 福建仙字潭岩画

图9 内蒙古阴山岩画

① James D. Keyser, *Indian Rock Art of the Columbia Plateau*, Seattle:University of Washington Press, 1992, p.52. "'mask' or'face' figures have exaggerated teeth, eyebrows, or other facial features. No two of these spirit figures are markedly similar, in notable contrast to the repetitive sameness of many of the other forms characteristic of this art. This suggests to me that they represent each artist's highly individual perception of his guardian spirit."

服饰、用具、宗教仪式和表达方式等方面看，魁北克北部的这些人面岩画与萨满巫术的源头是一致的。

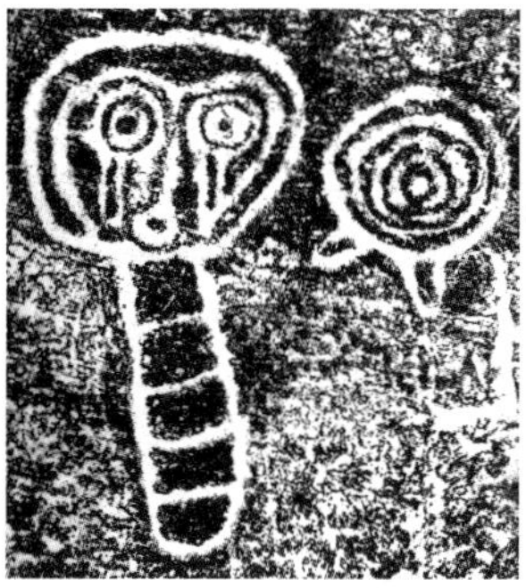

图10　内蒙古桌子山岩画

图11　宁夏贺兰山岩画

二、中国人面岩画的发现

中国关于人面岩画的文字记载，最早见于《水经注》：“渡流头滩十里，便得宜昌县也。江水又东迳狼尾滩百历人滩。袁山松曰：二滩相去二里。人滩水至峻峭，南岸有青石，夏没冬出，其石嵚崟，数十步中，悉作人面形，或大或小。其分明者，须发皆具，因名曰人滩也。”（郦道元，北魏，《水经注》卷三十四）这说明至少在距今1500余年之前的北魏时期，长江流域的湖北与四川一带还保有刻着人面岩画的岩石。

然而，中国人面岩画的图像记录以及发现和研究却晚于美洲和俄罗斯境内的东北亚等地区，肇始于1915年黄仲琴对福建华安仙字潭摩崖石刻的发现及其1935年发表的《汰溪古文》，他认为刻于崖壁上的图形符号是古代的文字；1957年福建省文物管理委员会调查了仙字潭石刻，将其中明显是人面的图像识别为人面形，但仍认为其他岩刻属于古文字，后来才逐渐被学者们确认为是岩画；1928年瑞典考古学家贝格曼在内蒙古阴山西段的狼山南麓发现人面岩画；20世纪60年代末，李祥石发现贺兰山贺兰口的人面岩画；1973年牧民发现桌子山岩画；1976年，盖山林在阴山发现大量人面岩画，至1980年的5年间，他从乌拉特中旗韩乌拉山的人面群像开始，对阴山西段的狼山地区岩画展开调查，记录了大量的人面岩画资料。此后，1978年在台湾的万山，1979年在江苏连云港的将军崖，1981

图12　台湾万山岩画

年在内蒙古的白岔河、桌子山，1982年在宁夏贺兰山，1992年在内蒙古阴河等地，逐渐发现了更多人面岩画。

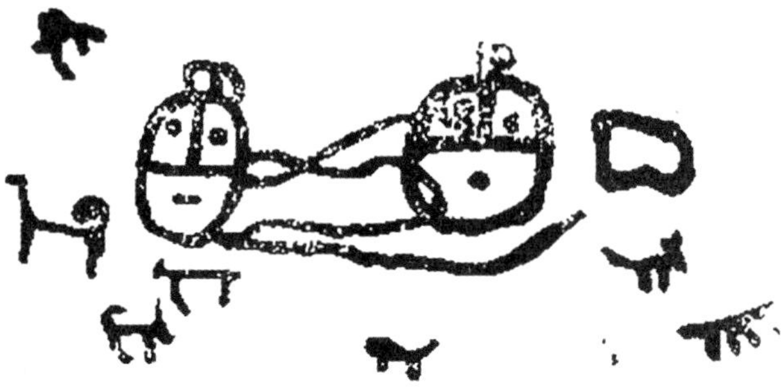

图13　宁夏中卫北山岩画

图14　内蒙古阴河岩画

图15　内蒙古白岔河岩画

图16　内蒙古阿拉善岩画

线描图

岩　画

图17　内蒙古翁牛特旗岩画

直到21世纪初的几年间，人面岩画还在不断地被发现，特别是2000年前后西辽河流域翁牛特旗岩画的大规模发现，河北省承德地区岩画的首次发现，2005年将军崖第四组岩画的发现，以及2007~2008年阴山格尔敖包沟、莫勒赫图沟的新发现，都是非常重要的成果。

图18　内蒙古阴山岩画

三、人面岩画的文化解释

中国学者在岩画研究过程中，普遍表现出对人面类型的关注，关于人面岩画的文化解释，许多人都有各自的观点，主要有“传播论”“面具说”“生殖崇拜论”“萨满巫术论”和“二元论”，其中“传播论”和“面具说”占主导。

中国人面岩画的系统化专门研究，始于20世纪的80年代。岩画学者李洪甫、宋耀良和李祥石持传播论观点。

宋耀良根据自己5年四万余公里田野调查和潜心研究的成果，于1992年推出专著《中国史前神格人面岩画》，选择“神格人面”这一岩画专题展开深入剖析，全书分为分布范围与地理特征，图像特征与类型，制作技法与伴生符号，主要遗存址，制作年代与制作者族属，符式的起源、传播与演变，性质与功能，对中国文化的意义，流向何处等九章，指出中国人面岩画系一种同源文化所致，以北、东、中三条线状分布在华北和华东沿海区域。在具体的研究和论证过程中，他借鉴了原始宗教学、考古学、神话学、古文字学以及符号学等相关学科的诸多材料与方法，试图将中国人面岩画这一独特的文化现象还原到中国史前文化的大背景之下，来解释其文化功能和内涵。他认为，人面岩画镌刻在固定的石头之上而不能随人迁徙，因此不是游牧民族所为，其作者应该是过着定居生活的民族；再从分布范围和制作规模之大的角度，认为不可能是一个弱小封闭的民族所为，而是由强大、统一，数千年保持着文化延续性的民族所创造，这个民族是“华夏族”或华夏族的祖先，也就是源于中原地区的主体民族；他又从新石器时期人面形器物的出土地点与人面岩画分布地点的重叠情况，推断人面岩画是农业文化的产物。显然，这种判断已经将亚洲北方的游牧民族排除在外了。

20世纪90年代，在北美洲经过数年的调查和研究之后，宋耀良于1998年又发表了题为《环北太平洋区域史前人面岩画研究》（*Prehistoric Human-face Petroglyphs of the North Pacific Region*）的论文，提出美洲、俄罗斯人面岩画与中国的人面岩画存在多种相似表现形式，这是一种同源文化跨洲传播的结果，起源于中国东部的大汶口文化区域。最晚在距今4000年前，拥有镌刻人面岩画宗教需要的亚洲史前居民，经阿留申群岛将人面岩画传播到美洲大陆。2010年，宋耀良在中央电视台《探索·发现》栏目中再次表述了这种传播观点，但是在一篇新发表的论文中将起源点修正为赤峰地区。

1997年，李洪甫的著作《太平洋岩画——人类最古老的民俗文化遗迹》，也以文化传播观点详细列举了环太平洋文化圈周边的岩画遗迹，其中涉及人面岩画，作者指出各国主要岩画点之间具有亲缘关系，并认为将军崖岩画的凿刻者是东夷首领少昊氏族的成员，东夷少昊文化是这个文化圈的中枢，以东夷文化为中心向南北方向的延伸和传布，导致了东方文化带的形成。

李祥石的观点认为人面岩画的作者是有着多元信仰的中华民族，即广义上的“华族”，人面岩画中各种各样的图腾崇拜正是这种多元文化的产物，环太平洋地区的人面像岩画“具有同族同源同文化属性的特征”。

1991年，李福顺教授在对贺兰山人面岩画进行考证后，提出“面具说”，认为其中一部分人面像是当时人们跳神时戴在头上的面具。盖山林先生早期认为：“类人（兽）面纹样，乃是远古人类意识形态的综合体现，画家注入到里面的思想涉及原始思维的许多领域，它绝不只限于某一种信仰，从它的意义来说，绝不是一种含义，其中至少有面具、天神、祖先神、头盖骨等多种文化含义。”陈兆复教授也认为：“绝大多数（人面岩画）并非描绘真实的人面，倒像是某种特定的面具。”他还指出：“人面像岩画与祭祀有关，与宗教信仰有关，史前人类的宗教信仰，是由于人类对于生存的渴望，产生了对神的观念……最初出现的是动物神，后来逐渐演化成各种不同的神灵。”

1995年，孙新周先生对白岔河人面岩画从原始艺术符号释读的角度进行破译，以嘎拉营子人面像似一个男根纹为切入点，从原始文化的背景入手加以分析，认为它是一种抽象了的男根纹样，属典型的原始生殖崇拜。他于1999年出版了专著《中国原始艺术符号的文化破译》，书中通过与在苏联叶尼塞河流域发现的岩画比对，认为“这种以眼睛象征睾丸，以鼻子代表阴茎的男根崇拜形式，是一种跨文化现象，在国外早已有之的，在西方，这种表现方法也沿袭了很长时期”。

此外，有部分学者根据中国新石器至青铜时期其他艺术形式中的类似图形与人面岩画相比照，认为有些所谓的人面实际上应该是“鸟面”或“鸮面”。李洪甫认为亚洲、北美洲、大洋洲的许多岩画中，鸟是出现数量最多的动物题材，是源于最早开发原始农业定居先民的鸟崇拜，因为在为了生存的经济生活中，只有从事早期农业的先民最关心鸟，鸟的活动能预示季节的变换，对作物的播种和收获至关重要。这种推断是基于他的东夷文化传播带理论而提出的。苏胜博士考证认为，赤峰的人面岩画是鸮形人面像，是先商图腾，与先商民族的迁徙有关。

2001年汤惠生教授在他的著作《青海岩画——史前艺术中二元对立思维及其观念的研究》中，运用萨满教理论及跨文化阐释的方法，引用大量考古学材料，论证了中国人面岩画是二元对立思维及其观念的体现，是原始宗教文化中诸多“肯定因素”的象征物。他还指出，人的头部就意味着“天”“上”“高”等，与天帝（天神）的身份相匹配；人面像的头部呈圆形，是因为与太阳相似。

龚田夫先生将人面岩画解释为，“是指那些看起来类似人面或是可以联想到人面的岩画图形”。他支持人面岩画的“东夷起源说”，从文化类型角度将中国的人面岩画分为初期型、繁荣期型和衰落期型，并认为人面岩画主要表现为女性和男性的生殖崇拜，还有一些属泛神灵崇拜。

各种文化解释，不论是传播论、面具说、生殖崇拜论，还是二元论，大多学者都认为人面岩画的产生和发展与萨满教的传播有关。

萨满教，狭义上是指欧亚大陆北方乌拉尔—阿尔泰语系的渔猎或游牧民族所普遍信仰的一种原始宗教，其分布范围东起白令海峡，西至斯堪的纳维亚半岛，横亘欧亚大陆北部的亚寒带和寒带地区。而广义的萨满教泛指所有地方原始形态的宗教信仰，从非洲、北欧、亚洲到美洲这一广阔地域内所居住的各个民族，都有着相似的萨满教信仰。直至近现代萨满教仍然活跃在中国东北和俄罗斯远东的一些民族地区，在美洲一些印第安人中间还存在着萨满给人治病的习俗。这些民族在史前的社会经济和文化传播上具有一定的共性因素和渊源关系。萨满教起源于何时何地尚没有确切的结论，但信仰大体相似，萨满教相信万物有灵，有专门的巫师称为萨满，是人和神之间交往的中介。萨满教的宗教仪式主要是由萨满作法而通神，作法时，萨满穿着法衣，戴着法帽，手持鼓槌，敲起萨满鼓，边唱边跳；而萨满面具也正是萨满作法跳神时所用的法器之一。中国东北大兴安岭林区的鄂伦春族，在解放前还一直信仰萨满教，他们朝拜的神物中就有用木头雕刻成的萨满面具。鄂温克族的萨满在跳神时，穿着奇异的神衣，头戴鹿角神帽，脸上戴面具，不同地区所用的面具形制也不相同，充满神秘色彩。美洲的易洛魁人也信仰萨满教，他们崇信一种名为“幻面”的精灵，是一种形态怪异的恶灵，没有躯体只有面孔，而且奇丑无比，通常隐而不见；它游荡于天地间，专事降病致厄。为了祛除病患，抵御灾害，需要求助于一种独特的宗教团体——“幻面”会社。会社以女首领为萨满，成员全部为男性。她派人前往祛病祛疾时，代替她的男人就头戴面具。澳大利亚的美拉尼西亚人中有类似萨满的巫师，他们雕刻假面具的技术非常发达。此外，信仰萨满教的西伯利亚布里亚特人、鞑靼人，北美的因纽特人（爱斯基摩人）和阿留申人等，均盛行制作面具。由此可见，信仰萨满教的各民族之间虽然在语言、地域、心理因素等方面存在差别，但有着相同或相似的宗教信仰，甚至在宗教活动中存在着几乎相同的仪式。

不容否认，环太平洋区域的人面岩画确实或多、或少地表现出超自然的属性和原始宗教意味。可以肯定的一点是在原始社会的历史长河中，不论是在亚洲腹地的牧场，还是在北美洲的太平洋西北海岸，抑或是南太平洋的海岛之上，人面岩画类型被创造者赋予了特殊的意义和精神内涵。

近年来，国内的一些著作如《发现岩画》（李祥石，2004）、《红山岩画》（吴甲才，2008）、《丝绸之路岩画研究》（盖山林、盖志浩，2010）、《文明的印痕——贺兰口岩画》（银川市贺兰山岩画管理处，

2011）、《贺兰山岩画研究》（贺吉德，2012）、《阴山岩画研究》（王晓琨，2012）、《克什克腾岩画》（韩立新，2013）对人面岩画也有许多的资料补充和理论探讨。这些研究更多地表现出谨慎的态度，从跨学科角度提出比较综合的观点，以不同的侧面反映了人面岩画的研究进展。李祥石认为，人面岩画“深层的内涵意义与图腾崇拜、神话传说，原始宗教信仰及民俗有着千丝万缕的联系”，“人面像岩画是人类多元文化的产物，是万物有灵、神话传说、图腾崇拜、巫术崇拜、祖先崇拜、生殖崇拜、自我认识、自我教化、自我表达、自我觉悟的一种文化艺术形式”。贺吉德认为，人面像岩画“是指原始人类对心目中的神灵鬼怪、图腾动物以及各种崇拜对象赋予人面形象而制作的岩画”。人面岩画的产生与交感巫术有关，是巫师为了完成“通天地、近鬼神”而进行的祭祀程序。2010年出版的《丝绸之路岩画研究》一书中，盖山林运用传统考古学的比较研究法，将内蒙古多处人面岩画与其他考古材料中的人面形和太阳纹进行了对比研究，试图证明人面像并不是岩画中的孤立现象，与其他艺术载体存在着密切的关联，并以在不同载体上出现的相类似的图形作为岩画断代的主要依据。另外，还有一些论文如“贺兰山人面像岩画的起源”（张建国，2010）、“北方面具岩画中原始宗教含义的体现”（张琰，2007）等从起源、宗教含义等角度展开探讨。特别是近年来，中国岩画研究中心的博士研究生孙晓勇，硕士研究生阮晋逸、李东风，都立足于对赤峰地区岩画的田野调查，对人面岩画这一题材，以民族学、考古学、神话学、图像学等跨学科方法集中展开比较深入的研究，就一个局部范围的人面岩画研究掀起了一股小的热潮。

四、人面岩画的断代研究

断代是考古学研究的重要依据，没有年代根据的考古学或历史学研究，就如无根之木、无源之水，论证缺乏说服力。然而对于史前文化的研究，特别是岩画这种制作在裸露岩面上的遗存，因为缺少足够的文字记载，无法以编年史进行佐证；同时，从考古遗址出土的岩画可谓凤毛麟角，几乎找不到地层学的支持，因此，这些客观障碍使岩画学成为考古学家普遍不愿从事的被边缘化的尴尬学科。[1]目前，国际上的一些考古学家和岩画专家虽然都在努力尝试，却尚未找到特别理想的断代手段，可以说，岩画的断代研究是一个世界性难题。近几十年来，中外学者以自然科学和考古学、民族学以及文化人类学等方法相结合的断代研究，特别是一些跨文化的国际合作，让我们开始看到了岩画断代研究取得突破性成果的曙光。

西方考古学界在史前考古中常用的自然科学测年方法，如微腐蚀断代法（Microerosion analysis）、冰川擦痕断代法（Glacial Striae）、加速器质谱分

① "The skeptic's reaction for many decades was that rock art does not occur in stratigraphic contexts and therefore could not be dated, so it was not worth studying at all." David S. Whitley, "In Suspect Terrain: Dating Rock Engravings", *A Companion to Rock Art*, CHAPTER 34. edited by Jo McDonald and Peter Veth, A John Wiley & Sons, Ltd., Publication, 2012, pp. 605~624.

析法（AMS）、阳离子比率法（Cation Ratio）、红外光谱分析法（Infra-red Spectrometry）、X射线粒子分析法（Proton-induced X-ray emission）、放射性碳测年法（Radio-carbon dating）、电子显微扫描法（SEM）、透视散射测年法（X-ray Diffraction）等，有很多已经被学者借鉴来对岩画进行断代研究。但是其中绝大多数方法都只对采用有机混合色浆绘制的彩绘岩画起作用，而对于在无机物构成的岩石上进行“减地法”凿刻的岩画，目前大多是对岩石表层的测年。学者们普遍认为，岩石在岁月流逝的自然过程中，会在表面形成数层源自风沙沉积的遮盖物，抑或是自然环境产生的化学变化对岩石本来的表面形成特定过程的侵蚀效果，每一个地区这种遮盖物或侵蚀结果的形成过程会随着地质构造、气候条件的区别而有所不同，对微观岩面沉积分层的科学测定能够一定程度上给岩画断代。一些学者自20世纪80年代开始使用阳离子比率法（CR）、加速器质谱分析法（AMS）等在世界各地进行尝试，获得过一些数据，也遭到过考古界的质疑。但是学者们也开始逐渐接受了这样一种观点，即从有缺陷的研究方法入手，总比不作任何努力要强。目前中国的考古学家根据这一理论基础进行的研究中，有些学者已经取得了初步的成果，特别是汤惠生教授运用微腐蚀断代法取得了将军崖岩画的测年数据，与其他相关考古遗存相结合成为断代研究的重要依据。

除了自然科学的直接断代法，大多数人文学科的学者都倾向于使用间接的岩画断代方法。这些方法包括文献法、制作工艺测年法、艺术风格分析法、题材判断法（灭绝动物种属分析法）、叠压打破关系判断法、横向比较法等。特别在中国的岩画学界，这种利用资料的间接断代法被认为是行之有效的，是目前岩画学者解决绝大部分岩画年代问题，并颇有中国特色的岩画断代法。通过间接方法获得相对年代的判断，盖山林和陈兆复两位先生的早期研究中均已广泛涉及。2010年王建平先生提出以“光学色度对比法”，根据光学色度差异原理，通过数码影像技术与计算机色度分析软件相结合，按照岩石表面色度变化规律，计算出刻画痕迹的不同年代，并申请了专利。宋耀良曾用排除法探索过中国境内最早的人面岩画起源地，首先他根据痕迹的直观感受选定了将军崖、阴山和桌子山三处地点，并为最早出现的人面岩画确立了几个必备的条件：第一，痕迹应该是古老的；第二，作画工具必须是石器；第三，人面性状必须呈世俗性，所谓世俗性，指人面岩画呈现出来的特征与人间的人相似，而不完全是天界威严的神，他认为人面岩画起于祭祀，最初是对氏族部落祖先或领袖的崇拜，因此在逻辑上认定人面岩画早期必定有一个相似于人的阶段，即由人格而后才演化成神格；第四，太阳与人面必须分别以独立的方式出现，因此排除了阴山和桌子山两处，仅剩将军崖；第五，符式特征必须前不见传承，而后有接继。这几个条件对于确定早期人面岩画，确是行之有效的准则，但是其中的第三个条件是非常主观的因素，不同学者可能会有完全不同的理解。但在20世纪80年代，宋耀良凭一己之力亲眼看到这些岩画，并能够得出这个结论，已经是令人叹服了。

近年来，中国人民大学的魏坚教授提出在类型学的大框架下可以先做小区域的断代研究，并将阴山的狩猎动物岩画置于北方草原“鄂尔多斯式”青铜器，以及出土动物骨骼等考古材料的文化背景之中，利用已有的考古学文化类型的研究成果及其年代学标尺，对北方猎牧民岩画的内容和形象进行类比分析，可以初步建立起青铜时代各岩画区域的相对年代学框架。再利用文献史学、民族学和美术史学的研究成果，充分借鉴其他学科的研究成果，再逐步建立起史前和青铜时代之后各阶段岩画的年代学框架。这一研究方法对于考古遗存丰富的岩画地区具有很强的适用性，对人面岩画的小范围区域性研究也有指导意义。

当前学者的间接断代研究，多采取与岩画周边的其他考古文化现象进行综合比较的方法，得出岩画年代的大致判断。岩画专家盖山林先生和汤惠生教授就擅长使用此种方法对中国的岩画进行断代研究；而近年来以西北大学考古学家王建新教授为代表的墓葬—聚落—岩画“三位一体”的断代方法，也逐渐被学术界所认可。此外，打破关系是最直接的分期手段，利用那些具有叠压打破关系的岩画现象，即可明确推断出岩画制作的先后顺序，首先制作的岩画图形被后来制作的岩画图形所打破，也就很自然地出现了岩画的上、下层关系。这种方法得出的先后顺序与考古地层学的“下层”“上层”是一致的。在目前发现的人面岩画中，亚洲的西伯利亚、贺兰山、阴山、西辽河流域，北美洲的西南地区，都能够找到很多具有打破关系的例证。

五、小　结

人文学科的解读以及断代研究，除了要充分利用民族学、考古学的可靠证据，更应该以客观的方法和理论为基础，尽量避免主观猜测和加入过多的感情色彩。如今，经过更多的岩画调查和新发现的披露，以及民族学、考古学材料的支持，对人面岩画的综合比较已经能够在更大的范围内展开。借鉴中国岩画学家以及考古学家的上述常规做法和构想，再结合图像类型的图式排比，可以首先对那些周边具有充足考古地层支持的人面岩画进行分期、分区、分类型的研究。这样的研究尚无法得出准确的年代结论，但至少能够划分出粗略的发展阶段。

参考文献：

[1]［法］埃玛努埃尔·阿纳蒂：《艺术的起源》，刘建译，北京：中国人民大学出版社，2007年。

[2] 陈兆复：《中国岩画发现史》，上海：上海人民出版社，2008年。

[3] [加] 丹尼尔·阿瑟诺：《极地岩画背后的萨满教》，朱利峰译，《内蒙古大学艺术学院学报》，2014年第1期。（Circumpolar rock art：the hidden face of shamanism? A comparative study of human-like faces in Canadian，Alaskan and Siberian rock art，and their relationships with shamanistic paraphernalia. 2012.）

[4] Alaska Packers Association and Walter Hough，"Anthropological Notes"，*American Anthropologist*，New Series，Vol. 19，No. 2 （Apr. – Jun.，1917），pp. 320~324.

[5]Alex Patterson，*A Field Guide to Rock Art Symbols of the Greater Southwest*，Colorado: Johnson Books，1992：pp.1~8.

[6]Ben Watson，"The eyes have it: human perception and anthropomorphic faces in world rock art"，Antiquity. 85 （2011）：87~98.

[7]Berthold Laufer，"Petroglyphs on the Amoor"，*American Anthropologist*，New Series，Vol. 1，No. 4 （Oct.，1899），pp.746~750.

[8]Beth and Ray Hill，*Indian Petroglyphs of the Pacific Northwest，B.C. Canada: Hancock House Publishers*，1974，p.19.

[9]Ch. Fred. Hartt，"Brazilian Rock Inscriptions"，*American Naturalist*，Vol. V. May，1871，No. 3.

[10]Cora E. Lutz，"Ezra Stiles and the Challenge of the Dighton Writing Rock"，*The Yale University Library Gazette*，Vol. 55，No. 1 （July 1980）.

[11]Daniel G. Brintond，"On a Petroglyph from the Island of St. Vincent，W. I."，*Proceedings of the Academy of Natural Sciences of Philadelphia*，Vol. 41 （1889），pp.417~420.

[12]Daniel Leen，"The Rock Art of Northwest Washington"，*Northwest Anthropological Research Notes*，1981，pp.1~56.

[13]Edward J. Lenik，*Making Pictures in Stone*，Alabama: University of Alabama Press，2009，p. 8.

[14]Edward Meade，*Indian Rock Carvings of the Pacific Northwest,Sidney*，British Columbia，Canada: Gray's Publishing Ltd.，1971. p.8.

[15]James D. Keyser，*Indian Rock Art of the Columbia Plateau*，Seattle:University of Washington Press，1992，p.52.

[16]Paul G. Bahn，*Prehistoric Rock Art: Polemics and Progress*，Cambridge: Cambridge University Press，2010，p.71.

[17]Robert F. Heizer，"Petroglyphs from Southwestern Kodiak Island，Alaska"，*Proceedings of the American Philosophical Society*，Vol. 91，No. 3

（Aug. 29，1947），pp.284~293.

[18]TAÇON，P. S，"Stylistic Relationship Between the Wakeham Bay Petroglyphs of the Canadian Arctic and Dorset Portable Art"，*In Rock Art Studies: The Post-Stylistic Era or Where Do We Go From Here*？，M. Lorblanchet & P.C. Bahn，Ed，Oxford: Osbow Books，1993，pp. 151~162.

[19] 陈兆复：《中国岩画发现史》，上海：上海人民出版社，1991年。

[20]L. S. Cressman，Petroglyphs of Oregon，Eugene: University of Oregon，1937.

[21]广西少数民族社会历史调查组编：《花山崖壁画资料集》，南宁：广西民族出版社，1963年。

[22]汪宁生：《云南沧源崖画的发现与研究》，北京：文物出版社，1985年。

[23]汤惠生：《关于岩画解释的理论假说》，《岩画2》，北京：知识出版社，2000年。

[24]宋耀良：《中国史前神格人面岩画》，上海：三联书店，1992年。

[25]Yaoliang Song，"Prehistoric human-face petroglyphs of the North Pacific region"，*Arctic Studies Center*（*Supplement*），Washington，D.C.: National Museum of Natural History，Smithsonian Instiution，July 1998，Number 1.

[26]宋耀良：《人面岩画：4000年以前中国人到达北美洲》，《新华航空》，2010年第6期。

[27]李洪甫：《太平洋岩画：人类最古老的民俗文化遗迹》，上海：上海文化出版社，1997年。

[28]李祥石：《人面像岩画探究》，《文化学刊》，2011年第5期，2011年9月。

[29]李福顺：《贺兰山岩画中的面具神形象》，《化石》，1991年第4期，1991年12月31日。

[30]盖山林：《阴山岩画》，呼和浩特：内蒙古人民出版社，1985年。

[31]陈兆复：《中国的人面像岩画》，《寻根》，1994年第2期，1994年4月25日。

[32]孙新周：《探索内蒙古人面像岩画的奥秘》，《岩画1》，中央民族大学中国岩画研究中心编，北京：中央民族大学出版社，1995年。

[33]孙新周：《中国原始艺术符号的文化破译》，北京：中央民族大学出版社，1998年。

[34]吴甲才编著：《红山岩画》，呼伦贝尔：内蒙古文化出版社，2008年。

[35]龚田夫，张亚莎：《中国人面像岩画文化浅谈》，《中央民族大学学报》，2006年第3期。

[36]汤清琦：《论中国萨满教文化带——从东北至西南边地的萨满教》，

《宗教学研究》，1993年第Z2期。

[37]秋浦：《鄂伦春社会的发展》，北京：民族出版社，1978年。

[38]吕光天：《论我国北方民族萨满教概况》，《北方民族原始社会形态研究》，银川：宁夏人民出版社，1982年。

[39]杜晓帆：《契丹族葬俗中的面具、网络与萨满教的关系》，《民族研究》，1987年第6期。

[40]李祥石：《发现岩画》，银川：宁夏人民出版社，2004年，第8页。

[41]贺吉德：《人面像岩画探析》，《三峡论坛》，2013年第3期，第77~84页。

[42]盖山林，盖志浩：《丝绸之路岩画研究》，乌鲁木齐：新疆人民出版社，2010年，第156页。

[43]张建国：《贺兰山人面像岩画的起源》，《宁夏画报》，2010年第5期，2010年10月20日。

[44]张琰：《北方面具岩画中原始宗教含义的体现》，《内蒙古农业大学学报（社会科学版）》，2007年第4期。

[45]Paul G. Bahn，*The Cambridge Illustrated History of Prehistoric Art*，Lundon: Cambridge University Press，1998，p.157.

[46]David S. Whitley，"In Suspect Terrain: Dating Rock Engravings"，*A Companion to Rock Art*，*CHAPTER 34*. edited by Jo McDonald and Peter Veth，A John Wiley & Sons，Ltd.，Publication，2012，p. 607.

[47]Tang Huisheng，"New Discovery of Rock Art and Megalithic Sites in the Central Plain of China"，*Rock Art Research*. Volume 29，Number 2，2012，pp. 157~170.

[48]张文华：《中国岩画研究理论和方法论刍议》，《美术》，1993年第4期，1993年5月1日。

[49]王建平，张春雨主编：《阴山岩画》第4卷，上海：上海古籍出版社，2010年。

[50]魏坚：《青铜时代阴山岩画断代刍议》，《河套文化论文集》（第4辑），呼和浩特：内蒙古人民出版社，2009年。

The Discovery and Research of Human Face Petroglyphs

Zhu Lifeng

Abstract: Human face petroglyph is a cultural phenomenon around the Pacific Rim. It has been investigated and studied internationally as early as the 18th century, and the discovery and research in modern China has a history of over one hundred years. By studying the discovery, research, interpretation and dating of human face prtroglyphs both at international and domestic, it is helpful to study the stages, divisions, and classification of thematic rock art on the basis of referring to the conventional practices of rock art scholars and archaeologists.
Keywords: Rock art; Human face petroglyph; The Pacific rim; Dating

作者简介：
苟爱萍，女，西安美术学院美术史论系副教授，博士。

阴山、贺兰山车辆岩画图像考

苟爱萍

摘　要：岩画作为世界性的文化遗产，自20世纪70年代以来日益被研究者所关注，中国宁夏贺兰山及内蒙古阴山由于遗存有大量古代岩画，而成为中国岩画的重要分布区。车辆岩画虽然数量较少，但自古以来都与人类的活动，诸如战争、出行、迁徙、商贸、狩猎等密切相关，因而，车辆岩画成为研究古代文化的重要内容之一。研究者对车辆的讨论观点不一，而在岩画研究领域内，他们更多关注的是年代及传播问题，尚未对车辆岩画的文化属性给予探讨。笔者在前人对车辆年代学及传播问题的研究基础上，尝试讨论贺兰山及阴山车辆岩画的文化属性。

关键词：阴山；贺兰山；车辆岩画；文化属性

学术界对车辆起源及传播的认知有三种意见，一种认为是中国本土制造；①另一种认为是从西亚传播而至；②第三种意见认为，西方车辆通过中亚或高加索地区传至中国本土。③也有岩画研究者认为，杭爱山和阿尔泰山是车辆东传中国的路线。④阴山处于边疆地带，贺兰山则位于内蒙古与内陆过渡地带，二者在地域上接近，文化上又各有偏重，尽管两地车辆岩画还存在着细微差异性，但整体上均属于北方文化范畴。因此，将二者放置在整体文化空间内讨论是有必要的。具体结合阴山及贺兰山车辆岩画案例图像分析车辆岩画的文化属性，以期从另一层面或角度理解与阐释车辆岩画及其与本土文化和外来文化的关系。

①翟德芳：《商周时期马车起源初探》，《华夏考古》1988 年第 1 期，第 103~104 页；郑若葵：《论中国古代马车的渊源》，《华夏考古》1995 年第 3 期，第 49~53 页；王学荣：《商代早期车辙与双轮车在中国的出现》，三代文明研究编辑委员会编：《三代文明研究》（一），科学出版社，1999 年，第 239~247 页；林梅村：《古道西风》，三联书店，2000 年，第 33~76 页；朱彦民：《论商族对古代车马起源与发展的贡献》，《中国社会历史评论》，2002 年第 4 辑，商务印书馆，2002，第 473~486 页；龚缨晏：《车子的演进与传播——兼论中国古代马车的起源问题》，《浙江大学学报》（人文社会科学版），2003 年第 3 期，第 26~29 页。

② Stuart Piggot Shariots in the Caucasus and in China，"Antiquity"，XLV Ⅲ，1974，pp.16~24；夏含夷著：《温故知新录——商周文化史管见》，台北：稻禾出版社，1997 年，第 49~88 页；王海城：《中国马车的起源》，《欧亚学刊》第三辑，中华书局，2002 年。

③林巳奈夫：《中国先秦時代の馬車》，《東方学報》，1959 年 3 月（通号 29），第 155~284 页；王巍：《商代马车渊源蠡测》，《中国商文化国际学术讨论会论文集》，中国大百科全书出版社，1998 年，第 380~384 页。

④特日根巴彦尔：《欧亚草原中东部地区车辆岩画的分布特点及内容分析》，《草原文物》，2012 年第 2 期，第 49 页。

一、贺兰山及阴山车辆岩画分布及形制

在宁夏贺兰山区域发现车辆岩画25幅，主要分布在贺兰山中段及南段。贺兰口12幅，大树林沟1幅，四眼井4幅，芦沟湖1幅，大麦地6幅，石马湾1幅。贺兰山车辆岩画以双轮车居多，数量为17幅，特点大多为双马驾车，多数车辆为有一舆及单辕，双马车轮形制多为圆板式，毂辐式车轮较少，少数未刻画出驾马（图1，H8~H24）。贺兰山区域未发现四轮马车，少量车辆岩画只刻画出侧视角度的单侧车轮，这种形制的马车车轮多为毂辐式，车辕为双辕，并为一马驾车，还有少量车辆岩画只刻画出单只车轮，具有示意性，为指代车辆的象征符号，车轮亦为毂辐式。毂辐式车轮年代晚于圆板式车轮（图1，H1~H7）。

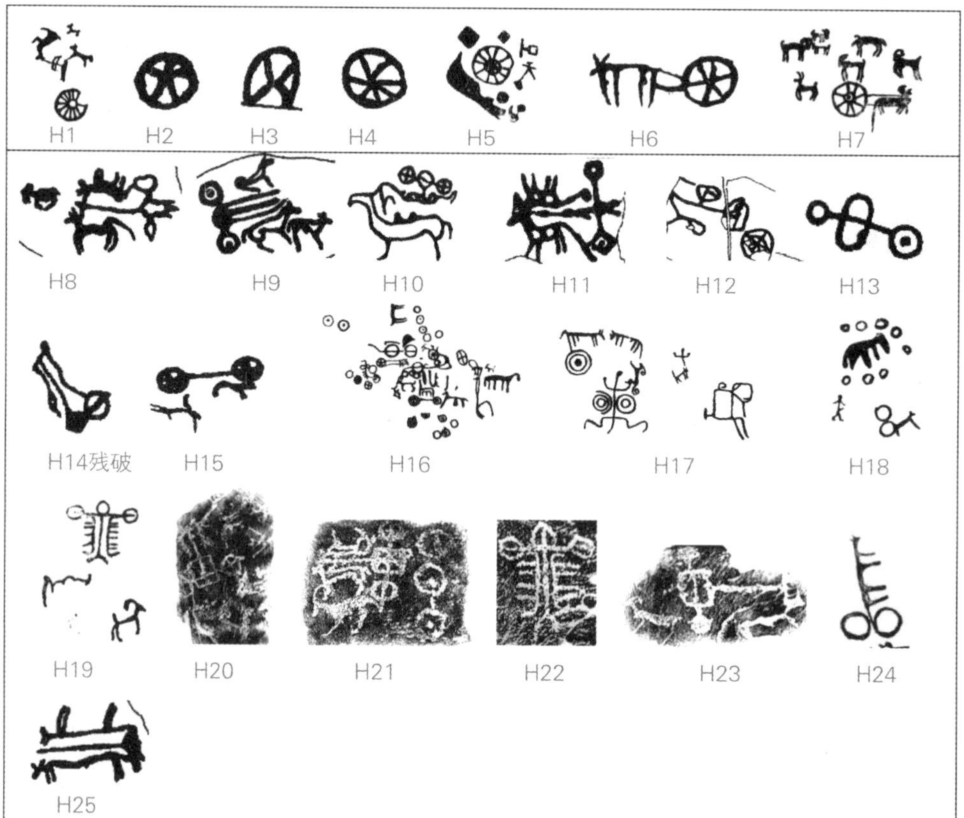

图1　贺兰山车辆岩画

阴山车辆岩画大多数分布于阴山东部大青山丘陵地带的推喇嘛庙一带，推喇嘛庙有25幅，几公海勒斯太2幅，韩乌拉山1幅，大坝沟1幅，托林沟2幅，阿贵沟1幅，乌拉特中旗2幅，共计34幅。在34幅阴山车辆岩画中有21幅为双轮双驾马车，其中17幅车轮为圆板式，4幅车轮为毂辐式，3幅未刻画出驾马（图4，Y6、Y12、Y15），4幅画面中刻画出道路或车辙痕迹，周围亦有人物及动物，表明与狩猎、放牧或者其他活动相关（图

4，Y2、Y9、Y24、Y33）。阴山车辆岩画多数为双驾马、有车舆、单车辕车辆，还有一幅四轮马车岩画，一人手执缰绳站在驾马的正前方（图4，Y23），在阴山大坝沟还发现一幅特殊形制的车辆岩画，是一种棚车，造型独特，与其他类型车辆岩画完全不同，而与现代蒙古草原牛车比较接近。[1]（图4，Y34）

一辆完整的车辆是由车轮、车辕、车舆、车轴、车衡以及驾马组成的，内蒙古阴山车辆岩画及贺兰山车辆岩画均有双驾马拉车，车辕分为方形及圆

图2 商后期河南安阳车马复原（《中国古代车马》）

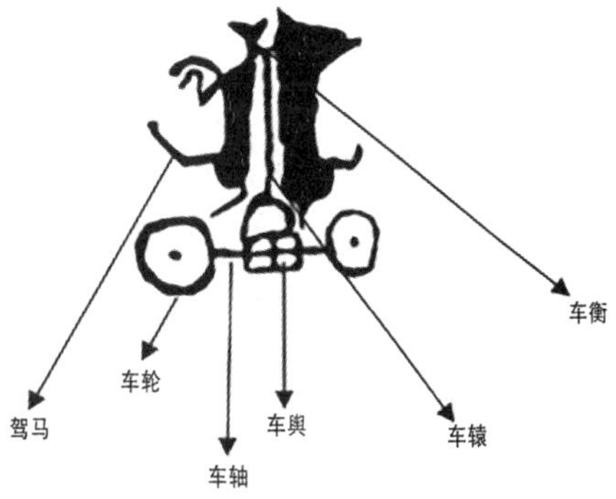

图3 岩画构造（作者制）

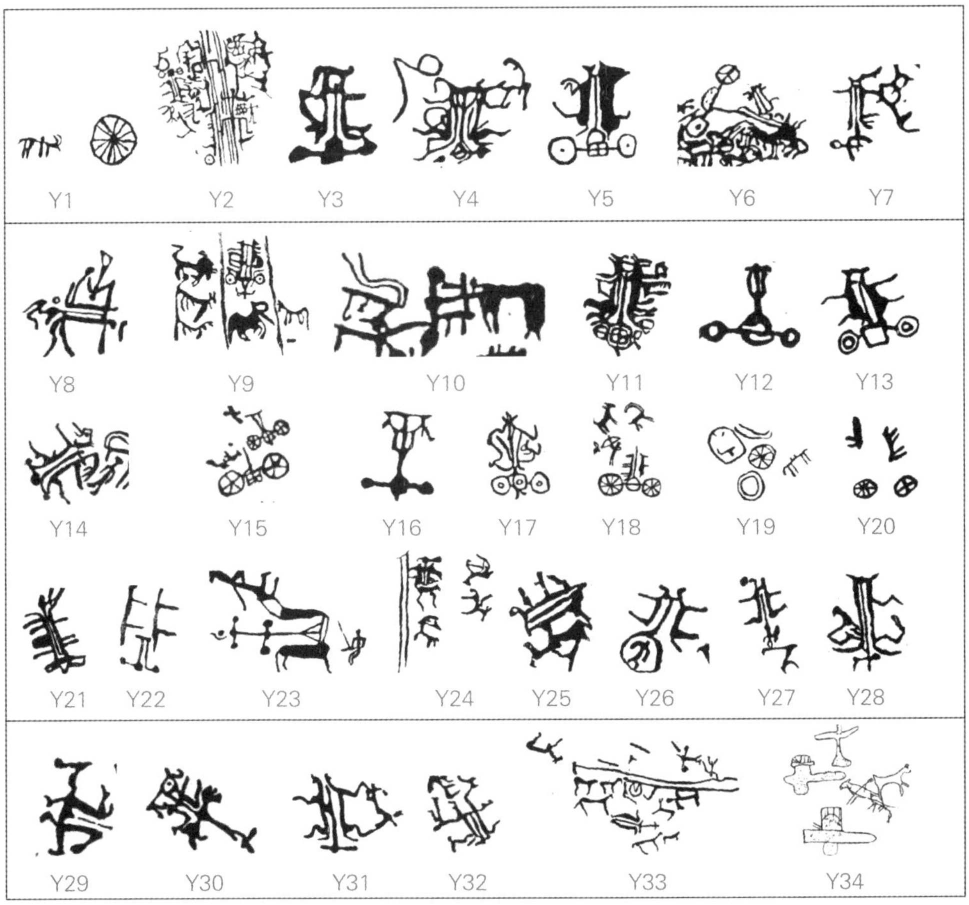

图4 阴山车辆岩画

①盖山林著：《阴山岩画》，文物出版社，1986年，第178页。

形两种，车轮分为圆板式和毂辐式，驾马多为背靠车辕，四肢向外的对称形态，两马相向形式较为少见（图3），其具体车辆构造情况详见表1数据及内容统计。

二、车辆溯源及车辆岩画的文化属性

依据现有考古材料，车辆最早起源于西亚地区的美索不达米亚。为美索不达米亚苏美尔人车形象形文字，年代为公元前3500年至公元前3100年左右。“车”字的甲骨文为，金文大篆为，字形与车辆岩画非常形似。“甲骨文中有一些关于田猎、战争的记录……金文材料除了涉及田猎、战争外，还详细记载了许多马车结构上的部件，更涉及赏赐、车官、交换……”[1]

中国古代文献中也有关于古车的记载，有关轩辕黄帝的名号传说也与造车相关，《汉书·古今人表》云：“张晏曰：以土德王，故号曰黄帝，作轩冕之服，故谓之轩辕。”[2]《路史（前纪七）·轩辕氏》“轩辕氏作于空桑之北，绍物开智，见转风之蓬不已者，於是作制乘车，梠轮璞，校横木为轩，直木为輈，以尊太上，故号曰轩辕氏。”[3]《荀子·解蔽》言：“奚仲作车，乘杜做乘马，而造父精于御。”[4]奚仲据说是夏禹时的车正，即管理车子的官员，乘杜据说是周朝祖先契的孙子，最先发明了驾车技术，造父则是周穆王的车夫，善于驾车。《吕氏春秋·君守》中曾经提到造车等事，“今之为车者，数官然后成。……奚仲作车，仓颉造字……”[5]《新语·道基第一》云：“川谷交错，风化未通，九州绝隔，未有舟车之用，以济深致远；于是奚仲乃桡曲为轮，因直为辕，驾马服牛，浮舟杖檝，以代人力。”[6]

部分研究者认为我国晚商时期的马车源于西亚，而中国古代典籍记载的车辆在夏代业已出现。1996年5月~1997年4月，在河南偃师商城遗址中发现车辙遗迹实证。据考证其年代不晚于早商文化郑州二里岗下层晚段，车辙遗迹长度为14米，左右车辙距离为1.2米，偃师商城车辙（由双车轮碾压所致）的考古遗迹证明在早商时期已经出现车辆，这一发现将中国用车的历史向前推进了200~300年[7]。“不晚于商代，我国已能造车，而且从出土的遗物看，这时的车子在结构上大体定型，已经具有一定的成熟性。”[8]孙机认为，独辕车向双辕车的过渡完成于西汉时期[9]。张文静将内蒙古阴山车辆岩画的年代上限定在殷商或更早，下限定在春秋时期，部分车辆岩画时间还有可能下延[10]。根据孙机的车型研究，阴山与贺兰山车辆岩画基本上为独辕车，其年代下限延伸至西汉时期，亦是合理的推测。学界认为家马起源于距今5500年左右的哈萨克斯坦[11]，在距今4000~3600年传入甘青地区，考古工作者在甘肃永靖齐家文化墓地曾发现家马遗骨[12]。在安阳、西安、山东等商代遗址中发现有较多车马陪葬坑，说明至少在距今3300年，马在中原的交通运输中已经占有重要位

①吴晓筠：《商周时期车马埋葬研究》，科学出版社，2009年，第12页。
②王利器、王贞珉：《汉书古今人表疏证》，齐鲁书社，1988年，第16页。
③（宋）罗泌：《路史》（四部备要，史部），中华书局，1936年，第39页。
④《荀子》，安小兰译注，中华书局，2007年，第228页。
⑤张双棣、张万彬等译注：《吕氏春秋译注》，吉林文史出版社，1987年，第551~552页。
⑥王利器：《新语校注》，中华书局，1986年，第14页。
⑦王学荣：《商代早期车辙与双轮车在中国的出现》，三代文明研究编辑委员会编：《三代文明研究》（一），科学出版社，1999年，第239~241页。
⑧孙机：《汉代物质文化资料图说》，文物出版社，1991年，第90页。
⑨孙机：《汉代物质文化资料图说》，文物出版社，1991年，第110页。
⑩张文静：《内蒙古阴山地区的车辆岩画》，《北方文物》，2013年第1期，第42页。
⑪ Outram A.K，Stearna N.A，Bendrey R，et al. “The earliest horse harnessing and milking” [J]. Science，2009，323（5919）：pp. 1332~1335.
⑫谢瑞琚：《甘肃永靖秦魏家齐家文化墓地》，《考古学报》，1975年第2期，第88页。

置[①]。（图5）

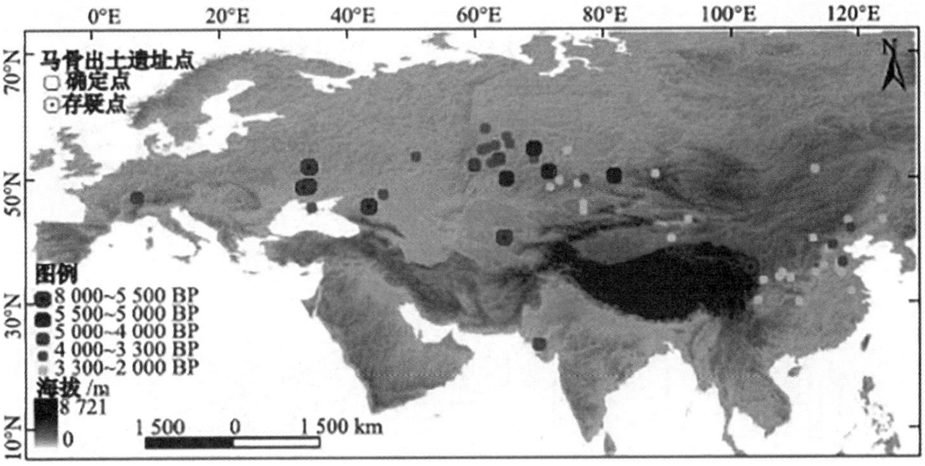

图5　马在欧亚大陆的起源与传播示意图（图片来自《“六畜”的起源和传播历史》）

夏商时期，青铜冶炼铸造技术日臻成熟，青铜车马器也成为青铜器具生产中的重要内容之一，在商代晚期以及周代遗址及墓葬中，战车武器大量出土。商周时期制造的车辆已经十分考究，远非车辆开始传入之状态。因此，文献中有关夏代已有车辆之说法，应该属于史实而非传说。随着车辆用途的增多，车子的重要性与社会地位也日益增强。《释名·释车》中就有关于不同地位的人使用不同车辆的记载，“天子所乘曰玉辂，以玉饰车也，辂亦车也，谓之辂者言行於道路也。……胡奴车，胡以罪没入为官奴者，引之殷所制也。……猎车所乘以田猎也，小车驾马之车也”[②]。因此，车子也成为一种身份象征，逐渐开始讲究华丽的外观装饰，车子成为拥有者权力、地位及等级的标志，从而用车制度日臻完善，车子的意识形态色彩日趋浓厚。车辆作为身份高低的象征并无疑义，周代虢国墓地等级严格的陪葬就能说明问题，不同等级的墓葬内随葬的车子及车马器具形制与数量是不同的，随葬车马的体量象征着墓主人地位的高低以及财富的占有量，车子作为贵族身份的符号标志，甚至高于其他礼器的地位。张光直谈到中国青铜时代产生后并未伴随出现普及青铜农具，金属农具的出现反而是在铁器普及的时代，“在中国古代，青铜主要被用于制造两种东西：礼器和兵器……兵器包括战争用的武器以及马拉战车”[③]。约瑟夫·G. 拉文森与弗朗茨·舒尔曼认为，青铜兵器的用途主要集中在战争、田猎及祭祀方面[④]。在西周时期，马车以及车马器在礼仪中占据重要位置。因此，马车及车马器不应该只强调其作为战争武器的实用性，马车同时也是一种礼器。除了作为交通工具外，在诸如婚丧嫁娶、出使朝觐以及祭祀活动中也使用车子[⑤]。综上论述，中国古代车辆产生的时间较早，尽管可能会受到外来文化的影响，但车辆仍然可能具有一定程度上的本土性。车辆产生之初虽然源于交通、田猎、战争等实际用途，但其后车子逐

①任乐乐、董广辉:《“六畜”的起源和传播历史》，《自然杂志》，2016 年第 4 期，第 260 页。
②刘熙:《释名》，中华书局，1985 年，第 116~117 页。
③张光直:《古代中国考古学》，辽宁教育出版社，2002 年，第 387-388 页。
④ Joseph R.Levenson and Franz Schurmann, “China-An interpretive History: From the Beginning to the Fall of Man”, Berkeley, University of California Press, 1971, p18.
⑤吴晓筠:《商周时期车马埋葬研究》，科学出版社，2009 年，第 207 页。

渐具有多重功能，并成为一种礼器，在思想意识领域发挥作用。

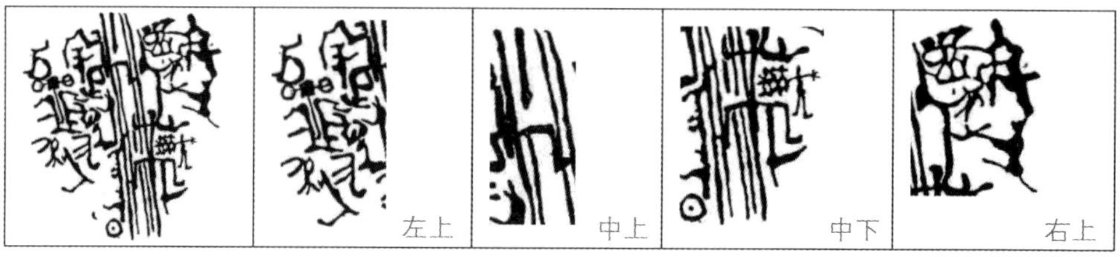

图6 车辆岩画整体分解

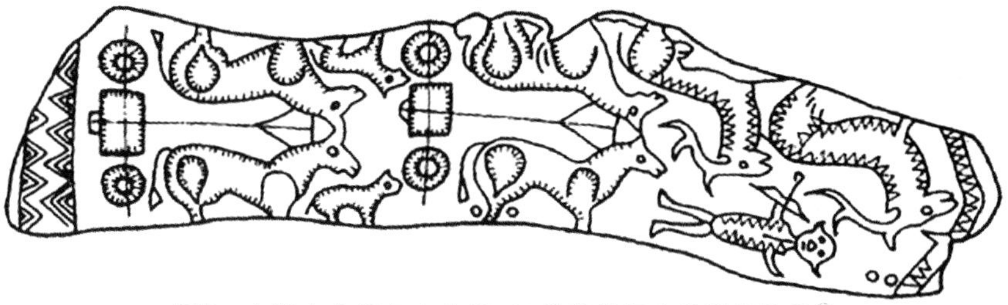

图7 内蒙古赤峰市南山根102号墓地驾车狩猎骨饰牌[①]

图6为内蒙古阴山达尔罕茂明安联合旗推喇嘛庙一带车辆岩画，这幅岩画为动物、人物、道路或车辙、车辆组成，存在先后叠压关系。笔者将整幅岩画分为四块区域，左上方由动物和车辆组成，车辆岩画为圆板式车轮、方形车舆、单辕、套驾马两匹，马背靠车辕，车辆岩画周围分布有数只动物。画面右上方亦为若干动物，这些信息最初说明车辆与田猎或者放牧有关。画面中间上方是道路或者车辙痕迹，道路表明此区域人群活动比较频繁。中间下方描绘两个蹲踞式人形，其中一蹲踞人形叠压在下方道路上面，说明蹲踞人形年代晚于车辙道路岩画。人形系有尾饰，做蛙姿状，E.Anati认为这是一种祈祷者的形象[②]。德国学者A. Lommel认为环太平洋蹲踞人形是一种祖先崇拜及生殖崇拜[③]。中国学者对于蹲踞人形图像有多种文化解释，主要观点认为是一种生殖图形或者是舞蹈者形象，年代处于新石器至青铜时代之间，并有充足理由认为蹲踞人形与萨满教中的祖先崇拜有关系。[④]这种纹饰最早出现在仰韶文化彩陶中，其后在马家窑文化半山类型彩陶中出现。而与车辆等岩画伴生，被刻画在一块岩石或岩壁之上，说明它们之间非常可能具有某种隐含的关联所指性质。图7为内蒙古赤峰市南山根102号墓地出土的骨牌驾车狩猎纹饰，图中不仅有鹿岩画（巫师通天动物），而且狩猎者的身体被刻画成骨架或X光状，骨架或X光式人像正是巫觋宇宙观中的巫师形象[⑤]。因此，图6中这种具有祖先崇拜与巫术祭祀性质的蹲踞人形图形叠压在道路之上，能够说明其中车辆与动物及人形之间已然形成一种默契的具有巫术性、祭祀性以及宣扬财富与权力的关系，其目的重在祈求吉祥与财富。

①田广金、郭素新：《北方文化与匈奴文明》，江苏教育出版社，2005年，第357页。
② Anati，E. Volcamonica，“Rock Art——A New History for Europe”，Edizioni del Centro Camuno di Studi Preistorici. Brescia，1994，p.60.
③ A.Lommel，“Prehistory and Primitive Man”，London，1966，p47.
④汤惠生、张文华：《青海岩画：史前艺术中二元对立思维及其观念的研究》，科学出版社，2001年，第67~78页。
⑤张光直：《中国考古学论文集》，生活·读书·新知三联书店，1999年，第142页。

表1 阴山、贺兰山岩画内容统计

内容 地区	独幅车辆岩画	车轮岩画	车辆与其他内容组合出现						
			车与动物	车与狩猎	车、动物、人、符号	车、符号、动物	车、符号	车、道路符号、动物、人	车、道路、动物
阴山 34幅	10幅		8幅	2幅	9幅/其中3幅为驾者、4幅为蹲踞人形	1幅		1幅/蹲踞人形	3幅
贺兰山 25幅	8幅	3幅	10幅	1幅	1幅/形似蹲踞人形	1幅	1幅		

由表1可知，阴山区域的34幅车辆岩画中，10幅为独幅车辆岩画，24幅为车辆与动物或人物、符号等内容相互伴生的岩画，与人物伴生的岩画中，有5幅中人物为蹲踞人形，并且阴山车辆岩画中有4幅伴生有道路。贺兰山区域25幅车辆岩画中，有8幅为独幅车辆岩画，3幅为车轮岩画，14幅为车辆与动物或者人物、符号等内容的伴生图像。在阴山及贺兰山区域还有少量车辆与狩猎相互伴生的图像，与车辆伴生的符号有同心圆、蹄印及其他符号。整体而言，阴山区域有伴生图像的车辆岩画总数为24幅，占阴山车辆岩画总数的70.6%，贺兰山区域有伴生图像的车辆岩画总数为14幅，占贺兰山车辆岩画总数的56%。根据统计内容可以得出：阴山、贺兰山区域的车辆岩画的内容大多数与祭祀、巫术有关联，而与狩猎、放牧等活动相关的车辆岩画也多少渗透着与巫术相关的内容。

根据特日根巴彦尔在《欧亚草原中东部地区车辆岩画的分布特点及内容分析》所列出的ABC三个区域车辆岩画的形制来看，阴山及贺兰山车辆岩画与欧亚草原的三个区域相比较，均有类似形制的车辆岩画，但欧亚草原的车辆岩画造型更多样化、复杂化，阴山及贺兰山的车辆岩画造型比较统一，车形简洁，在艺术表现手法上与蒙古国车辆岩画更为接近。另外，在阴山仅发现一辆四轮马车岩画，其造型与欧亚草原四轮马车不同，四轮车没有两轮车实用，两轮车更为轻便，更适合阴山及贺兰山山区多石的地形环境。因此，四轮马车并未成为流行车型，而且未出现在贺兰山区域。（图8）

三、结 语

综上，阴山及贺兰山车辆岩画在文化属性上体现出三重内容，第一，与田猎、放牧活动相关，并伴随有巫术成分；第二，车辆岩画是一种文化符号，是财富及权力的标志；第三，车辆岩画是祭祀文化体系中的组成部分，是奉献神灵，祭祀祖先的巫术符号，并通过巫术礼仪沟通祖先神灵，从而获得物质与精神财富。

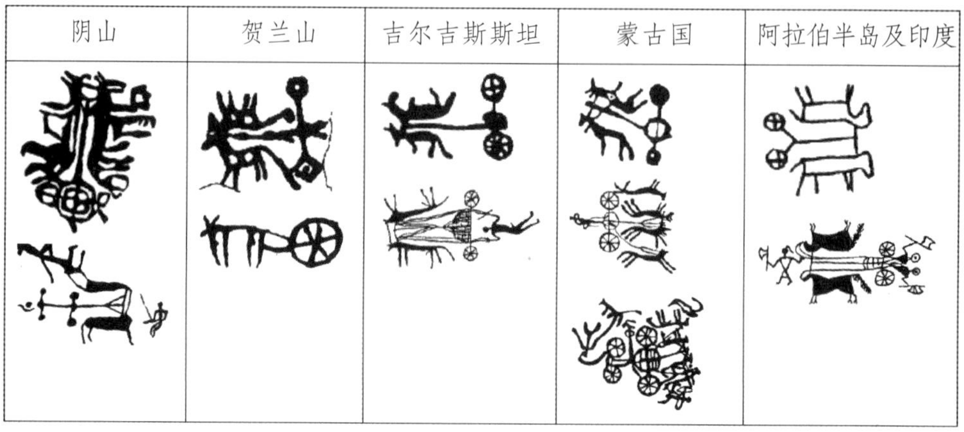

图8　不同国家地区车辆岩画图例

总体来说，根据中国车辆的制造时间，家马东传路线以及阴山、贺兰山与中原文化空间上的密切关系，阴山及贺兰山车辆岩画中的车型一定会受到中原车辆文化的影响；而从岩画艺术表现风格来说，车辆岩画属于北方游牧文化的组成部分，阴山及贺兰山车辆岩画在艺术表现风格上亦会受到北方草原游牧文化的影响。因此，阴山及贺兰山的车辆岩画不但受到欧亚草原车辆岩画的文化影响，而且也受到中原车辆文化的影响，阴山及贺兰山车辆岩画是北方草原游牧文化及中原车辆文化综合因素的文化产物。

Textual Research of Image of Vehicle Rock Art in Yinshan and Helan Mountains

Gou Aiping

Abstract: As a world cultural heritage, rock arts have attracted more and more attention by researchers since the 1970s. The Helan Mountains and Yinshan Mountains of China have become an important distribution area of Chinese rock arts,because there are lots of rock arts. Although the number of vehicle rock arts is small, vehicle rock arts have been closely related to human activities since ancient times, such as war, go out, migration, commerce, hunting and so on. Therefore, vehicle rock arts have become an important part of the study of ancient culture. Researchers have different opinions on vehicles, but in the field of rock art, researchers pay more attention to the issue of age and dissemination, and have not yet explored the cultural attributes of vehicle rock art. On the basis of previous studies on vehicle chronology and disseminate, the author tries to discuss the cultural attributes of vehicle rock arts of Helan Mountain and Yinshan Mountain.

Keywords: Yinshan Mountain; Helan Mountains; Vehicle rock art; Culture attribute

康家石门子岩画调查与研究之二

张嘉馨

摘　要：位于新疆呼图壁县的康家石门子岩画不仅具有丰富的人物图像，还具有鹿、马、羊等动物图像以及凹穴和折线纹，在对康家石门子岩画的调查和研究中应注重整体，不仅要关注其典型的“人物群像图”，也要关注该岩画点其他的彩绘和岩刻图像。康家石门子岩画诸多图像所包含的不同制作方法和年代关系说明这里具有长时间的制作岩画的传统，这一传统可能持续了上千年；在不同时代岩画制作的主题不同，图像背后所表征的文化体现了这一地区多元文化的汇集及其在历史长河中各文化此消彼长、相互影响。

关键词：康家石门子岩画；岩绘；岩刻；动物图像；凹穴与折线纹

康家石门子岩画位于新疆昌吉回族自治州呼图壁县，是国内最具代表性的岩画遗址之一。呼图壁县地势南高北低，自东南向西北倾斜，地貌分山区、平原、沙漠三大部分。南部天山山区层峦叠嶂、沟壑纵横、树木丛生、水草丰茂，是天然的牧场。中部为冲积平原，由冲积扇、溢出带和冲积平原地貌形态组成，是呼图壁县主要农作物种植区，正是这样的自然环境和宜农、宜牧的条件滋养着生活在这里的族群，孕育了康家石门子岩画。

康家石门子岩画中的大型“人物群像图”自发现以来持续被外界关注，学界认为这是距今三千年左右的塞人遗存。但在笔者的调查研究中发现，在康家石门子岩画的岩壁及其岩厦下方的大石上，还有多处彩绘和岩刻图像（如图1红色圆圈的位置），其中彩绘岩画在“人物群像图”岩壁的西侧，距

本文系国家社科基金艺术学重大项目：“‘一带一路’”战略中的新疆民族艺术与国家认同”（项目批准号：16ZD09）阶段性成果。

作者简介：
张嘉馨，女，中央民族大学民族学与社会学学院博士后、助理研究员。

离地面一米左右，多为七八厘米或十几厘米的小图形，且已经斑驳不清，能隐约辨析出有动物图像、人物图像、骑猎图像，用色涉及红色、白色、淡黄色（所呈现出来的淡黄色由于风化的原因和当初作画时的颜色可能有较大差异）。在距离地面两米高的彩绘岩画以西的岩壁上有几十个岩刻动物图形组成的画面，另外在岩厦散落的大石上也有一些岩刻，涉及动物、凹穴、折线纹等。由于这些岩绘和岩刻图像在视觉上不够突出，且其中动物图像的年代可能较晚，尽管康家石门子岩画在20世纪80年代已经发现并进入学术研究领域，但之前的研究主要集中在“人物群像图”，对康家石门子岩画中其他图像的研究尚未引起足够的重视。从岩画点调查研究的完整性和整体性而言，岩画点所有的图像都应该纳入其中，这也涉及岩画研究中关于岩画点、岩画幅的划分等基本问题和岩画研究方法的整体论问题。

图1　康家石门子岩画所在岩壁

在岩画研究中如何对岩画的范围进行划分是一个常见的问题，基于对范围的划分会衍生出不同地理范畴的岩画之间关系及风格类型差异的探讨。关于岩画区、岩画点、组（幅）、图像的划分，在国际上通常采用意大利岩画学家阿纳蒂（Emmanuel Anati）的分类方法，他指出岩画区通常包括多个岩画点，岩画区的划分往往基于文化上或地形上（山谷、平原、高山）的区隔，两个岩画区之间至少间隔20公里。而岩画点通常是岩画图像间隔在500米以内的岩画聚集区。[①]关于组（幅）则根据岩画内容、画面位置的不同而不尽相同，通常是指多个绘制于同一岩石或岩面上的图像；图像多指单个具体岩画图形（如人面像、动物、抽象符号等）。当然在具体的划分过程中还要考量图像的叠加、实际的自然环境、周边的考古遗存、文化的关联性等因素。具体到康家石门子岩画作为一个岩画点，我们应该从整体上对所有图像进行关注和分析，不能以其中的一幅“人物群像图”代替整个康家石门子岩画。在这些不同的图像中不同的制作方法和年代关系说明这里具有长时间的制作岩画的传统，这一传统可能持续了上千年，对所有图像的收集和研究有利于我们从更大的时空框架和整体性的角度对该岩画点进行研究。所以笔者认为这些不被关注的图像和“人物群像图”一样具有重要的价值和意义，或许能为我们破解康家石门子岩画提供重要的线索。基于此，本文对康家石门子岩画中这些“不被关注”的图像进行了调查和初步研究，并结合康家石门子岩画中的“人物群像图”，对康家石

① Emmanuel Anati. *World Rock Art*: The primordial language[M] Oxford :Archaeopress Archaeology. 1994.11.

门子岩画在历史上的延存时间和各主要图像的早晚关系进行了思考。

一、康家石门子岩画中的彩绘图像

中国彩绘岩画最为集中的区域在西南，如广西花山岩画、云南沧源岩画、文山岩画、贵州大红岩岩画等。另外，近些年在东北大兴安岭地区也发现了一些彩绘岩画。而中国北方、中部及东南地区皆以岩刻画为主。具体到新疆地区，从数量上而言绝大多数岩画为岩刻，以动物为主，与内蒙古、宁夏、甘肃等省份及中亚地区关系密切。目前在新疆所发现的彩绘岩画主要集中在北疆的阿勒泰地区，共有三处岩画遗址，皆为洞穴类型的彩绘岩画，自东向西分别是富蕴县的唐巴勒塔斯彩绘岩画、阿勒泰市的敦德布拉克岩画、哈巴河县的多尕特岩画。将康家石门子岩画置于中国彩绘岩画的视域下进行分析和比较有利于我们对该岩画点的深入把握，也为天山通道的历史文化交往提供了素材。

康家石门子岩画中的彩绘岩画在“人物群像图”的西侧下方，距离地面大约一米高的位置依次排列，图像以骑猎和动物为主，由于风化严重、岩面

图2　康家石门子岩画中的彩绘骑猎图像

图3　康家石门子岩画中的彩绘人物图像

表皮脱落和人为涂鸦刻画破坏等原因，图像多已斑驳不清，本文选取了相对较易识别的四个图像为例。如图2是骑猎图，两个图像皆为一人骑于动物之上（可能是“马”），图像以彩绘平涂为主，未见勾勒外形后填色的制作方法。这类骑猎图在中国西北较为常见，尤其是在新疆分布广泛且数量较多，但多为岩刻画，以彩绘形式出现的骑猎图较少。图3中左图可识别出两个人形，双手上举在头顶形成一个环形，做祈祷状。这类图像在内蒙古的阴山山脉和巴丹吉林沙漠的曼德拉山中皆是以岩刻的形式出现，且年代较晚。右图是双腿下蹲、双臂展开的蹲踞式人形，这类图像的彩绘形式在阿勒泰汗德尕特乡的岩画中有发现；此外，在广西花山、云南沧源有较为丰富的彩绘类蹲踞式人形；蹲踞式人形的岩刻在新疆、青海、甘肃等地区境内皆有发现，但数量较少。

如图4为康家石门子岩画“人物群像图”中在部分人像的身体和“对马”的轮廓位置有红色彩绘，画面先刻后绘而成，绘的年代与刻的年代在同一时期或稍晚。图5是阿勒泰地区阿勒泰市汗德尕特乡洞穴岩画中的图像，

图4　康家石门子岩画“人物群像图”中的彩绘部分

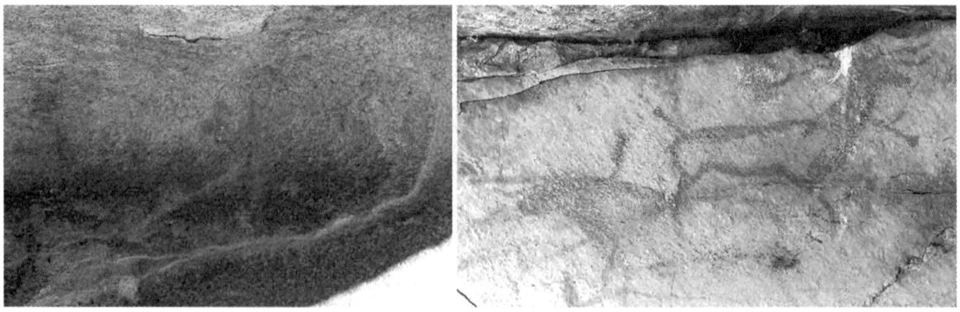

图5　阿勒泰汗德尕特乡洞穴岩画

左图为手臂和双腿微张的人形，似在拉手行走或跳舞。右图为动物图像，在制作的过程中采用先勾勒轮廓，再在头颈部填充颜色的方法。康家石门子岩画中的彩绘骑猎、人物图像与该岩画的“人物群像图”中的彩绘比较而言，分属不同的风格，人物群像图更具符号化和抽象性，画面有浓郁的原始巫术的色彩。而位于西侧岩壁上的这些动物和人物彩绘图形，表达的内容更为生活化，记录性更强。与阿勒泰汗德尕特乡洞穴岩画中的彩绘图像比较而言，与其中的人物图像（图5左图）在色彩、用笔和制作方法上较为接近，应为一个时期的作品，而动物彩绘岩画（图5右图）可能早于它们，这是由于从颜色上而言，汗德尕特乡有些动物岩画颜色较深，呈现桑葚色（mulberry-colored），这在北澳大利亚金伯利等地被视为旧石器时代颜料的色泽，[①]从风格上而言，这种勾勒轮廓填充颜色的岩画风格在欧洲可以追溯到旧石器时代晚期。

在新疆地区彩绘的数量极少，且集中于阿勒泰山，新疆康家石门子岩画的彩绘图像位于天山中段地处阿勒泰山和帕米尔高原之间，也是古代东西交流的重要通道。康家石门子岩画中的彩绘图像不是孤立存在的，而是存在于这一地域的彩绘体系之中，与北部阿勒泰地区彩绘岩画、与南及东南的青藏地区彩绘岩画之间存在着一定的联系，可能具有过渡性。

二、康家石门子岩画中的岩刻动物图像

在康家石门子岩画“人物群像图”岩壁的西侧，距离地面约两米高的位置，有几十个动物图像（如图6），所刻画的动物10厘米左右，头皆朝向东，

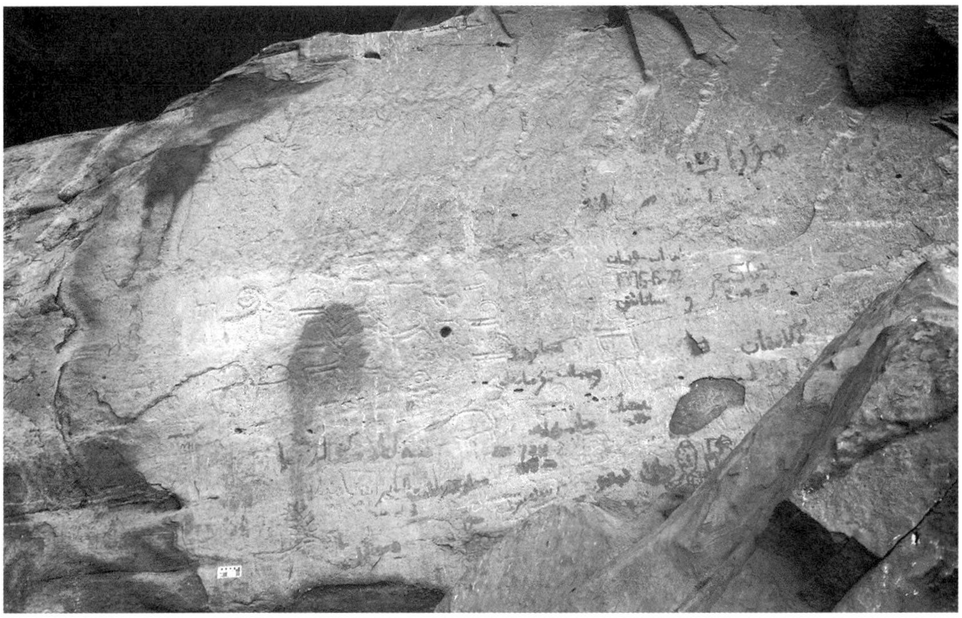

图6　康家石门子岩画岩壁上的动物图像

①Huntley, J., M. Aubert, J. Ross, H. E. A. Brand and M. J. Morwood 2013 One colour, (at least) two minerals: a study of mulberry rock art pigment and a mulberry ‘quarry’ from the Kimberley, northern Australia. *Archaeometry* 57 (1).77~79.

即朝向“人物群像图”的位置，动物涉及马、羊、鹿等，除画面左上方的鹿为点状凿刻外，该岩面上其余动物图像皆磨刻而成，线条比较光滑。在该画面中鹿图像中鹿角呈树枝状，羊图像中羊角呈单线或复线刻画成半弧形。

A　　B　　C

图7　康家石门子岩画中的动物图像

图8　康家石门子岩画中的羊图像

另外，在康家石门子岩画“人物群像图”岩壁的西侧和地面散落的大石上刻有动物图像，其风格和制作方法基本和图6中的动物图像一致。图7中三个图像皆在10厘米左右，图7A是鹿图形，鹿角呈现树枝状，这种造型的鹿图像在岩壁的动物岩刻中也出现，在欧亚大草原也较为普遍，是这一地区鹿岩画中一种较为常见的风格。图7B为两个类似羊的图像，一大一小，似母子，又似追逐，图像位于“人物群像图”岩壁的西侧，位置与彩绘动物的图像比较近。图7C为羊图像，身体以直线概括出形态，羊角呈复线弧形，图像造型直线与曲线、单线与复线相结合，寥寥几笔跃然石上。图8为羊图形，羊角呈复线半圆状，具有程式化的意味，这一特征在新疆、宁夏、青海等西北地区的羊图像中较为常见。在风格造型和制作方法上康家石门子岩画中的岩刻动物图形与“人物群像图”中动物图像差异较大，在“人物群像图”中对马、老虎图像造型上更为抽象和符号化、具有图腾的意味，年代早于岩刻动物图像。岩刻动物图形更为写实，刻画也更为生活化；从制作方法、风化程度和风格特征而言，康家石门子中的动物图像较为晚近，是该岩画点年代最晚的图像。

A　　B　　C

图9　阿勒泰地区岩画中的鹿图形与羊图形

图9是阿勒泰地区岩画中的鹿图形与羊图形，其中图9A是位于阿勒泰地区富蕴县的岩画，画面左上角的鹿图像与康家石门子中的鹿图像风格相近，鹿角皆呈树枝状。图9B、图9C是位于阿勒泰市汗德尕特乡的羊图形岩刻，其风格与康家石门子中的羊图形风格造型接近，不同的是康家石门子岩画中的羊图像以线条刻画轮廓勾勒而成，而图9B以剪影的形式出现。康家石门子岩画中的岩刻动物图形，与广泛分布在新疆和西北阴山山脉、贺兰山山脉的动物岩刻在风格和造型比较相似，其年代也相当，是对游牧生活的一种现实摹写。

康家石门子岩画中的这些彩绘图像和动物图像，所反映的内容与“人物群像图”相异，大多是对狩猎和游牧文化的一种体现。俄罗斯学者魏因施泰因认为，公元前第一个千年的中期是游牧人群在欧亚草原普遍出现、扩展的时期，他们也约在此时出现在蒙古草原北邻的萨彦岭—阿尔泰地区。欧洲汉学家雅罗斯拉夫·普实克（Jaroslav Průšek）也有类似的说法；他认为欧亚草原东部“蛮族”移徙及入侵中国，与草原西部辛梅里安人（Cimmerians）与塞人（Scythian）的大迁徙有关，而两者都肇因于约公元前1000年欧亚草原上一个新经济社会形态的产生；这便是基于畜养大量驯养动物（特别是马）的游牧。这种新经济浪潮造成新的资源领域瓜分，产生一些向邻近地区扩土的游牧武士，也因此让整个欧亚草原风起云涌，一端发生变动很快波及另一端[①]。游牧部落的频繁迁徙和部落间的交流，促使着文化上的互通和相互影响，在欧亚草原的动物岩刻中风格的差异主要体现在时间的早晚上，从共时的角度而言，在广泛的地域中具有一种表现内容和风格上的趋同性。

三、康家石门子岩画中的凹穴图像

凹穴指刻凿成半球状，多发现于岩石的水平岩面上，偶见位于垂直或倾斜的岩面之上。在尺寸上，凹穴岩画直径通常在2~10厘米之间，深度在0.5~2厘米之间，[②]偶尔也有尺寸较大的凹穴岩画，其剖面大抵呈半球或锅底状。

①钟焓：《重释内亚史》，社会科学文献出版社，2017年，第81页。

② Bednarik，R.G,*A short ethnography of cupules*, In:Querejazu Lewis，R.，Bednarik，R.G.（Eds），*Mysterious Cup Marks: Proceedings of the First International Cupule Conference*. BAR International Series 2073，Archaeopress，Oxford，2010.109~114.

凹穴又可分为“杯状穴” 和“浅凹穴”；“杯状穴”指通常以磨刻手法制作、凹穴直径与深度均较大的一类凹穴。“浅凹穴”指凹穴直径和深度相对较小，通常在6厘米以内的凹穴。凹穴岩画的空间分布，也是全球性的，除了南极洲之外，各大洲均有发现，且数量巨大。[①]此外，凹穴与沟槽（linear grooves）、折线纹、方格纹组合出现的形式，也具有普遍性。凹穴通常被认为在更新世和全新世时期已经出现，具有较长的历史传统，在部分地区一直延续至今，凹穴也是世界上目前现存数量最多的岩画类型。贝德纳里克认为凹穴、沟槽、圆环、多重同心圆、三叉线、折线纹、波浪线、多重弧线的岩刻技术普遍存在于旧石器时代中期。目前已知的最古老的凹穴位于印度中央邦的首府博帕尔市东北方45公里处的贝特卡岩画（Bhimbetka rock shelters），[②]这里的凹穴岩画和沟槽发现于旧石器时代早期的考古地层中[③]。

中国的凹穴岩画主要集中在东部沿海地区和中部平原，其中河南最为集

图10　新疆康家石门子岩画中的凹穴

A　　B　　C

A. 鞍山市玉峦山庄西凹穴；B. 新郑市具茨山“梅花状”凹穴；

C. 连云港市将军崖岩画中的“杯状穴”

图11　凹穴岩画

中，数量最多。此外，在辽宁鞍山、江苏连云港、台湾万山也有一定数量的凹穴。就形式上而言，中原地区的凹穴岩画组合形式更为多样，数量更多，有的凹穴与沟槽、折线纹、方格纹、涡旋纹、同心圆等图像共同出现；凹穴岩画附近常见石棚、石圈和叠石等。就目前新疆岩画统计资料而言，所发现

① Bednarik，R.G. *Cupules. Rock Art Research* 2008，25（1）.61~100.

② 贝特卡岩画于2003年列为UNESCO世界遗产，贝特卡岩画可分为5个岩画点，共400多幅彩绘岩画；这里的文化序列从旧石器时代早期一直延续到中世纪的早期。

③ 在1969年，Wakanakar挖掘了礼堂岩石。最底层提供了阿舍利文化工具（手斧、劈刀、各种刮板、齿状物、刀、凹位、薄片和刀片）。中间层生成了旧石器时代中期的石英砂石工具，顶层是细粒石英的中石器时代工具。

的凹穴并不多，这也与对凹穴的认识有关，先前在对岩画的调查中常不把凹穴列为岩画的范畴，直到河南凹穴岩画的大规模发现，随着凹穴岩画的报道和研究的深入，凹穴岩画才逐渐进入岩画调查研究的视域之中。在先前关于康家石门子岩画的调查研究中尚未发现关于该凹穴的研究，根据笔者的调查，该凹穴为“杯状穴”（cup marks），直径约11厘米，深约7厘米，通体敲凿法（direct percussion techniques）制作而成，凹穴的壁面光滑。

目前关于凹穴的解释已有上百种，涉及星象、血祭杯、圣水杯、性穴、太阳、月亮、气候变化、道路、对于生死或战争的记录。陈兆复认为“凹穴在古代的东方宗教中，特别是在古代及后来的印度宗教中，在祭祀的雕像中，大都与崇拜母亲、土地的多产有关，象征整个生命的开始。奥德科拉尼科娃在她的《西伯利亚和北美太平洋岩画》一文中，曾介绍北美印第安人妇女将生孩子的时候，丈夫要上山刻制环形凹穴，以祈求生育顺利。世界许多地方发现的凹穴岩画，是作为生殖崇拜的符号存在的。而在日本和韩国发现的凹穴岩画则被直接称为“性穴”。汤惠生在《玦、阙、凹穴以及蹄印岩》一文中，谈及凹穴岩画，认为是通天的象征，连接凹穴的沟槽则是通天的通道，凹穴是中国古代萨满文明中以“通天”为核心的信仰体系的遗存物。[①]具体到康家石门子凹穴，尚不能准确判断其内涵，但无论是作为生殖崇拜的象征还是萨满文明的象征，都和“人物群像图”产生了意义上的连接。考虑到其制作方法和其他地区凹穴的年代，笔者认为该凹穴是康家石门子岩画中较为早期的图像，与“人物群像图”之间的早晚关系尚不好确定，但早于彩绘和动物图像是基本可以肯定的。

四、康家石门子岩画中的折线纹图像

与凹穴岩画在同一块岩石的背面（该岩石东侧高60厘米，西侧高85厘米，凹穴面向南、折线纹面向北与动物岩画所在的岩面相对），有数条自东向西的折线纹呈平行状排列，根据观察刻痕，可见折线纹为人工制作的产物，用敲凿法刻制而成，线条已经较为光滑，刻痕呈“U”字形。与上文中提及的凹穴一样，该折线纹岩画之前也未被列入康家石门子岩画的范畴。就制

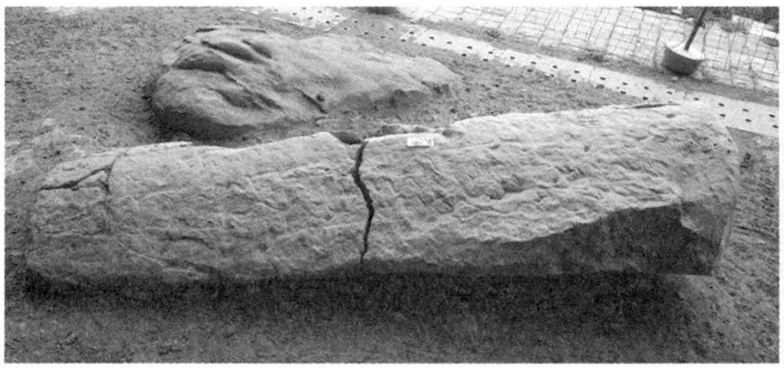

图12　康家石门子岩画中的折线纹

①汤惠生：《玦、阙、凹穴以及蹄印岩画》，《民族艺术》，2011年第3期，第97~102页。

作方法、风化程度而言，折线纹可能与凹穴制作于同一个年代或稍晚，但同样早于彩绘和动物图像。

在岩画解读中，尽管我们可以把图像置于岩画“篇章结构”中，但在有些方面对意义的解读仍然很模糊。犹如当索图拉（Sautuola）的小女儿第一次看到阿尔塔米拉洞穴顶部的公牛形象时，会辨识出来；这并不意味着她能读懂数万年前坎塔布里亚（Cantabria）的象征和意义体系，而只是看懂了具象的图像所指示出的内容。尽管大量的具象性岩画图像为我们的解读提供了指征性，但是当我们面对“凹穴”“折线纹”等抽象图形时阐释就变得困难，且难以验证。目前关于岩画中这类图形的实证主义解释，有必要提及南非岩画学家路易斯·威廉姆斯（James David Lewis-Williams）的神经心理学和萨满教理论，他也是目前唯一从神经心理学实验的角度去解读岩画的学者。

路易斯·威廉姆斯和托马斯·道森（Thomas Dowson）在金山大学从神经心理学的角度对岩画进行了研究，着重关注人类神经心理学上的普遍认知模式和萨满教之间的联系，尤其是基于人神经系统的结构而产生的幻觉类型。他们用医学和民族志材料分析了欧洲旧石器时代的岩画，并在欧洲和非洲的岩画研究中引起了广泛的影响。他们在金山大学建立了针对致幻剂研究的实验室，并建立了在致幻剂作用下意识状态不同阶段的神经心理学模型。这一模型有力地证明了主体的幻觉和意识状态之间的关系，就全球的尺度而言，虽然各个地区存在文化、环境上的差异，但这一理论的普遍适用性是以人类在神经学上的同一性为基础的。正是基于神经心理学实验室的实验数据，路易斯·威廉姆斯证明了为何在全球的狩猎—采集社会中艺术形式会如此的相似，阐明了“折线纹”等这类抽象图像是萨满教的产物，是萨满通神状态下通过“内视”所看到的图像的摹写。笔者认同威廉姆斯的观点，在各地区广义的萨满教盛行阶段，折线纹是内视现象产生的图像，并延续至后世。但折线纹无论是在地域的广度和时间的跨度上都极为宏大，从北半球的爱斯基摩人到南半球的澳大利亚土著艺术，从史前的陶器、岩画到当代原住民地区的艺术皆有出现，对于这种纹式的探讨还要放在具体的当地文化场域之中。考虑到这一地区塞人的萨满教传统和“人物群像图”的萨满内涵，凹穴、折线纹可能是早期萨满教的产物。

五、余　论

在传统的对于康家石门子岩画的研究中皆专注于“人物群像图”，本文旨在弥补对该岩画点其他图像的调查，将其纳入康家石门子岩画的范畴，从更为“整体”的视角对这一岩画点进行调查研究。根据岩画的制作痕迹和风化程度，笔者认为康家石门子岩画中凹穴、折线纹较为古老，但与“人物群像图”之间的年代关系尚不好确认，也不排除凹穴与折线纹可追溯至距今万年的可能性。根据现有的研究资料，“人物群像图”基本断代为距今3000年左右的塞人遗存，但在群像图中仍有年代的早晚关系（对马的年代可能早于人像）。康家石门子的岩刻动物图（不包含“人物群像图”的中对马和老虎）在距今一两千年，甚至更晚近一些。当然，这些动物图像我们还可以细分出更多的风格类型，对应不同的时间区间和文化。彩绘岩画与岩刻分属不同的体系，其准确年代有待于釉系等科学断代的测定，根据目前的资料综合判断，其年代晚于凹穴和折线纹，早于岩刻动物，与“人物群像图”中的彩绘部分的早晚关系尚不能准确判断。

年代的早晚不应成为评判岩画价值的唯一标准，无论是人类早期的岩画还是较为晚近的岩画，都是当时生活的人们物质文化和精神文化的反映。一个地区岩画的制作往往是一个“时间段”而不是一个“时间点”，这个时间段可能会持续上千年，即岩画的制作在某一地可能是具有长时间的传承和延续过程。因此在分析的时候要避免图像和时间的“错构”，“岩画在制作时间上的延续性”，要求从“历时”的角度结合生态变迁和社会历史文化的演进，把岩画的图像风格和意涵看成是流动的、变化的。这不仅在分析区域岩画时应该关注，在分析某一岩画点或某一幅图像等小范畴的岩画（图像的叠加关系）时也尤为不能忽略。同时，由于新疆的地缘位置连接亚洲大陆的东西，自古众多族群依天山道、准格尔盆地边缘、阿勒泰山道而迁徙，各文化要素流变交汇形成了丰富的物质遗存样貌，对康家石门子岩画的比较研究中要打破现代民族国家的概念，注重岩画区域间的“共时”关系。从康家石门子岩画中的人形中可以看出与中亚文化之间的关系，彩绘岩画与阿勒泰、藏青彩绘之间的关系，动物岩画在整个欧亚草原及中国西北地区动物岩画中的位列。岩画研究需要以科学实证的态度通过不断的交叉互验，使其无限接近岩画所在创作年代的“真相”。岩画研究同样需要他者的眼光，跳出地方文化中对于本地区上古史的想象，把岩画切实置于其创作的社会背景之中，去尝试着理解当初创作者的“情感”与“意图”，以及岩画创作仪式的情景与过程，从而避免时空错置地使岩画的意义解释简单地与地方上古传说相附会，形成与地方文化的异形同构和地方文化再生产共谋的载体。

Investigation and Research on Kangjiashimenzi Rock Art (Ⅱ)

Zhang Jiaxin

Abstract: The Kangjiashimenzi Rock Art in Hutubi County, Xinjiang not only has the rich figure, as well as the animal image such as the deer, the horse, the sheep, and the cupule and the fold line. During the investigation and research of the Kangjiashimenzi Rock Art, we should pay attention to the whole, that is, not only to the typical "group image", but also the other colored drawing and rock carving images of the rock art. Different creation methods and chronology in many images of the Kangjiashimenzi Rock Art showed the long tradition of making rock art, which may have lasted for thousands of years. The theme of rock art in different times varies, and the culture behind the image reflects the integration of multi-culture in this region and the mutual influence of different cultures in the time-honored history.

Keywords: Kangjiashimenzi rock art; Rock painting; Rock carving; Animal image; Cupule and fold line

甘肃景泰岩画的调查与研究初探

张　超

摘　要：2018年5月，宁夏岩画研究中心“中国西北地区岩画艺术史研究”课题组一行，考察了甘肃省景泰县境内的岩画。本文基于调查资料，详细介绍考察了景泰岩画基本情况，试将景泰岩画与甘肃省内其他地区岩画从题材、内容、艺术造型、风格特点进行比较分析，最后得出景泰岩画属于北方岩画系统这一结论。

关键词：景泰岩画；对比分析；特征

甘肃省地处青藏高原向黄土高原和内蒙古高原的过渡地带，境内河西走廊更是历史时期中原王朝政权沟通西域的通道，独特的地理位置使得甘肃地区成为各民族政权争夺的战略要地，羌、戎等民族相继活跃于此，也使这一地区成为多元文化汇聚之地。景泰县位于甘肃省中部，地处甘、宁、内蒙古三省（区）交界地带。东临黄河，西接武威，南邻白银、兰州，北依宁夏、内蒙古，地处黄土高原与腾格里沙漠过渡地带，为河西走廊东端门户，也是丝绸北路的交通要道。境内有五佛沿寺、双龙寺、索桥古渡等多处丝路文化遗存。近年来，境内先后发现姜窝子沟岩画点、石鹿沟岩画点、尾泉沟岩画点、黄崖沟岩画点、彭家峡岩画点、板荨沟岩画点、梁家湾岩画点。考察组对上述前4个岩画点进行了实地考察和资料采集，后3个岩画点部分岩画资料也在景泰县文物局、景泰县博物馆编著的《景泰岩画》画册上取得，现将景泰岩画基本情况介绍如下。

本文系2017年度国家社科基金艺术学西部项目“中国西北地区岩画艺术史研究”（项目号：17EA228）阶段性成果。

作者简介
张超，男，宁夏岩画研究中心助理馆员。

一、景泰岩画基本情况介绍

图1　姜窝子沟JWZ002号岩画

姜窝子沟岩画

位于景泰县红水镇红砂岘子姜窝子沟一处山顶上。岩画分布在山顶约600平方米的范围内，刻凿在石面平整、紫黑色的岩石上。紫黑色的岩石仅在这个山顶发现，目测姜窝子岩画点可视范围内数十个山顶均无此类岩石，这一自然环境特色与宁夏石嘴山黑石峁岩画点极为相似。制作方法以敲凿法为主，部分岩画辅以磨刻法修饰。此次调查共在15块岩石上，发现可辨识岩画个体图案68幅，其中包括组合图案2幅，题材内容为动物、人形、同心圆及狩猎图；其中动物单体形象约57幅，占大多数。按照岩面进行编号，共划分为15幅岩画，编号JWZ001~JWZ015，其中JWZ002、JWZ012、JWZ014、JWZ015这4幅岩画最具代表性：

JWZ002：画面左上方有一同心圆，同心圆中心用凹穴表现，太阳周围有几个动物形象，岩面损毁，图像模糊无法辨识，其中一只动物与同心圆有打破关系，两者凿痕与岩晒相似，无法辨别先后关系。画面主体刻画有3个同心圆，彼此用单线或双线连接，凹穴作为圆心。同心圆右上方有涡纹，涡纹与左侧动物有打破关系，无法辨别先后关系，最上方有一不明图像。同心圆采用密点敲凿法敲凿出轮廓，然后进行磨制，可见磨制的U形槽痕迹，姜窝子岩画点只有同心圆采用了先敲凿后磨制的制作方法，其余岩画均采用密点敲凿法制作。

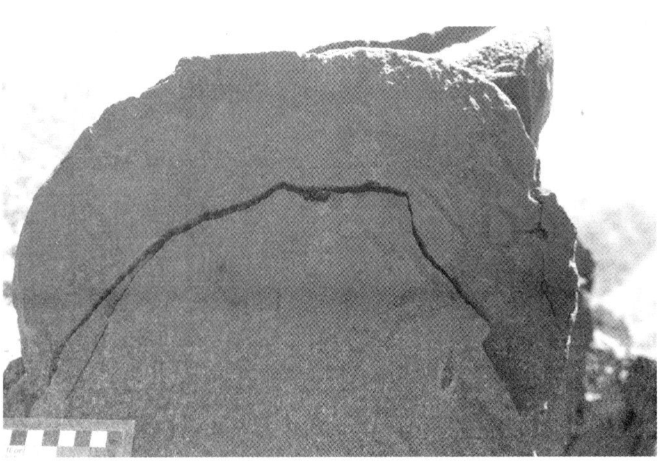

图2　姜窝子沟JWZ012号岩画

JWZ012：刻画的是一幅狩猎猛兽的场景，画面中心一只身体颀长的猛兽正被一前一后的两人围堵，猛兽前面的人形，刻画有生殖器，为男性形象，其近乎仰倒，手持似长矛状武器，刺入猛兽脖颈，猛兽嘴大张，似咆哮；后面人形双腿微屈，双臂高高扬起，将一似石斧状武器，刺入猛兽靠近臀部的后背上；围绕猛兽周围，还有3只动物形象，均受到不同程度损坏，形象无法辨识，3只动物体型较小，尾巴、四肢相似，推断似狗的形象，整幅画面看似两人与三只狗围猎猛兽的场景。整幅狩猎图采用密点敲凿法制作，画面形象生动，栩栩如生，狩猎的紧张感油然而生。

JWZ014：刻画的是动物群场景，采用密点敲凿法制作，画面自然紧凑，呈动态。形象包括羊、驴、狼等，其中以羊居多，脖颈高耸，似在张望，四肢蓄势待发，有的做奔跑状，姿态优美，整幅画面表现出一种自然而又紧迫感。此幅岩画无论在题材、制作技法、造型特征、表现形式上都与北方游牧岩画异曲同工。画面右上角因岩石剥落而损坏。

图3　姜窝子沟JWZ015号岩画

JWZ015：刻画的是两个人形形象，密点敲凿法制作。左边的人形双臂平举，右边人形双臂自然下垂，表现出五指，双腿分立，装饰有头饰和尾饰，两个人形似在舞蹈，又或者是在祈祷。

图4　石鹿沟SLG004号岩画

石鹿沟岩画

位于景泰县寺滩乡三道趟村白茨水北部约7.5公里的白茨水沙河源头处，岩画雕刻在谷底西北面山壁上。采用敲凿法和磨刻法相结合的方法制作。在5块岩面上发现有22个可辨别的岩画个体图像，全部为动物。划分为4幅岩画，编号：SLG001~SLG004，其中SLG004号岩画中的鹿形象最具特点，在这块岩石上刻画了15只动物形象，其中有3只刻画有枝杈状的鹿角，2只鹿的体态较大，位于画面中心，两只鹿一前一后，均做仰脖抬头状，后面的鹿刻痕模糊，鹿头部位岩面脱落，相较于前面的鹿，笔法稚拙，似早期作品。前面的这只体态丰盈，刻痕清晰，尾巴上翘，身体用涡纹装饰，表现四肢，双角呈枝杈状。在这只鹿的上面，有只小鹿，有枝杈状鹿角，身体四肢用横竖线条刻画。制作方法以密点敲凿出轮廓，然后磨制而成。

尾泉沟岩画

位于景泰县中泉镇尾泉村东北约6公里的尾泉沟北沟口，距黄河约300米。岩画刻制于距地表2米的陡直崖面上，石质是较松软的红砂岩，受雨水冲刷侵蚀严重，岩画图像漫漶不清。可辨识图像有动物、同心圆、人面像、人形、蹄印、车轮、十字交叉图案和一些不明图案。动物有鹿、羊、牛等，鹿形图案较多，身躯用线条轮廓式和剪影式表现，突出树枝状的鹿角，此处鹿岩画与石鹿沟的鹿岩画形态明显不同，应是由不同族群、作者绘制。人面像岩画与黄石崖岩画有相同之处，以圆形、椭圆形刻画面部轮廓，均刻画眼睛、鼻子、嘴，尾泉沟人面像岩画更突出的是用凹穴阴刻的方式表现眼睛和嘴，并用半圆形线条表现脸颊，画面极富表现性，似正怒目呐喊，进行某种仪式。黄石崖岩画和尾泉沟岩画从主题、刻制手法、表现形式及周围的自然环境上，均有极大的相似之处，可推断出他们之间有着密切联系。同时又各有特色。尾泉沟岩画点出现了一种双线十字交叉并伴有短须的图案，似乎驮于动物背部，共有4幅。1幅动物明确为牛，牛角细长，清晰可见。这种十字交叉组合图像一般尺寸较大，可见蕴含某种重要性，表达含义尚不可知。生殖崇拜题材岩画也是尾泉沟岩画的一个特点，清晰可辨的有2幅，表现为女阴符号。

图5　尾泉沟岩画

尾泉沟岩画与黄崖沟岩画无论在地理位置、自然环境上均十分相似，岩画均作于崖壁上，题材内容以符号、印记、人面像为主要题材，似乎这两处岩画所在地是当时神圣的祭祀、祈祷场所。

黄崖沟岩画

位于景泰县芦阳镇响水村黄崖沟段家湾南面河谷上第二层崖面上。黄崖沟是一条东西走向的峡谷，谷内溪水向东汇入黄河。黄崖沟岩画北面山前台地上是废弃村庄，与黄崖沟隔谷相望。岩画点北面的低矮山梁上发现有新石器时代马家窑文化半山至马厂类型文化遗存。岩画刻制于一整面岩壁上，依岩壁竖向裂纹，划分为4幅岩画，编号：HSY001~HSY004。受泼墨拓片、风化和雨水侵蚀影响，岩画画面漫漶不清。加之整个岩壁岩画数量多，分布密集，多有打破关系，致使图像已难以辨认。

HSY001：刻画有人形、动物、同心圆等图案，人形图案用线条表现头、躯干、四肢，动物有狼，密点敲凿法敲凿出轮廓和身体。岩面左侧有一匹马，线条表现躯干四肢，马脖颈下有一人形，有帽饰，双臂平举，做牵马状。岩面左下方有一人面像，与HSY003号岩画上的人面像刻画方法相同，以密点敲凿法刻画头部轮廓，呈方形，表现眼、鼻、嘴，五官清晰，手法朴拙，侧重写实。

图6　黄崖沟岩画地理环境

HSY002：刻画动物、符号、手印等主题。动物可辨识有羊、马、牛、鹿等形象。鹿的形象与石鹿沟中鹿形象神似，体态丰盈，线条勾勒头颈、躯干、四肢，头生双角，呈枝杈状；两头不明动物形象凿痕深、醒目，身材壮硕。均做低头蓄力状，尾巴高高扬起，似在搏斗中，后腿部均用涡纹装饰，头硕大，刻有眼、鼻，角短小。中间偏上的形象后脖颈至前脊椎上部用两条线条装饰。清晰可见两个手印岩画，左右手各一，用密点敲凿法制作；此幅岩画左侧用折线纹表现道路或河流，画面最下方刻有同心圆。

HSY003：刻画有动物、符号、人面像，动物有马、羊等，马位于画面左上角，密点敲凿法制作，体型较大。符号有同心圆和折线纹表现的道路或河流。人面像五官清晰，轮廓呈椭圆形、半圆形，表现方法与HSY001一致，岩面脱落损坏。

HSY004：刻画有同心圆、蹄印和动物，石面左上方刻画有多个较小同心圆，最有特色的是石面下方的同心圆，凹穴为圆心，密点敲凿法制作，共9层，直径达63厘米。

彭家峡岩画

位于景泰县正路乡拉牌村东面约1公里的彭家峡沟口内，岩画刻画于河床东北侧山体的黑褐色玢岩上。彭家峡是一条南北走向的峡谷，位于祁连山东部边缘，河谷较宽，溪水终年流淌。此处岩画数量少，最有特色的是一幅符号图案，中心用闭合双线刻画涡纹，涡纹一侧刻画芒线，另两侧用“8”字形图案装饰。岩面左侧刻画有一站立男性人形和一个似跪地人形或动物，前肢直立撑地，后肢弯曲呈跪姿，人形图案与符号之间的岩面断裂。制作方法先以密点敲凿出轮廓，然后磨制而成。

板荨沟岩画

位于景泰县中泉乡大水村南5公里处的板荨沟北面的山脚下，岩画刻画于一面朝南的青色泥质页岩上。岩面平整，高190厘米，长330厘米，现已龟裂，岩画画面模糊。可辨识图案有动物、人形、弓箭等图案，动物以羊、马为主，人形图案或双手叉腰站立，或双臂平举，或舞动，或拉弓射箭，姿态多样。采用密点敲凿法制作。

梁家湾岩画

位于景泰县红水镇红沙岘村南大沙河南侧半山腰的崖面上。为1只大角羊形象，高17厘米，身长14厘米，长颈短尾，昂首而立，以密点敲凿出轮廓，然后磨制而成。

二、景泰岩画的对比分析

（一）与甘肃其他地区岩画的对比

自1972年嘉峪关黑山岩画被发现后，陆续在靖远吴家川、肃北、永昌等地发现岩画，以及近些年甘肃黄河流域岩画的发现，使甘肃成为了我国岩画资源的大省。景泰岩画与甘肃省内其他岩画的对比，笔者选取黑山岩画作比较分析，其原因为：一是黑山岩画的“青藏风格”特点和代表性；二是黑山岩画调查、记录、统计、研究文章多，便于查证；三是黑山岩画与景泰岩画差异明显。而对比分析将从岩画题材、内容、制作技法等方面展开入手。

黑山岩画主要由四道股形沟、红柳沟、磨子沟等几处岩画点构成，岩画一般采用“磨刻、敲凿、线刻，绝大多数岩画都是敲凿而成的”①。一般刻凿于山谷两侧的石壁上。从题材、内容上大致归为“狩猎图像、舞蹈图像、动物图像、宗教图像、车轮图像”②，“题材以狩猎场景为主”③，而牦牛则是狩猎的主要动物，这也是黑山岩画的一个突出特点。“黑山岩刻中动物很多，计有马、牛、羊、虎、鹿、骆驼、狗、鸟、野鹅、鱼、蛇等等”④，动物岩画数量也是最多的。

由此可见，黑山岩画与景泰岩画有共通之处，例如制作方法均以敲凿为主，但也存在明显差异，总结如下：

动物题材：动物题材岩画是世界岩画的共同主题，景泰岩画、黑山岩画亦如此。但相较于景泰岩画，黑山岩画中的动物题材数量多，内容更加丰富，牦牛、鸟、骆驼、蛇、鱼等形象均未在景泰岩画中发现。

狩猎题材：此题材是黑山岩画的主要题材，狩猎对象主要是牦牛，表现形式有“徒步射猎的，有骑马射猎的；有单独行猎的，也有三五成群围猎的。狩猎使用的武器，主要是弓箭”⑤。而景泰岩画狩猎题材很少，仅在姜窝

①②⑤甘肃省博物馆：《甘肃嘉峪关黑山古代岩画》《考古》，1990年第4期。
③④陈兆复：《中国岩画发现史》，上海人民出版社，2008年。

子沟岩画点发现一幅人兽搏斗岩画和在板荨沟岩画点一块岩石上发现有拉弓射箭狩猎岩画。

舞蹈图像：黑山岩画中舞蹈图像分布广泛，形式多样，特征鲜明。“有单人舞、双人舞和多人舞。且舞者多头插羽毛状饰物，双手叉腰，翩翩起舞”①。景泰岩画中此类舞蹈图像尚未发现。

宗教图像：在黑山岩画中发现有佛塔、殿堂、佛像等形象，景泰岩画尚未发现。

此外，景泰岩画中发现有同心圆岩画、河流或道路图像、人面像岩画、手印岩画、蹄印岩画、双线十字交叉图像等，尤其是同心圆岩画，数量多，分布广泛。可见，景泰岩画中符号类岩画占有重要比重，是其鲜明主题。在黑山岩画中这些类型岩画没有发现或数量很少。

（二）与周边省市岩画的对比

景泰县地处甘、宁、内蒙古三省（区）交界地带，黄河经景泰县后流入宁夏境内，与中卫市一衣带水，地形地貌极其相似。景泰县与宁夏岩画诸岩画点地理位置上相近，且均沿贺兰山、黄河分布，故选取宁夏岩画与之对比。

宁夏岩画从北至南按照地域可划分为石嘴山岩画、贺兰口岩画、灵武岩画、青铜峡岩画、中卫岩画，每个区域内岩画各有特点，但又一脉相承，有紧密的联系。整体特点是数量众多、题材多样、内容丰富、分布广泛，制作方法主要是敲凿法、磨刻法，线刻法岩画数量少，彩绘法仅发现于石嘴山白芨沟一处。

宁夏岩画的题材有动物、人面像、放牧、狩猎、争战、符号、印记、舞蹈、植物、凹穴、车辆、佛塔等，景泰岩画展现的所有题材、内容，几乎均可在宁夏岩画中找到。但景泰岩画也有鲜明的个性，例如人面像岩画与宁夏的人面像岩画有明显不同，显得更加稚拙、简单，侧重写实，五官轮廓明确、清晰。还有一些独特的图像，如双十字交叉伴有短须图像，河流或道路图像等。

三、结　语

1. 在制作方法上，景泰岩画主要采用敲凿法和磨刻法，以敲凿法为主，其中同心圆岩画、人面像岩画多采用先敲凿、后磨刻制成。

2. 在题材、内容上，景泰岩画发现有动物、人面像、放牧、狩猎、符号、印记等，动物主题与符号、印记主题并重，作为北方狩猎岩画经常出现的弓箭，却只在板荨沟一处发现，这些也是景泰岩画的鲜明特点。

3. 岩画呈现大分散、小集中布局。在空间分布上，岩画主要集中分布在县城北、西、南三个方位上，除姜窝子沟岩画点分布在山顶外，其余岩画点均分布于沟谷两侧岩石或崖壁上，距沟底1~20米。

①甘肃省博物馆：《甘肃嘉峪关黑山古代岩画》，《考古》，1990年第4期。

4. 通过对比分析发现，景泰岩画与甘肃境内以黑山岩画为代表的“青藏风格”岩画存在明显差异。张亚莎教授在《青藏岩画系统中的甘肃祁连山岩画——兼论中国岩画的四大区域类型》一文中，将中国岩画分为北方岩画、青藏岩画、西南岩画、东部岩画四大区域类型，认为甘肃境内岩画主体归属于青藏系统，也有北方胡狄系统民族文化部分基因，呈现羌胡杂糅的结合部特色。文中明确将黑山岩画划归青藏岩画系统，依据也是黑山岩画的“牦牛风格”、大量的鸟图形、塔图形和树木图形等因素，这些均为青藏岩画中的特有主题和特殊意义图形。

景泰岩画中尚未发现这些青藏岩画的特有主题和特殊意义图形，而题材、内容、艺术造型、风格特点与宁夏岩画的相似性，也充分说明景泰岩画属于北方岩画系统。而作者族群，推断主要应是北方游牧民族，即是北狄或胡系民族。

5. 关于景泰岩画的制作年代问题，也可以在岩画题材、内容上窥探一些线索。例如黄崖沟、尾泉沟发现的蹄印岩画、人面像岩画、带辐条的车轮岩画，陈兆复先生在《古代岩画》一书中提到，“蹄印岩画是牧业文明在艺术上的反映。其创作年代虽然不排除有狩猎时代的，但主要还是畜牧时代的”。“车辆是中国北方草原地带青铜时代至早期铁器时代（夏至战国时期）常见的岩画题材之一。”而在《中国岩画发现史》一书中，陈先生认为“我国大多数人面像岩画属于新石器时代”，但根据风格、轮廓的不同等因素，其创作年代亦分早晚。此外岩画中出现的鹿形象、人牵马形象、狗形象等以及在黄崖沟岩画点北面的低矮山梁上发现的新石器时代马家窑文化半山至马厂类型文化遗存，都是探讨岩画制作年代的重要线索和研究方向。

The Investigation and Primary Research on Gansu Jingtai Rock Art

Zhang Chao

Abstract: In May 2018, a research group from the Ningxia Rock Art Research Center "Study on the History of Rock Art in Northwest China" conducted a survey of rock art in Jingtai County, Gansu Province. This paper firstly gives a detailed introduction to the basic situation of Jingtai rock art. Then the paper compares the Jingtai rock art with rock art in other areas of Gansu Province in the aspects of theme, content, artistic style and features. Finally it concludes that Jingtai rock art belongs to the northern rock art system.
Keywords: Jingtai rock art; Comparative analysis; Characteristics

浅析仙居岩画

刘思文

摘　要：仙居岩画于2002年被发现，是我国东南沿海地区面积最大的岩画群，其特点鲜明的图案内容在中国岩画遗存中独树一帜，具有很高的历史和艺术价值。目前关于仙居岩画的研究包括对其内容释义、年代、族属等方面，已有不少成果，但同时也存在一些有争议的问题。笔者赴该岩画点实地调查后，通过对已有资料的分析和研究，对仙居岩画相关问题产生了一些自己的思考。

关键词：仙居；岩画；农具；年代

仙居县，位于浙江东南部，总面积2000平方公里。县域地处括苍山脉中段，永安溪自西向东穿过全境，丘陵山地占80%以上，多由火山岩碎屑岩组成，[①]仙居岩画就创作在这样的岩石上。

仙居地区历史悠久，下汤遗址的发现证明了早在新石器时代已有人在此繁衍生息。商周时期，仙居为东瓯小方国属地。春秋战国时期，先后属于越地和楚国。秦属闽中郡，西汉为回浦县地，东汉为章安县地，三国为吴属始平县，西晋属始丰县，东晋永和三年（347年）自始丰县析出，置乐安县。五代吴越时，钱氏宝正五年（930年），改名为永安县，宋景德四年（1007年），改为仙居，一直沿用至今[②]。

2002年12月，浙江省台州市仙居县朱溪镇小方岩山麓发现岩画，打破了浙江无岩画的局面。之后几年内，仙居各地又陆续发现了不少岩画点，总面

作者简介：
刘思文，女，宁夏岩画研究中心馆员。

①参考自仙居县地方志编纂委员会：《仙居县志（1986—2010）》，中华书局，2013年。
②华涛琛：《2014中国·仙居岩画研讨会纪实》，《中国民族博览》，2017年第3期。

积约3000平方米[①]。浙江省文物局将仙居的各个岩画点整合为“仙居古越族岩画群”（由小方岩、西塘、送龙山、中央坑四处组成），2013年5月获批第七批全国重点文物保护单位。

一、仙居岩画内容

仙居岩画数量众多、内容丰富。根据以往学者的归纳总结，主要有人物、动物、与生活生产相关器物、符号（包括生殖崇拜符号、几何图形等）几大类。

仙居岩画人物类图案可分为两类，一类以对山冈地点为代表，是整体的人形，刻画五官，有成年男性、女性和儿童，均呈站立状，刻画出简单的头饰、服饰，整体线条较细、笔法略显粗糙，如同“简笔画”一般，此类型岩画笔者并未见到实物，仅从《中国·仙居岩画考略》[②]一书图片中获知。另一类以中央坑、小方岩地点为代表，是比较抽象的形象，头部或为“圆形大头”或为倒三角（状若鸟喙），无五官，身体用简单的线条刻画，或呈双手上举状，或呈鱼骨状，非常有特色。总体而言，仙居岩画中的人物形象并不占多数。

动物类图案以蛇为主，数量较多，在小方岩、西塘等地点均有分布，蛇首也刻画出来，大致呈椭圆形，蛇身弯曲状，有呈直线状的图案也被学者归入蛇形中[③]，其他动物则少见。

与生活、生产相关的图案是仙居岩画的主要内容，数量极多，在各岩画点均有大量的分布。主要以锄类、耙（或铲）类、柴刀（或镰刀）类图案为大宗，另有石磨盘、房屋等。

锄类图案与日常生活中板锄、平口锄头类似，上部有銎孔，下部呈长方形或梯形（图1）。

耙（或铲）类图案上部也有銎孔，下部大多为四齿状，少数下部不封口呈耙状，更多的是封口呈铲状，也有少量刻画为多齿状（下不封口），与生活中所用的四齿耙、多齿耙或铲很像[④]（图2）。

柴刀（或镰刀）图案呈弯刀状，有的还刻画出刀柄（图1）。

梯子图案也比较常见，长短、宽窄都不尽相同，有的带有边框，有的仅表现出阶梯状，在送龙山、西塘地点分布较多（图3）。

石磨盘也与实际生活中的基本一致（图3），另有房屋图案，均为尖顶，房体用纵横直线装饰（图4）。

另外，仙居岩画中也有各种符号，如方格、米字、田字格、女阴纹、倒三角、凹穴等等，其中数量最多的是米字，有的米字外还有方框，即米字格，这种图案基本上在各地点均有分布，有的单独出现，有的若干个连在一起如棋盘状，也有如西塘地点一样与房屋连在一起（图4），推测有可能表示

①华涛琛：《2014中国·仙居岩画研讨会纪实》，《中国民族博览》，2017年第3期。

②朱后求：《中国·仙居岩画考略》，中国文史出版社，2013年，第109~133页。

③朱后求：《中国·仙居岩画考略》，中国文史出版社，2013年，第58页。

④日常生活中所用的铲并没有齿，但其位于中部用来插柄的銎，从平面表现出来与仙居岩画中封口的耙形图案较为相似，另有一种农具名为“秧铲”，收录于《中国农业博物馆馆藏中国传统农具》一书中，其形状与仙居岩画此种图案最为相似，但在笔者所查阅过的资料中仅此一例。

田地，田字格也可能具有相同的意义。

岩画中柴刀（或镰刀）与锄形				
实际农具				
	草镰	柴刀	板锄	草锄

图1　岩画中柴刀（或镰刀）、锄形图案与实际农具的对比[1]

岩画中的耙（或铲）形					
实际农具				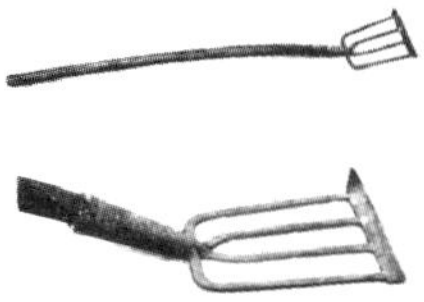	
	四齿耙	铁搭	耙	秧铲	铲

图2　岩画中耙（或铲）形图案与实际农具的对比[2]

①图中实际农具选自雷于新、肖克之主编：《中国农业博物馆馆藏中国传统农具》，中国农业出版社，2002 年，第 285、308、200、212 页，图号依次为 6-57、6-123、6-124、4-27、4-2。
②图中实际农具前四组选自雷于新、肖克之主编：《中国农业博物馆馆藏中国传统农具》，中国农业出版社，2002 年，第 94、112、315、164 页，图号依次为 1-235、1-282、1-315、3-3、3-4，第五组选自周昕：《中国农具史纲暨图谱》，中国建材工业出版社，1998 年，第 374 页，图号 1-052。

岩画中的石磨盘、梯子				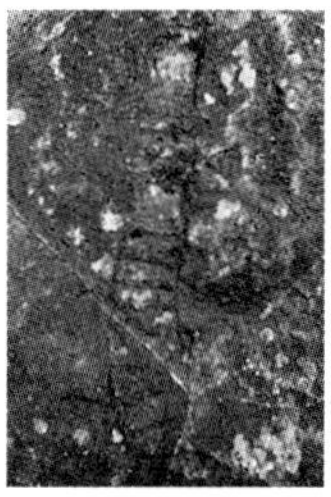
实际农具		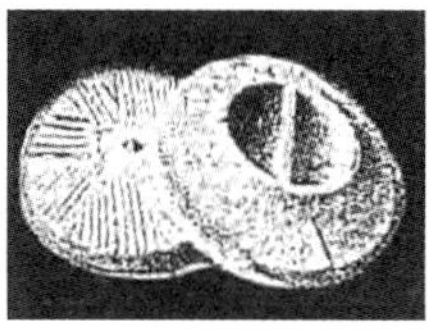		
	磨盘（废弃）	石磨盘	稻梯	稻梯

图3 岩画中石磨盘、梯子图案与实际农具的对比[1]

图4 岩画中的房屋与米字格图案

值得一提的是，对上述“农具”图案的释读有一些不同的看法，如有学者认为锄类图案是男性生殖器的表征，耙（或铲）则代表男女交媾[2]，柴刀图案也被认为是蛇头，代表生殖崇拜[3]，石磨盘图案则被认为是太阳[4]。笔者认为从图形上来看，这些图案与日常生活中的农具相似度更高一些（图1、图2、图3），同时也更符合这一地区传统的农业生产模式——江南地区的农耕文明可追溯至新石器时代，以与生产、生活息息相关的农具为岩画的主题，既是当时先民生活的写照，也是一种对粮食丰产的祈求。当然，也不排除岩画制作者将其他观念也注入其中，从精神层面表达了除祈求丰产之外的思想，仙居岩画中也确实有女阴等与生殖崇拜相关的图案，“丰产”的意愿，也可以理解为生殖崇拜，希望生命繁衍不息、人丁兴旺。

①实际农具中第一组磨盘为笔者于中央坑村溪水边发现，已废弃，被作为台阶使用。第二组磨盘图片选自周昕：《中国农具史纲暨图谱》，中国建材工业出版社，1998年，第480页，图号6-044，稻梯图片选自雷于新、肖克之主编：《中国农业博物馆馆藏中国传统农具》，中国农业出版社，2002年，第328页，图号依次为6-181、6-182。

②朱后求：《中国·仙居岩画考略》，中国文史出版社，2013年，第85页。华涛琛：《浙江仙居送龙山岩画的调查和初步研究》，《三峡论坛》，2013年第4期。

③④张峋：《仙居岩画述论》，《东南文化》，2009年第6期。

二、仙居岩画的特点

仙居岩画图案比较简单、抽象，显得略为随意和粗糙，几个地点的线条特征并不完全一致。其中西塘几个地点的岩画线条很粗，且刻痕较深，最深超过1厘米，线条并不平滑，边缘处呈锯齿状。小方岩地点岩画的线条特征与西塘地点比较相似，而送龙山地点岩画的线条与前两者相比要略细一些，刻痕也没那么深，但线条边缘仍可见锯齿状，其制作工具和方法应与前两者相同。有研究者认为这种锯齿状边缘是坚硬的工具凿刻所致，有可能是极其坚硬的石质工具或金属工具。[①]中央坑地点的岩画图案线条很细，刻痕略深，线条清晰且有重复的痕迹，看起来像是划刻而成，与其他几个地点特征不同。

从岩画图案的分布来看，仙居岩画不同类型的岩画有各自相对集中的分布区域（以笔者实地调查的四个地点为例）。农具类图案主要集中在西塘、送龙山和小方岩地点，例如送龙山的一个台面上集中分布了十余个耙（或铲）形图案，锄形和柴刀（或镰刀）形也是该地点常见的图案。其他类型图案也有相似的现象，蛇形也是仙居岩画中重要的内容，这类图案在西塘第一地点[②]有比较集中的分布，其他地点较少见。蛇形图案尺寸大小不一，弯曲呈蜿蜒爬行状，很形象生动，通常一条“大蛇”旁边会刻有几条“小蛇”，蛇形图案与农具类型图案也有组合出现的现象。另外还有十分有代表性的鸟头鱼身人形图案，在小方岩和中央坑这两处出现，其他地点未见，小方岩还有圆形“大头”和倒三角头（如鸟喙）的人形。梯子图案也是仙居岩画中比较典型的内容，在西塘、送龙山均有所发现，其中西塘第三地点是梯子图案相对集中的区域，大大小小、方向不同的梯子分布在山坡坡面上，数量很多，其间还夹杂有凹穴图案，梯子的含义应该不止于日常生活所用器物，有些长度罕见，似乎望不到头，还有若干梯子穿插连接在一起，结合其所在的特殊位置（山顶坡面），梯子图案可能是当地先民“天梯”观念的具体表现。带尖顶的房屋图案主要集中在西塘第四地点，并且房屋图案与米字格图案、农具图案有组合的现象，这种房屋图案在其他地点未见，可见此处应该是岩画制作者有意选取。

总体而言，仙居岩画是农耕文明的产物这一点应该是可以肯定的，其中一个重要的证据就是岩画内容以农业生产工具为主。我国南方其他岩画中也有反映农耕文明的内容，如江苏连云港将军崖岩画，以丰富的植物元素图案著称，贵州画马崖岩画中有一幅“农夫田畴图”，很有可能反映了当时农业生产的情景[③]，可以看出这些岩画是以耕种对象及耕作场景为表现的主题，但仙居岩画是以农具作为创作对象，具有与众不同的特点。

①张峋：《仙居岩画述论》，《东南文化》，2009年第6期；王伯敏：《台州仙居小方岩岩画制作年代初探》，《岩画研究》，2004年。

②笔者于2017年参与考察了西塘岩画群四个地点，其中第一、三、四地点岩画数量较多，分属三个不同山头，第一地点面积较大，岩画图案类型丰富，第三、四地点距离很近，但岩画内容略有不同，第二地点位于第一地点附近一处断崖坡面，数量很少，仅见若干锄、耙（或铲）、柴刀（或镰刀）形图案。

③童永生：《中国南系岩画中的农业文化及其农业生态环境考释》，《中国农史》，2016年第6期。

三、仙居岩画的年代的推测

仙居岩画的年代，目前学界有几种说法，有学者最初认为大约在春秋战国时代，后又修正其观点，认为仙居岩画年代下限可至东晋时期。[①]王伯敏先生通过研究仙居地区地理历史沿革、刻痕及内容等问题，提出仙居岩画年代大致在西汉初年，公元前100年前后。[②]张峋先生在《仙居岩画论述》一文中从凿刻工具、图像特征以及民俗学角度论证了仙居岩画年代大致在春秋战国时期，后又提出小方岩、西塘、送龙山的部分岩画可能为较硬的石器制作而成，年代可早至新石器时代中晚期[③]，这个观点也得到了一定的认可[④]。

除了上述“间接断代”方法，仙居岩画也采用了微腐蚀断代技术进行了直接测年，实验由汤惠生先生等人进行，采集了小方岩、送龙山地点的十一组标本（包括蛇形以及若干农具类图案），结果显示小方岩岩画点年代距今1740~1360年（274~654年），送龙山岩画点年代距今1400~1200年（614~814年），即小方岩岩画的制作开始于东吴末年，贯穿了两晋及南北朝时期，一直延续至唐初，送龙山岩画似乎接续了小方岩岩画，为唐代作品。[⑤]

可以看出，微腐蚀断代得出的年代结论与之前学者们推测的年代相比，要晚一些，而笔者更倾向于前者的结论。正如前文所述，仙居岩画的内容以农具类图案为主，是农耕文明的产物，可以以此为切入点探讨仙居岩画的年代。

农业经济发展离不开技术水平的提升，其中农具起到了关键性作用。从新石器时代开始，原始农具就已产生，至商周时期又有了青铜农具，但这类农具的使用并未普及，在此阶段原始农具仍旧发挥着作用，战国以后铁质农具对农业的发展起到了促进作用，秦汉时期冶铁水平进一步提升，“此时我国的经济中心在黄河中下游地区，人口大量集中并逐渐发展为精耕细作式的农业生产模式，至魏晋时期中国北方旱地农业体系已经基本成形”[⑥]。虽然稻作农业在长江流域起源很早，但发展相对缓慢，长时期停留在“火耕水耨”的原始阶段，生产状况堪忧，因此呈现“无积聚而多贫”的现象，《史记》《汉书》《盐铁论》中都有相关的记载[⑦]，说明直至汉代，南方地区农业生产整体水平均比较低下，农具虽然较之前有了发展，但并不能满足“精耕细作”式的农业生产需求，直至大约东汉末年，江南地区农业生产才得到了较快的发展[⑧]。

仙居岩画中的农具种类主要有锄、耙、铲、柴刀（或镰刀）、磨盘，基本上包含了从耕种到收割、加工的过程，[⑨]其中锄、铲、柴刀（或镰刀）的起源可追溯至史前时代，时至今日也在使用，其形制与新石器时代略有不同，但青铜器和铁器的形制和用途变化并不大。而耙这类多齿器物的产生早不过战国时期，可能由“多齿镢”演变而来，主要用来翻土，这种器物虽然

---

①该观点为曹锦炎在2004年《关于推荐仙居古越族摩崖石刻为第六批全国重点文物保护单位的评估意见》中提出，资料转引自张峋:《仙居岩画述论》,《东南文化》，2009年第6期，后又于“2014·仙居岩画研讨会”上修正，资料引自华涛琛:《2014中国·仙居岩画研讨会纪实》，《中国民族博览》，2017年第3期。

②王伯敏:《台州仙居小方岩岩画制作年代初探》，《岩画研究》，2004年。

③张峋:《浙江仙居岩画的再思考》，《三峡论坛》，2013年第4期。

④华涛琛:《浙江仙居送龙山岩画的调查和初步研究》，《三峡论坛》，2013年第4期。

⑤金安妮、张嘉馨、肖波、汤惠生:《浙江仙居岩画的微腐蚀断代》，《东南文化》，2016年第6期。

⑥朱文涛:《六朝时期南方农具之成形规模及原因初探》，《农业考古》，2014年第6期。

⑦朱宏斌:《汉唐间北方农业技术的南传以及在江南地区的本土化发展》,《中国农史》，2011年第4期。

⑧夏时华:《东汉时期江南农业发展若干原因探述》，《农业考古》，2013年第1期。

⑨但不见“犁”这种南方比较常见的农具，值得注意。

图5　文献中铁搭形象①

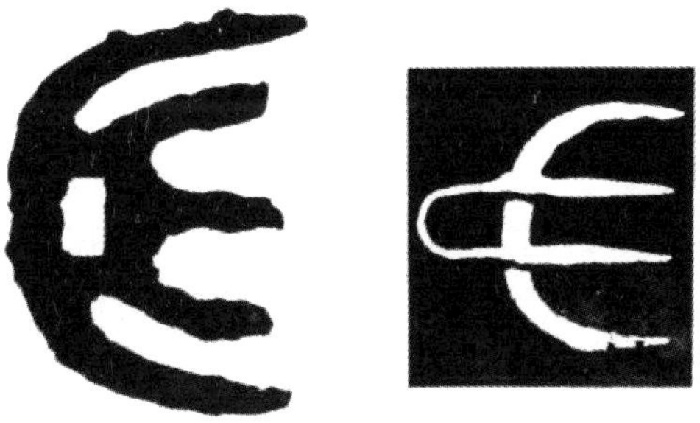

图6　出土实物五齿耙、四齿耙形象②

有齿，但齿间并没有完全分开，与岩画中的形象有所不同。而文献中记载的与仙居岩画中比较相似的器物被称为“铁搭”（图5），图6中出土的实物五齿耙为汉代器物，四齿耙则是宋代器物，魏晋时期墓葬壁画中多次出现耙田的形象③，因此可以大致推测这类器物年代不会早于汉代，应是魏晋时期农业生产中常用的工具，仙居岩画中出现这种图案，说明当时耙已经在该地区普及开来，另外，魏晋时期发现的耙或关于耙的壁画显示北方地区普遍使用人字耙和一字耙，而如仙居岩画这种方耙，有学者认为是耙传入南方后，为适应水田环境因地制宜改良而成，因此年代可能晚至隋唐④，总体而言，这种图案的创作年代应该不会早于魏晋时期。

如图2所示，岩画中封口的“耙”形图案可能与铲相关，但这类器物起源较早，青铜铲与铁铲形制也没有太大的差异，而图2中所举的现实农具“秧铲”，笔者尚未找到相关的资料，仅在《中国农业博物馆馆藏中国传统农具》一书中的图录中见到，属征集品，无法进行更深入的讨论。

另外需要提到的是磨盘图案，如仙居岩画中这种石磨也称为石转磨，由上下两部分构成，与新石器时代所谓的石磨盘有很大的不同，是一种农业发展到一定程度才会出现的器物，文献中关于石转磨的记载大致在战国时期或更早，目前发现的最早实物为战国晚期⑤，且仅此一例，其余的石转磨实用器及明器均属秦汉时期，其中实用器则均出自北方地区，长江流域出土的石转磨基本上都是明器，绝大多数是西汉以后的器物⑥，因此也可以大致推断石转磨在南方地区的盛行不会早于西汉时期，仙居岩画中的石磨盘图案即石转磨的一部分，其年代也应在西汉之后。

①周昕：《中国农具史纲暨图谱》，中国建材工业出版社，1998年，第380页，图号1-105。
②周昕：《中国农具史纲暨图谱》，中国建材工业出版社，1998年，第381页，图号1-113、1-114。
③周昕：《中国农具史纲暨图谱》，中国建材工业出版社，1998年，第56页。
④朱宏斌：《汉唐间北方农业技术的南传以及在江南地区的本土化发展》，《中国农史》，2011年第4期。
⑤周昕：《中国农具史纲暨图谱》，中国建材工业出版社，1998年，第48页。
⑥赵梦薇：《战国秦汉旋转石磨的考古学研究》，南京大学硕士学位论文，2016年。

从上述对仙居岩画中农具图案年代的推测可以看出，仙居岩画中以耙为代表的岩画内容不会早于魏晋时期。仙居岩画的创作背景，应该是该地区农业生产迅速发展时期，从学界现有研究成果来看，南方“精耕细作”农业体系的发展应该始于东汉①，魏晋南北朝时期北方地区经过连年战乱，社会经济遭到严重破坏，经济重心开始南移，这一时期大量北方移民将农业工具、技术带入南方，对南方农业发展起到了重要的推动作用，南方精耕细作的稻作农业体系基本确立，至唐代，江南农业的发展水平已经进入了新的阶段，“长江流域起而代之，成为全国经济重心之所在”②。

从江南地区农业发展历程以及典型农具年代的分析，笔者认为仙居岩画中以农具为主的内容（西塘、送龙山、小方岩地点的部分内容），其年代不会早于魏晋时期。以农具为代表的内容，反映了当时农业生产的相关信息，岩画制作者对典型农具的重视程度极高，说明农具的应用确实为生产、生活带来了变化，将其凿刻在岩石之上，可能也是怀着敬畏之情祈求粮食的丰收。

四、余　论

仙居岩画的内容除农具之外，还有很多其他内容，如蛇形、女阴纹、凹穴、人形等等，这些岩画与农具类图案分布在一起，彼此间也有叠压打破关系，如何判断其年代也是今后需要继续探讨的内容。仙居岩画中将鸟、鱼等元素与人形结合，表现出一种“神化”的艺术特征，与农具类岩画之间的关系也值得深入研究，例如中央坑地点仅有抽象人形，不见农具类图案，西塘、送龙山地点则正好相反，小方岩地点则两者皆有，也是比较特殊的现象。

此文所述观点仅仅是笔者在经过实地调查后一点粗浅的认识与思考，还存在许多不足之处，望日后能加以深入的研究与修正。

参考文献：

[1]周昕：《中国农具史纲暨图谱》，北京：中国建材工业出版社，1998年。

[2]王伯敏：《台州仙居小方岩岩画制作年代初探》，《岩画研究》2004年。

[3]张峋：《仙居岩画述论》，《东南文化》，2009年第6期。

[4]李伯重：《唐代江南农业的发展》，北京：北京大学出版社，2009年。

[5]朱宏斌：《汉唐间北方农业技术的南传以及在江南地区的本土化发展》，《中国农史》，2011年第4期。

[6]朱后求：《中国·仙居岩画考略》，中国文史出版社，2013年。

[7]仙居县地方志编纂委员会：《仙居县志（1986—2010）》，北京：中华书局，2013年。

[8]夏时华：《东汉时期江南农业发展若干原因探述》，《农业考古》，

①夏时华：《东汉时期江南农业发展若干原因探述》，《农业考古》，2013 年第 1 期。
②李伯重：《唐代江南农业的发展》，北京大学出版社，2009 年，第 3 页。

2013年第1期。

[9]张屾：《浙江仙居岩画的再思考》，《三峡论坛》，2013年第4期。

[10]华涛琛：《浙江仙居送龙山岩画的调查和初步研究》，《三峡论坛》，2013年第4期。

[11]朱文涛：《六朝时期南方农具之成形规模及原因初探》，《农业考古》，2014年第6期。

[12]丁晓蕾、王思明、庄桂平：《江南地区稻作农业工具文化遗产的类型、价值及其保护利用——兼述南宋楼璹〈耕织图〉摹本中的稻作农具》，《中国农史》，2015年第3期。

[13]赵梦薇：《战国秦汉旋转石磨的考古学研究》，南京大学硕士学位论文，2016年。

[14]张屾：《浙江仙居新发现岩画调查简报》，《南方文物》，2016年第1期。

[15]金安妮、张嘉馨、肖波、汤惠生：《浙江仙居岩画的微腐蚀断代》，《东南文化》，2016年第6期。

[16]童永生：《中国南系岩画中的农业文化及其农业生态环境考释》，《中国农史》，2016年第6期。

[17]华涛琛：《2014中国·仙居岩画研讨会纪实》，《中国民族博览》，2017年第3期。

[18]杨超：《浅析仙居岩画的纪念碑性》，《岩画研究2017》，银川：宁夏人民出版社，2017年。

Analysis of Xianju Rock Art

Liu Siwen

Abstract: Xianju Rock art is the largest site of southeast coastal area of China which was discovered in 2002, as well as of great historical and artistic value by its special graphic patterns. The research of Xianju Rock art includes the interpretation of the graphic patterns, the chronology, ethnic and so on. This paper attempts to make further study on some controversial issues of Xianju Rock art through the field work and the analysis on existing researches.

Key words: Xianju; Rock art; Farm tools; Chronology

发现

Discovery

靖西岩画调查简述

胡鹏程　肖　波

摘　要：靖西市地处中越边境，是广西涂绘类晚期岩画分布相对较多的地区之一。从目前留存下来的岩画资料来看，关于靖西岩画的相关资料却比较少。依据前人关于靖西各岩画点位置信息的记录，此次调查对所有岩画点进行了逐一核对，全面系统地收集了各岩画点的基本信息，并对相关调查资料进行了分类整理。

关键词：靖西岩画；调查；问题

岩画是先民刻绘在岩石上的史书，是人类历史上最早的文献。广西地处中国西南，境内岩画资源丰富，主要以赭红色涂绘类岩画为主，分布在左江流域的花山岩画是广西岩画的典型代表。在广西，除分布相对集中的左江花山岩画外，通过持续不断的基础调查，在桂西南、桂中、桂北等地陆续发现了一些与左江花山岩画风格不同的晚期岩画。其中，靖西市（县级市）就是这类晚期岩画分布相对较多的地区之一。

靖西市地处中越边境，位于东经105°56′～106°48′，北纬22°51′～23°34′，边境线长152.5公里，南与越南社会主义共和国交界，西与那坡县毗邻，北与百色市和云南省富宁县相连，东与天等县、大新县接壤，东北紧靠德保县，是御侮卫国之边关，总面积3322平方公里，辖11个镇、8个乡，总人口65.97万，其中常住人口51.95万，壮族人口占总人口的99.4%，是全国典型的壮族人口

作者简介：
胡鹏程，男，广西民族博物馆副研究馆员。
肖波，男，广西民族博物馆副研究馆员。

聚居地。靖西市属岩溶山原地貌，境内不形成山脉，大部分是岩溶峰丛、孤峰和体积不大的非岩溶土山。峰林、峰丛发育优美，孤峰挺拔林立，奇峰异洞广布，峰丛相连如屏，多呈块状或条带状山体。前人在这些峰丛的岩壁上绘制了许多内容丰富、形态各异的岩画图像，真实地记录着他们的生产生活、情感意愿和宗教信仰。这些岩画对于了解当地的历史、文化具有重要意义。

1987年8月4日，《广西日报》头版刊发了通讯《靖西境内发现几处岩画——岩画年代尚待考证》，靖西岩画首次出现在公众视野中。[①] 此后，虽有研究者前往调查，但发表的研究成果较少，仅见于广西博物馆邱明《广西靖西岩刻图像探析》和南京师范大学汤惠生《脚印岩画与"大人迹"》《凹穴岩画的分期与断代——中国史前艺术研究之一》等文章中。陈远璋等人对靖西岩画进行调查后，分别记录了分布在靖西市7个乡镇13处岩画点的具体位置。[②] 但从目前留存的资料来看，各岩画点的图像和文字信息较少。为全面了解广西岩画的分布情况，完善广西岩画数据管理系统，依据前人记录的位置信息，在当地博物馆工作人员配合下，笔者一行于2018年5月对靖西岩画开展了详细调查，现将调查情况简述如下。

一、调查内容与方法

本次调查主要目的旨在对前人记录的13处岩画点（岩怀山岩画、东山岩画、岜姜山岩画、岜赞山岩画、弄梨岩画、岜等山岩画、岜农山岩画、岩匠山岩画、独峰山岩画、独秀山岩画、太极山岩画、渠那山岩画、垢龙岩岩画）进行逐一核对，全面系统地收集各岩画点的基本信息（图1）。调查内容包括:（一）拍摄各岩画点所在山体的全景图、正射影像图、岩画图像细节图，周边村屯风貌图等。每到一处，先对山体进行全景拍摄，以便后期能准确标出岩画点与所在山体的准确位置，并对岩画点图像进行分组记录；（二）对每一处岩画进行详细的文字描述，并对岩画点周边环境信息进行记录；（三）对岩画点进行地理坐标信息采集；（四）对岩画图像区域及图像本身进行尺寸测量。

二、岩画点内容简述

（一）岜赞山岩画

岜赞山岩画位于奉仙村岜站屯北面约200米处，地理坐标为北纬23°14′56.1″，东经106°24′23.7″，海拔高程521.2米，岩画所在的石灰岩峰丛被灌木、小乔木、草丛等植被覆盖，东面15米渠洋河自北向东南流过。

①刘文毅，莫志东：《广西的岩画》，《岩画研究2014》，宁夏人民出版社，2014年。
②陈远璋：《广西岩画的发展与演变》，《广西民族博物馆文集（第二辑）》，广西民族出版社，2012年。

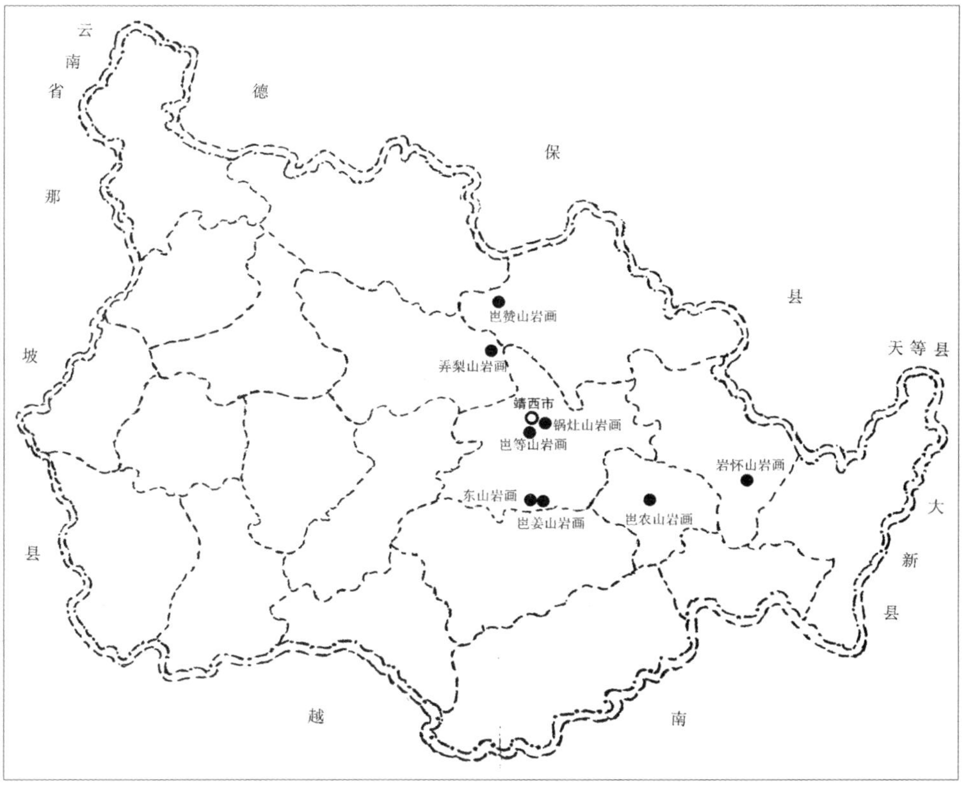

图1　靖西市岩画分布图

该岩画点共有三个岩画图像，皆用赭红色颜料绘制而成。最大的一个图像形似贺头墓碑状，高约2.19米，宽约1.06米，碑状边框宽度为19~25厘米。在碑形的壁画框内，题写有当地人士于民国16年（1927年）十二月间用毛笔书写靖西县公署公布关于判决水利纠纷的文告，有六百多字，墨迹部分文字越出框外，单个字的字径为5厘米左右。据当地80岁凌公口传："这是古人'思夺'（意为标志图），一代传一代下来，从小就看见。"碑状图像左侧1米处有一条自上而下的岩壁裂缝，高约10米，宽约1.5米。第二个图像为人像，高0.95米，宽0.7米，与碑形图像之间相距1米。头部呈圆圈形，面部不绘五官，颈部不明显，无手臂，躯干部全涂颜料；两腿下蹲叉开，脚部叉开宽0.7米，线条宽度13厘米。第三个图像位于旁边一个小洞穴内，长宽均为10厘米，图像右侧约10米处有一个内凹形岩厦（图2、图3）。

（二）岜农山岩画

岜农山岩画位于靖西县化峒镇化峒街西面约100米的岜农山上，地理坐标为北纬23°02′54″，东经106°29′35.9″，海拔520.6米。岜农山东面约100米为靖西至大新二级公路，南面约50米为化峒食品公司。

岩画散乱分布在一个二级层岩的峭壁上，共有岩画图像21个，大部分清晰可辨，个别图像模糊不清，均用赭红色颜料绘制而成。岩画有人、马、鸟等图像，其中马图像较多，有具象和抽象两种造型方式，有人骑图，马驮重物、马拉车等组合图像，单个图像尺寸在15厘米左右，单线条绘制，偶有复笔，图像色泽有深红、大红和橘红色等。（图4）。

图2　岜赞山岩画所在位置

图 3　人物图像和碑状图像

图4　岜农山岩画（局部）——人骑图

（三）岜等山岩画

岜等山岩画位于靖西县新靖镇吉坡林地州屯约750米的岜等山上。岩画点所处位置在一个离地洞穴的洞壁上，洞口离地高约2.3米，洞穴呈外高内低的倒斜坡状，洞高约1.3米，宽约4米，深约3.5米。岩画图像为红色、黑色颜料涂绘而成，除最大一个树状岩画图像外，其余为随意绘制的一些似云朵、文字、鱼鳞状的线条符号，杂乱无序。树状图像高58厘米，宽20厘米，树枝沿主干左右互生，似鱼骨状，枝干末端用较宽的笔画进行强调，主干上部向右弯曲。岩画点前植被丰茂，左边8米处有当地村民烧窑的窑址留存，与山前公路相距约30米（图5、图6）。

图5　岜等山岩画点

图6　树状图像

（四）岜姜山岩画

岜姜山岩画位于靖西市新靖镇旧州街北面约1公里处，地理坐标为北纬23°04′03.2″，东经106°24′53.4″，海拔703.1米，所属区域为亚热带季风性石灰岩高原气候区。岩画点高出地面约2米处，周围植被茂密，植物以灌木草丛植被为主，周边土质深厚肥沃。岩画点正对面建有一条崇左至昆明的高速公路，距公路约200米。

崖壁上零乱地分布着赭红色、黑色颜料绘成的人物、动物图像。动物图像为马，长约40厘米，高约38厘米，单线造型，线条细弱。马背上骑一人，高15厘米，线条粗壮，人形绘制不完整，圆头且实心填涂，无法辨认五官，身躯部分为空心，不绘手脚。在赭红色岩画图像上有用黑色线条进行过的无序涂画，旁边的墨书题记字迹混乱。长期的风蚀，加上被群众用石灰涂抹，岩画图像已模糊不清。图像正上方有用白色石灰水书写的“封山”两字，岩厦下时有当地劳作村民借此避雨，亦有烧火遗留的痕迹（图7、图8）。

图7　岜姜山岩画点

图8　人骑马图像

（五）锅灶山岩画

锅灶山岩画位于靖西市新靖镇那足屯北面约500米的锅灶山半山腰，与山前绣球大道相距约100米（图9）。岩画分布在一个巨大的岩厦下，崖壁为灰黑色，绘制岩画的岩面（包括抗战标语在内）长约15米，高约5米，共有岩画图像38个，内容包括人物、龙、飞鸟、文字等图像符号。岩画用红色、黑色、白色三种颜色绘制而成，多为单线条绘制，也有通体单色平涂，或平涂与勾边相结合绘制而成的岩画图像，多为白色与红色、白色与黑色配合。单线条笔画宽度在0.5厘米左右，单个人物图像最大尺寸高为90厘米，最小的图像尺寸高为4厘米。最大一个人物图像则是由线面结合绘制完成的（图10）。

图9　锅灶山岩画远景

图10　人形图像

有部分白色图像是20世纪50~60年代书写抗战标语时所绘制，主要以人物图像为主，单个白色头像最高约1米，白色标语主要有“打倒美帝、打倒苏修、打倒各国反动派”“加强战备、准备打仗”等。

岩厦下堆积有部分建筑弃土，亦有村民烧火留下的痕迹。靠近岩厦左下方修筑有一条长15米，宽1.5米的围墙进行围挡，应是当地村民用来圈养牲畜的临时场所。

（六）岩怀山岩画

岩怀山岩画位于靖西市同德乡果老村果老圩1公里处，与弄英屯相距200米，与山前公路相距15米左右。地理坐标为北纬23°01′37.7″，东经106°35′38.2″，海拔702.6米。岩画向南，高出地面2~6米，岩画点所处位置在一个长约35.5米，宽3~4米的岩厦之下，由涂绘岩画和凿刻岩画两大部分组成（图11）。

涂绘岩画部分有图像100余个，有似虎、龙、麒麟、马、鸟、文字、谷穗、方形、三角形等各类图像符号。最大的一个岩画图像长为155厘米，宽

110厘米。这些涂绘岩画图像的色泽多以赭红色为主，辅以黑白二色，笔画宽度在2厘米左右，最宽的约10厘米。黑色多为当地村民在岩厦下烧火后所留下的木炭条绘制；白色为书写标语时所留。岩厦下有2个直径2米左右的穿孔环洞，洞内有生火痕迹。

凿刻岩画部分位于岩厦下方倒悬的一块石台上，石台长约6米，宽2米，距离地面高2.6米，在有刻画符号的3.4平方米的石台表面共刻有岩画图像62个。[①] 类型有两种：一种为象征女阴形象的叶形图案，共有16个，这些女阴刻符尺寸最长16厘米，宽7厘米；最小的长4厘米，宽2厘米，刻痕深度一般在0.3厘米左右，最深为1.5厘米。另一种为象征太阳的星形符号，共有46个，有4、6、8、10芒，直径最大的14厘米，最小的4厘米，刻痕深度最深处约1厘米（图12）。李富强先生认为，该处岩画是表达叶片吸收阳光进行光合作用，象征阴阳结合，是原始生殖崇拜的反映[②]。

图11　岩怀山岩画点

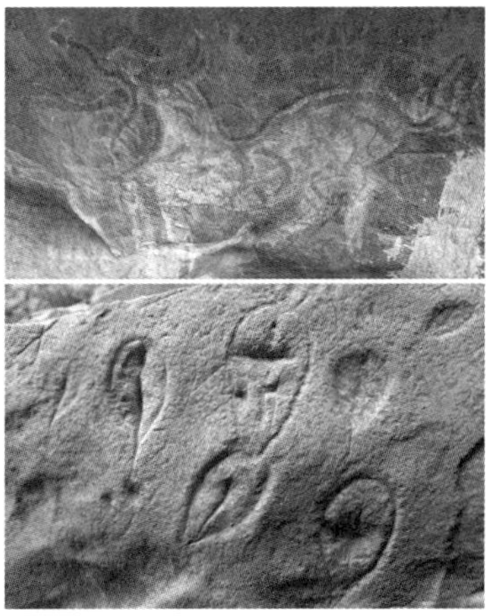

图12　动物图像与女阴图像

（七）东山岩画

东山石刻位于靖西县新靖镇旧州街东面约800米处东山上，地理坐标为北纬23°03′30.3″，东经106°25′17.9″，海拔719.4米，东山对面为钟山、主山和洋刀山，左边为院城山，距离钟山直线距离约500米，东山两面离地15米处有一岩洞，洞北侧石壁上有“东山古迹”石刻一幅，楷体阴刻，苍劲有力，字高35厘米，宽15厘米。石刻高出洞口地面1.9米，下有明成化六年（1470年）二月归顺州州官岑宗绍所题诗一首。题刻旁边的月牙洞因形似月牙而得名，用双钩法题写月牙洞名，洞高2.4~5米，进深最宽处7.4米，长约5米。洞壁有清至民国年间当地名人绅士题壁40余首，以赞美旧州胜景和东山古迹为主，1982年4月公布为县级文物保护单位。

东山岩画位于月牙洞右边洞壁上，共有三组岩画。第一组为一马图像，阴刻，长约35厘米，马背部与腹部进行了双线重刻，马头处有一圆形太阳纹；第二组为一人物图像，高23厘米，阳刻，着长袍，图像衣纹刻痕清晰明

①邱明：《广西靖西岩刻图像探析》，《2000宁夏国际岩画研讨会文集》，宁夏人民出版社，2001年。
②李富强：《壮族的生殖崇拜》，《广西民族研究》，1993年第3期。

显，脚底刻有5个圆形，与马图像相距79厘米；第三组为马图像，先用红色颜料涂绘出马的形象，然后再对图像边沿进行刻画勾边（图13、图14）。

图13　东山岩画——人物图像

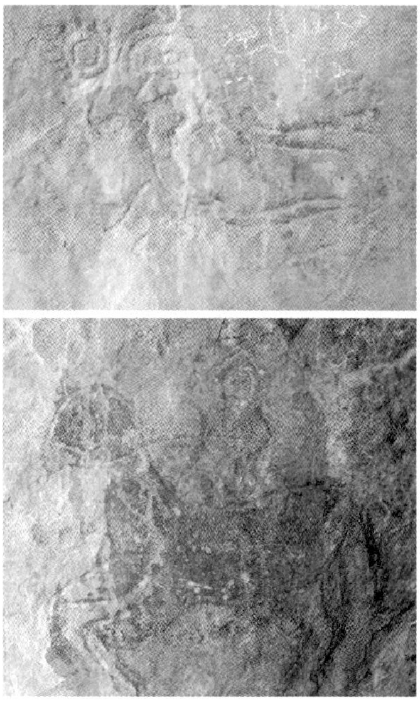

图14　东山岩画——马图像

（八）弄梨山岩画

弄梨山岩画位于靖西县新甲乡复兴村弄梨屯东约400米。岩画位于一块散落平地的石头上，两石之间长有一棵苦李树，岩石为熔岩型巨石，高约1米，长2.3米。岩画位于石块下部接近地面处，图像长约11厘米，高约5厘米，形似双眼，左大右小，属凿刻类岩画，皆凿刻出眼珠，右眼右上方有一形似牛角的刻符，整幅图像长期处于枯叶和杂草覆盖之下，雨水侵蚀严重（图15、图16）。

图15　弄梨山岩画点

图16　眼睛图像

（九）太极洞摩崖石刻

位于靖西市区西面约1.5公里的太极山半山腰。现由当地政府开发成旅游景区，修建有上山的水泥步梯和维护安全的铁链栏杆，为游人烧香拜佛之地，无岩画。洞前有一宽约6米的观景平台，洞口和洞内壁上有多处石刻文字，属摩崖石刻。由于长时间被烟雾熏罩，洞壁及石刻多为灰黑色（图17）。

（十）独秀山摩崖石刻

位于靖西旧州邑诺屯东约200米的独秀山上，崖壁面与地面垂直，上书“北径云峰”四字，属摩崖石刻，单字尺寸约25厘米，离地高约8米，前有一大树遮挡，很难发现（图18）。

图17 太极洞摩崖石刻

图18 独秀山摩崖石刻

本次调查共核准岩画点10处（包括有岩画图像的7处，摩崖石刻2处，消失岩画点1处）；同名岩画点1处（东山岩画与独峰山岩画实际为同一岩画点）；新发现锅灶山岩画点1处；未核准岩画点2处（渠那山岩画、垢龙山岩画），这2处岩画不仅乡镇文化站工作人员不了解，连当地村干部、民众都不清楚有这2处岩画点，因此无法调查核对。调查结果统计见表一。

表1　靖西市岩画调查结果统计表

序号	岩画点	类型	图像风格	内容	尺寸/面积	图像色泽	前人记录位置	修正位置	备注
1	岜赞山岩画	涂绘类	涂绘	人物、碑状图共三组	共约3平方米	红	渠洋镇大道乡岜三屯北约200米	武平镇大道乡岜站屯北约200米	保存完好
2	岜农山岩画	涂绘类	单线条绘制	人、马、鸟等多组图像	单个图像尺寸长约15厘米	红	化峒镇化峒街西面约100米	化峒镇化峒街西面约100米	保存完好
3	岜等山岩画	涂绘类	单线条绘制	文字、树形等图像	约4.5平方厘米	红、黑	新靖镇吉坡村地州屯约750米	新靖镇吉坡村地州屯约750米	乱涂现象严重
4	岜姜山岩画	涂绘类	单线条绘制、平涂	人骑图	约0.2平方厘米	红、黑、	新靖镇旧州街北面约1公里处	新靖镇旧州街北面约1公里处	乱涂现象严重
5	岩怀山岩画	涂绘类	凿刻类	单线绘制、阴刻虎、龙、麒麟、马、鸟、女阴、星形等图像符号	涂绘部分约50平方米，凿刻部分3.4平方米	红、黑、白	同德乡罗果村弄英屯东北面约200米	同德乡罗老村弄英屯东北面约200米	涂绘岩画部分乱涂现象严重
6	东山岩画	涂绘类	凿刻类	平涂，阴刻，阳刻人、马、太阳、人骑图	岩画共三组共0.27平方米	红	新靖镇旧州街东约800米	新靖镇旧州街东约800米	保存完好
7	弄梨山岩画	凿刻类	阴刻	眼睛图像一组	长11厘米，高5厘米	无	新圩乡复兴村弄梨屯东	新甲乡复兴村弄梨屯东约400米	雨水侵蚀严重
8	太极山岩画	石刻		多幅题刻		无	县城西面约1.5公里	县城西面约1.5公里	实为摩崖石刻
9	独秀山岩画	石刻		刻“北径云峰”四字	单字字径25厘米	无	旧州岜诺屯东约200米	旧州岜诺屯东约200米	实为摩崖石刻
10	独峰山岩画						旧州街西约1000米	旧州街西约1000米	与东山岩画为同一地点
11	岩匠山岩画	涂绘类					同德乡七联行政村农邦屯东约3公里	同德乡七联行政村农那屯东	村民开山炸石，已消失
12	渠那山岩画						武平乡爱侗屯东北		未找到
13	垢龙岩岩画						同德乡果志村东北约10公里		未找到，且无果志村
14	锅灶山岩画	涂绘类	单线绘制、单线绘制与平涂相结合、平涂后勾边	人物、龙、飞鸟、文字等图像符号	约75平方厘米	红、黑、白	新发现岩画点	新靖镇那足屯北面约500米	乱涂现象严重

三、调查中发现的问题

（一）在岩画点地理位置信息的记录上存在偏差

通过实地调查，我们发现部分岩画点在命名和所处位置与前人的记录信息不相符。究其原因主要有以下几个方面：第一，岩画所处区域基本都是壮族聚居区，要将当地民众口中的壮语地名翻译成汉语文字，在记录过程中会存在差别。例如前人记录的“岜赞山岩画”位于“大道乡岜三屯北面约200米”，当我们去岜三屯调查，当地民众根本不知道这处岩画。后了解得知，岜赞山岩画实际位于“大道乡奉仙村岜站屯北面约200米处”。且根据“岜站屯”名，“岜赞山”是否应该为“岜站山”，岩画点信息记录存在别字、错字。第二，近年来，随着社会的发展，政府对各级行政区域的辖区范围进行了部分调整，20世纪80年代所记录的一些岩画点的具体位置已有所变更，如再按照原来地址去找寻岩画点就十分困难。例如前人记录的岩怀山岩画位于“罗果行政村”而实际为“果老村”；位于“果志村”的垢龙山岩画，当地村民根本不知道岩画所在，当地没有“果志村”而只有“果老村”；弄梨山岩画位于“新圩乡”而今改为“新甲乡”；岜赞山岩画位于渠洋镇大道乡，而今的大道乡却归属武平镇管辖。第三，同一岩画点存在不同的名称，致使调查者将同一个岩画点分别记录成两个，例如位于旧州的东山岩画和独峰山岩画实际为同一岩画点，东山即独峰山。

（二）岩画的保存现状问题

调查过程中，我们发现这些岩画点基本处于无保护状态。大部分岩画点所处位置较低，一般人很容易到达，多有村民借岩画所在的岩厦避雨、生火、圈养牲畜。由于缺乏文物保护意识，有民众用生火留下的黑色木炭条在岩画图像上直接涂抹乱画，造成岩画图像模糊，甚至还有开山炸石致使岩画点彻底消失的现象，位于同德乡七联村农那屯的岩匠山岩画就是其中一例。

值得欣慰的是，随着宣传工作的深入和民众保护意识的增强，地方文化主管部门也采取了一些措施加大对岩画遗产的保护。例如位于同德乡的岩怀山岩画，在此之前，时有当地村民在岩厦下方堆放垃圾以及进入岩画区随意乱涂乱画。接到网友举报，靖西市文体局遂责令靖西博物馆会同同德乡政府对该处岩画实施保护，及时清理了垃圾，并在岩厦下方修建有30多米长的围墙进行围挡，禁止人们随意进入岩画区域。

四、结　语

靖西岩画既有涂绘类岩画，也有凿刻类岩画，在同一个岩画点甚至有涂绘岩画与凿刻岩画同时存在的情况。涂绘岩画色泽以红色为主，黑色和白色为辅，且黑色和白色多为后期绘制，另有部分摩崖石刻。关于岩画的年代，大部分为晚期，年代较早的当属岩怀山岩刻画。汤惠生先生认为岩怀山岩刻画整个画面看上去像动物蹄印，外形呈椭圆形，中间有一凹坑和沟槽短线连接或突破外围的椭圆，使整个构图看上去形同女阴，其制作技术与其他地方早期岩刻画中的脚印图案一样，亦用研磨法制成，属于旧石器时代晚期和新石器时代早期之间，即中石器时代的作品[①]。

通过此次调查，我们掌握了靖西岩画的分布状况、图像数量、尺寸面积以及与周边村屯的位置关系等整体情况，并对前人所作的信息记录进行了适当修正和完善。此次获得的调查资料进一步充实和完善了广西岩画数据管理系统，对日后的研究工作提供了翔实可靠的资料支持；同时，挖掘岩画背后所蕴含的历史文化信息对促进当地文化事业的发展具有重要意义。

A Brief Introduction to Jingxi Rock Painting Survey

Hu Pengcheng　Xiao Bo

Abstract: Jingxi City is located at the Sino-Vietnamese border, it is one of the regions with relatively large distribution of late-stage rock paintings in Guangxi. From the current rock painting data, the related materials about rock paintings of Jingxi are relatively less. According to the records of previous people's information on the location of various rock painting sites in Jingxi, this survey checked all the rock painting sites one by one, collected the basic information of each rock painting site comprehensively and systematically, and also classified and sorted out the data that we are surveyed.

Key words: Rock painting of Jingxi; Investigation; Problems

①汤惠生:《脚印岩画与“大人迹”》，《艺术探索》，2002 年第 4 期。

康家石门子岩画调查与研究之一

张嘉馨

摘　要：康家石门子岩画位于新疆维吾尔自治区昌吉回族自治州呼图壁县，以岩刻画为主，同时有少量的彩绘遗存。本文通过田野调查和文本资料，追溯了康家石门子岩画的发现和研究过程，在此基础上对康家石门子岩画的主体图像进行了分析，着重在“尖顶帽”“生殖崇拜”方面进行了探讨；并与中亚地区阿塞拜疆古布斯坦岩画、哈萨克斯坦唐伯拉岩画图像做了比较；最后对康家石门子岩画的价值和意义进行了总结。

关键词：康家石门子岩画；田野调查；“尖顶帽”

新疆地域辽阔，岩画的分布十分广泛和普遍，其中岩刻画在整个新疆多有分布，岩绘画则主要集中在新疆最北端的阿勒泰地区。相比国内其他地区，新疆的岩画更具与墓葬、遗址共存的特征，为新疆岩画的考释提供

图1　康家石门子岩画的地貌景观

本文系国家社科基金艺术学重大项目：“‘一带一路’”战略中的新疆民族艺术与国家认同”（项目批准号：16ZD09）阶段性成果。

作者简介
张嘉馨，女，中央民族大学民族学与社会学学院博士后、助理研究员。

了更多的实证基础。本文所探讨的康家石门子岩画位于新疆维吾尔自治区昌吉回族自治州呼图壁县，距县城西南75公里的天山中段，地理坐标为北纬43° 51′ 2″，东经89° 19′ 20″，海拔1500米。

根据笔者的田野调查了解到，“康家石门子”的名称来源于清末民国初之时，一康姓家族生活在这里，周围的人称其为“康老二”，由于这里山的形状像两扇门，所以命名为“康家石门子”，并沿用至今。康家石门子岩画是呼图壁县（“呼图壁”在当地语言中为“吉祥”之意）最具典型性和影响力的岩画，在部分国内外文献中也会以“呼图壁岩画”进行指称。事实上，在呼图壁县还有多处岩画点，涉及人像、动物等。为了表述的严谨，本文选用“康家石门子”这一更为具体的称谓。如图1 康家石门子岩画位于两条山溪（康拉尔沟、涝坝湾子沟分别流经东侧和南侧）汇流处西北岸的侏罗纪晚期丹霞地貌山体南侧岩壁底部的垂直岩面上，该区域是天山中典型发育的侏罗纪最晚期的岩层，学名为“喀拉扎组”（俗称“城墙砾岩”）。形成时间在距今7000万年前，山石以水平状沉积的砂砾岩为主。岩画图像位于高高耸立的柱状风化岩山底部内凹的岩厦之中，由于岩体背风向阳，又称为“晒岩”，远望岩画所在的山体有如连绵山峦中的一座城堡。内凹所形成的岩厦不仅背风避雨，对于声音的传播和回声也颇有意味，站在岩厦的大石上呼喊，声音传播较远，回声响彻山谷。就岩画选址与声音之间的关系，麦瑞思（Marie. M）①等岩画学家已有研究，具体到康家石门子岩画还待更多的实证数据进行剖析。康家石门子岩画图像以人形为主，与人形岩画在同一岩面上，西侧相距十余米处以及岩厦内的石块上有多组动物图像，主要是羊、鹿、马，此外还有凹穴、折线纹等。

天山从帕米尔高原巨大的造山运动中奔逃而出，平均海拔 4000米，在雪线之上，水资源丰富。康家石门子岩画处于海拔1300~1800米之间的低山湿润草甸地带，源自天山融雪的呼图壁河、雀儿沟河纵横南北，河水终年流淌滋润着大地。这里山戴雪冠，林木苍翠，冰川密布，河溪发达，自然环境宜牧宜农。康家石门子岩画所在的山系阻挡了西北的寒风，使山下的草甸草场就算遇到大雪的严冬也绿草茵茵，形成了理想的冬季牧场。站在丹霞地貌形成的山顶眺望，星星点点的毡房、珍珠一样的羊群、奔跑的骏马，仿佛是天堂里的画面。这样的自然环境孕育着人类早期的生产和生活，在岩画周边分布着石堆墓等多处古墓群，可以推断在远古有较大氏族部落生活在这里。生动古朴的画面中刻画着先民们对丰产和繁衍的祈求，古拙的石器击打在岩面上，承载着人类初期的奋斗与热情、历史与记忆。

① Marie M，et al. Echoing landscapes: Echolocation and the placement of rock art in the Central Mediterranean[M]. Archaeological Science. 2017,（83）: pp.12~25.

一、康家石门子岩画的发现

图2　（左）康家石门子岩画的发现者李世昌先生，
（右）《呼图壁县地名图志》

在20世纪，对岩画的了解和认知远不及当今，即使有些人看到岩画，往往会以为是放羊娃的“玩作”，而不会和历史遗迹联系起来。新疆地广人稀，山高路远，岩画的发现更实属不易，更需要对艺术敏锐的观察和一定文史知识的积累。笔者有幸采访到了年近古稀的康家石门子岩画发现者——李世昌先生，追忆了他早年在呼图壁“地名办”（直属呼图壁县政府）的工作经历和康家石门子岩画的发现过程。

早在解放初期，康家石门子岩画就被县征收牧业税的工作人员发现，但并未引起足够的重视，也未经专家鉴定，仅附近乡村的居民知道此处画作。1983年，呼图壁县人民政府地名办主任李世昌（甘肃陇西人，18岁到新疆求学）负责编纂《呼图壁县地名图志》和《呼图壁县行政区划》，在地名普查与走访中，根据当地维吾尔族牧民的描述，发现了康家石门子岩画。据李世昌老人回忆，当地生活的维吾尔族牧民说那个崖壁上（指康家石门子）有鬼，会吃人，李世昌说我是共产党员，唯物主义者，不相信这个世界上有鬼，一定要去看一看。根据牧民对方位的描述，李世昌找到康家石门子岩画，现场拍照并绘制了素描图（李世昌先生具有建筑学的专业背景），上报至昌吉州博物馆，但并未引起相关人员的重视，只是将康家石门子岩画大概断定为南北朝时期。根据当时昌吉州博物馆给李世昌老人的反馈，在李世昌参与编写的《呼图壁县地名图志》（1985年印制，为内部资料，非公开发行）一书中对康家石门子岩画的介绍为：“在雀尔沟西部13公里处。克牧勒塔斯山断层壁立，在离地面5米处的岩石上雕刻舞蹈群像，画面横长4米余，上下宽约2米，人像大者有如真人，小者约20厘米，笔锋苍劲，画面古朴，初步考证产生于南北朝时期。”[1]这是目前所知关于康家石门子岩画最早的文字记载。直到1987年，时任新疆考古所所长的王炳华教授考察呼图壁古城过程中，听闻康家石门子岩画，经县文物局局长张峰柱引荐，李世昌向王炳华说明了情况，并带领王炳华前往康家石门子进行实地考察，经过王炳华的

①呼图壁县地名委员会编，《呼图壁县地名图志》，内部资料，1985年，第160页。注：本句对岩画的描述与后文有出入，但基于对原始材料的尊重，按照原文进行了引用，未作改动。

重视、研究和相关文章的刊发，使得康家石门子岩画逐渐被外界所知晓。康家石门子岩画的发现为我们打开了一扇了解该区域艺术造型、宗教信仰和史前文化的途径。

二、康家石门子岩画研究回溯

康家石门子岩画引起国内外的关注与王炳华先生的重视和研究分不开，他于1988年在《新疆文物》发表《呼图壁县康家石门子生殖崇拜岩画》一文，最先就康家石门子岩画的族属和年代问题进行了阐述："呼图壁境内，天山深处新发现的康家石门子岩刻，是一处非常重要的遗迹。很可能，他们是与公元前3世纪以前，在新疆北部地区活动的塞人有关的一支居民。是他们凿刻在岩壁上的一页珍贵历史……我们没有把呼图壁康家石门子岩刻造像结论为公元前3世纪，而结论为公元前一千年的前半期，最主要的，是考虑到这组岩刻画，自它始凿到完成，曾经历一个相当长的时间过程。"[①] 王炳华先生在谈及岩画断代缺少比较准确方法的同时，也提及岩画的创作不仅是古代狩猎民族、而且在近现代的游牧民族中也是比较普遍的、历史性的现象。王炳华先生判断的主要依据是："我在这里，明知岩雕刻画断代存在这类棘手的问题，却还是明确提出了这幅岩刻可能在公元前一千年前的倾向性结论，主要就是因为岩雕的思想内容上，明显可以见到原始社会后期父系崇拜的思想内涵。而这一相对年代又有助于我们作出绝对年代的推断。这个方法，从理论上讲，当时是可以站住脚的。但具体分析是否完满、充分、自然还可以充分进行讨论。"[②] 苏北海在《龟兹石窟壁画裸体艺术溯源》一文中认同王炳华的断代观点，并作了进一步的说明："呼图壁县康家石门子的巨幅生殖崇拜岩画，属父系氏族社会时代凿刻，因为岩画上所反映的以男子为中心的生殖崇拜，但还未进入奴隶社会。根据中亚进入奴隶社会的大体时间是在公元前5~公元前3世纪，则康家石门子的巨幅裸体岩画应该产生于公元前500~1000年之间，即距今2500~3000年时间。"[③]

宋耀良在《呼图壁岩画对马图符研究》中，认为在整幅岩画中对马的图像最为抽象，首尾相接形成一个封闭性的有意味的形式，且在画面的最高位置，可能是"族徽"。母对马在右，公对马在左，对照右大左小的人像顺序，母对马要显贵于公对马，推断出当时的氏族处于母系为主的时代，并与阴山托林沟对马岩画作了比较，认为这两处相隔万里的岩画具有同一文化内涵，之间可能存在着传播。[④] 户晓辉认同宋耀良的观点，并对虎岩画进行了探讨，认为虎是"母"，是女性的象征，而"虎鞭"可能是后来添加上去的，并且把虎作为对马的伴生图像，认为虎与画面中的女性形象是等值的，其功能也应该是相似的。在关于对马的解释中，户晓辉认为马图像与马祖崇拜思

①王炳华：《呼图壁县康家石门子生殖崇拜岩画》，《新疆文物》，1988年第2期，第15页。
②王炳华：《呼图壁县康家石门子生殖崇拜岩画》，《新疆文物》，1988年第2期，第15~16页。
③苏北海：《龟兹石窟壁画裸体艺术溯源》，《新疆艺术》，1989年第6期，第37页。
④宋耀良：《呼图壁岩画对马图符研究》，《文艺理论研究》，1990年第5期，第84~87页。

想相关，和十车国王马祠得子的故事结构可能相同，是原始生命信仰的艺术反映。

2014年，西北大学刘成教授对康家石门子岩画进行了三维数字扫描，实现了数字化记录，并在扫描数据的基础上，根据刻痕分析了康家石门子岩画中图像的叠加关系，以此得出了部分图像在年代上的先后顺序，为康家石门子岩画的进一步研究奠定了基础。

2015年，罗伯特·贝德纳里克、保罗·塔森、马克西姆、汤惠生等岩画学者考察了康家石门子及阿勒泰岩画，其中贝德纳里克认为康家石门子岩画的年代在距今2000~3000年，其年代上限不早于距今4000年，年代下限不晚于距今1500年。

2017年，由于旅游开发和地方文化宣传的需要，有学者将康家石门子岩画的意涵构建为西王母的起源，持此观点的主要是巫新华。他认为“康家石门子岩画早期人物形象为女神崇拜，有可能是中国西王母文化的起源地……康家石门子岩画曾于春秋战国时期传播到四川西南部地区和云贵一带，并直接影响了四川凉山彝族自治州盐源青铜枝形器的出现。而盐源青铜枝形器则是中国西南地区汉魏时期风行一时的西王母主题青铜摇钱树来源”①。笔者在2017年8月的实地调查中，对县委宣传部长等相关负责人员进行了访谈，他认为先前关于康家石门子岩画“生殖崇拜”的定位不利于旅游宣传，对直白而广泛地宣传这一地区生殖崇拜文化感到羞涩与忌讳，而西王母起源这一假说更符合对当地文化宣传和推广的需要，有利于提高当地的知名度。

总体而言，康家石门子岩画的研究，先贤学者在年代的判定上基本观点为距今3000年左右，在族属问题上多归功于塞人（Scythians，希腊文献译为“斯基泰人”，波斯文献译为“萨迦人”），在图像的内涵阐释方面集中在生殖崇拜、舞蹈起源、族群祭祀等。当然，我们还应注意到岩画的研究与20世纪的原始主义思潮和原始主义运动不无关系。随着殖民主义的扩张，原始艺术在欧洲等西方国家受到学者的重视。同时，19世纪末，西班牙阿尔塔米拉岩画的发现使岩画研究逐渐进入到学界的视野之中，并被考古学、人类学、艺术史方面的专家所关注。这一时期受到泰勒的《原始文化》和弗雷泽的《金枝》的影响，对原始艺术的研究多关注于艺术起源问题，“为艺术而艺术”“巫术说”“宗教说”“舞蹈说”“游戏说”“模仿说”等观点相继提出，史前岩画往往成为学者论点的例证。同时，岩画研究还受到交感巫术（sympathetic magic）理论的启示，考古学家雷纳克（Reinach）、步日耶（Abbe Breuil）认为欧洲旧石器时代的洞穴岩画是狩猎或生殖巫术的体现。直到20世纪60年代结构主义人类学的发展，高尔汉借用结构主义方法对岩画进行阐释，之后阿纳蒂借用结构语言学对岩画进行了讨论。到20世纪末随着科技考古和^{14}C、铀系测年的发展，岩画研究中更多科技的力量介入，为岩画阐

①董少华：《康家石门子岩画又有新发现》，《新疆日报（汉）》，2017年8月4日第005版。

释提供了直接断代的年代学基础。笔者认为康家石门子岩画的研究并未脱离大的学术舆论背景，20世纪80年代康家石门子岩画的发现和研究之初，正是国内文化意识反思和繁盛之时，其生殖崇拜说不仅仅是基于图像的分析，也受到了西方关于原始艺术思潮的影响。

三、康家石门子岩画主体图像探讨

“人类学以整体论为标志，它一直强调整体综合的观点，坚持把人类社会看作是一个整体，一个具有功能结构的系统。因此，对于变化多端的人类社会文化现象来说，许许多多的课题不是一个学科的知识所能解决的，而是要多种学科的通力合作。”[①]在岩画研究中不仅需要人类学的理论方法进行阐释，更需要整体论的视角。2017年夏，笔者对康家石门子岩画本体及周边的文化习俗进行了系统的调查，涵盖图像、区域生态环境、民间习俗、历史文化等，以此勾勒出岩画制作的“时空”场域，同时把对岩画的研究置于民族社会关系之中进行解释；通过民族志、考古资料等多重证据的应用延展岩画实证的经验范畴，从跨学科和整体论的角度不断补充证据链条，使得从物质遗存到精神阐释之间逻辑更为严密且具有可验证性，从而消解对岩画的过度阐释。

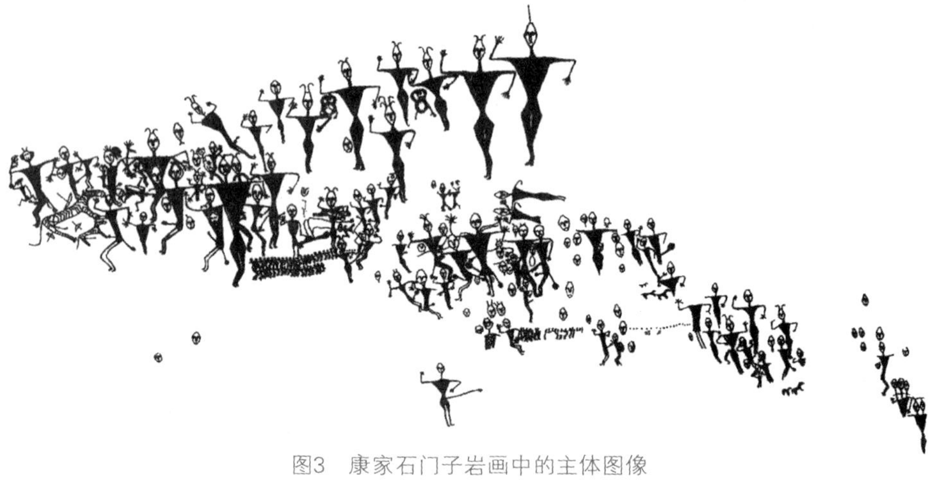

图3　康家石门子岩画中的主体图像

新疆地区在新石器时代气候由干冷向暖湿转变，各大山系山前冲积扇边缘溢出地形成天然绿洲，成为人类生产生活的场所，孕育了新疆的早期文明。位于天山腹地的康家石门子岩画自然环境适宜人类生存，动植物多样，宜牧宜农。康家石门子岩画主体图像东西长约13米，最下层岩刻距地面约1.9米，最上部岩刻距地面近10米之高，画中以人物为主，人物中间有对马和老虎的图像。人物大小不等，最大者超过真人，最小者约10厘米，共刻大人74

①麻国庆：《民族考古学与阴山岩画研究》，《阴山学刊》，1989年第1期，第118~121页。

个，小人62个。画面中的人像有些根据特征可辨识性别，男像体格健壮，并绘出生殖器及睾丸，女像修长秀美，臀部肥硕，画面中有交媾动作出现，但有些人像颇为抽象或已斑驳，不易辨识性别。此外还有双头同体人像（图4）：两个头像共有一个倒三角形的身体，身体的一侧有男性生殖器；腹中怀子人形：即在人形的腹中有一与人形头像相似的头像，这种表现手法在岩画中并非孤例，但多见于动物岩画之中，如马来西亚的打们岩画中就有牛的腹部描绘小牛的彩绘。

图4　康家石门子岩画中的主体图像（部分）

在康家石门子岩画的人物造型中，“尖顶帽”的特征比较突出，王炳华据此将康家石门子岩画作为塞人遗存的证据之一。“尖顶帽”这一文化符号在西域地区较为常见，至今仍有制作和穿戴。溯古，在新疆鄯善县苏贝希遗址曾出土过3顶，在哈萨克斯坦的伊塞克遗址的“金衣人”也头戴“尖顶帽”，俄罗斯戈尔诺阿尔泰省的巴泽雷克墓地中出土过弯钩形尖顶帽。俄罗斯学者认为巴泽雷克古墓中出土的尖顶帽是原始人对“生命树”的象征性符号表达。根据笔者的

图5　鄯善县苏贝希遗址1号墓地M6女尸（左图）和M11女尸（右图）

田野调查，在现在的维吾尔族中“尖顶帽”制作程序带有诵经等宗教色彩，视其为高山或雄性权力的象征，也是神圣与高贵的体现。如图5是鄯善县苏贝希遗址I号墓地M6女尸和M11女尸的形象，“尖顶帽”的特征十分明显，M6女尸的帽子内部有支撑棍，其高高的帽尖和康家石门子人像岩画中头顶的“天线”（俗称）十分相似。马洛里（Mallory）和麦尔（Mair）认为苏贝希女尸可能是祭师或者皇族或两者兼而有之。[①]“希罗多德在各军队与薛西斯作战的描述中，注意到了塞族人戴的尖帽，而且一个戴着尖帽的塞种国王形象出现在比索顿的雕刻中。我们在波斯波利斯的浮雕上清楚地看到了这些帽子的形象，上面显示特使们戴着这种独特的头饰，附文称他们为塞族人，这是被希腊人称之为斯基泰的这一游牧民族的传统的波斯名字……我们能从这种奇特的头饰中得出什么结论呢？资料显示这些戴着高耸入云的帽子的人要么是神人沟通的媒介，要么他们本身就是神灵。而且根据图像证据，最早的戴高帽的形象是神灵。也就是说早期只有神并且可能是在他们所居住的地方才戴高帽。既然祭司们区别于其他社会成员，同时为了拉近与神灵的距离，他们便也戴神的帽子，可能是为了使他们的职位显得更突出，当然也是告诉世人，他们之所以可以戴这样的高帽，是由于跟神灵的特殊关系，而非普通人能享有。”[②]这说明“尖顶帽”这一造型其实用性并非主要的，在早期的巫术或宗教中是人神沟通的工具，也是神权或皇权的象征。笔者认为康家石门子岩画中“尖顶帽”的人物造型不仅是塞人的佐证，也体现了该岩画所表达的场景可能是某种仪式，具有强烈的巫术或宗教性（原始萨满教）色彩；这幅岩画既是仪式的一部分，也是仪式的图像化呈现，即“既能记事，又可成事”。

康家石门子岩画人物造型中还有一典型的特征，就是对男性生殖器的夸张表现，也正是由于画面中对此的突出描绘，诸多学者的阐释采用了“生殖崇拜”的观点。生产和繁衍是远古人类社会生活中最主要的主题，但人形和生殖器是否是同一个时期创作，还是后期进行的添加在不同的时空中刻画组合而成，有待于更为深入的观察和科技断代手段的辅助方能确定。但整个画面载歌载舞、突出生殖器的表现，似乎展示了先民们祈盼多生多育、人丁兴旺、繁荣发展的娱悦场面，这在关于周边地形和神话传说的人类学考察中也得以印证。在位置的选择上，“丘陵为牡，溪谷为牝”，成为诠释康家石门子岩画生殖崇拜的又一例证，在民间认为生者选择宅地，或考虑村庄、城镇的位置时，认为“母形”最好，就是指两山夹一水的川地，或两山夹一谷的谷地，认为这种地形有利于人丁兴旺，福佑。阴宅的选择上会选择似女阴的底凹地形，俗称“鲜花地”“莲花地”“金盘献果”，将死者葬于此，生者可以得到庇护。此外这里还有与产子或多子有关的神话，在距离岩刻100米处的半塌陷石窟中，有一从缝隙中渗出的泉水，附近的哈萨克牧民称为“神水”“泪泉”或“子母泉”，妇女饮用后有助于繁衍子嗣，也有不孕的妇女

① J.P Mallory，Victor H. Mair. *The Tarim Mummies*. London:Thames & Hudson. 2008.

②卡尔莲·琼斯－布雷，丁兰兰:《高帽:直通天国》，《草原文物》，2012年第1期，第110~114页。

专程来此，带上祭品祭拜，饮用泉水以恢复生育能力，生育男孩。至于这些神话是上古流传至今，还是今人为附会康家石门子岩画的生殖崇拜色彩而加以构建和渲染，现已无从得知。

图6 （左）哈萨克斯坦唐伯拉岩画，（中）康家石门子岩画，
（右）康家石门子岩画中的刻痕

由于天山一带自古就是东西文化交流的通道，文化、人口、族群皆比较多样化，文化的涵化和儒化互相渗透，如：英国的明斯（E. H. Minns）是研究斯基泰文化的著名学者，他在《斯基泰人和希腊人》一书中指出斯基泰文化和黑海沿岸草原地带希腊文化之间的传播关系。[①]康家石门子岩画与中亚地区的岩画既有联系又有区别，至于康家石门子岩画与哈萨克斯坦唐伯拉岩画、阿塞拜疆的阿布歇隆区（Absheron）和戈布斯坦区（Gobustan）的岩画之间风格的相似性是否与传播有关，还有待更准确的岩画断代和证据支持，但这种可能性是完全存在的。如图6是位于哈萨克斯坦的唐伯拉岩画，在画面的最下方我们可以看到一排拉手舞蹈的人像，这与康家石门子岩画在风格上比较相似，不同的是康家石门子岩画的拉手舞蹈人像刻痕更深，凿刻而成，刻痕呈“U”形，刻痕上覆盖有残留的颜色；而唐伯拉岩画中的图像磨刻而成，刻痕较浅。从这两幅岩画的制作手法和刻痕而言，康家石门子岩画中的这组图

图7 阿塞拜疆古布斯坦（Gobustan）岩画

① E.H.Minns， Scythians And Greeks， Cambridge: Cambridge University Press, 1913.

像早于唐伯拉岩画中的图像。

图7是位于阿塞拜疆古布斯坦（Gobustan）的岩画（就其地理区位而言，位于高加索山和里海之间，是通向欧洲的门户，也是亚洲和欧洲人们迁徙的主要通道），该处岩画于2007年被联合国教科文组织列为世界遗产，丰富的狩猎、动物、植物和生活方式（人物）的岩画图像从史前时期一直延续至中世纪，古布斯坦共有6000多幅岩刻，大量的洞穴和岩棚证据显示这里有15000年的人类居住或使用历史。阿纳蒂在对古布斯坦岩画的研究中认为，这一地区的岩画最早可追溯到距今3万年之久，其风格显示了欧洲和近东地区文化上的相互影响及关联，从这一地域不同时期的岩画中可以发现文化的变迁和早期智人迁徙的痕迹。[①] 图7（左图）中的女性身体呈圆润的三角形，臀部呈菱形，从造型上兼具欧洲史前艺术中圆润丰满的特征和康家石门子岩画中三角形身体的风格。图7（中图）（右图）中上身的三角形造型更为明显，与康家石门子岩画中的人物造型风格更为相近。

在康家石门子岩画周围分布着诸多石堆墓、石圈墓，如位于呼图壁县雀尔沟镇雀尔沟村东南约15公里天山山谷中的石门子墓（西北约25公里为康家石门子岩画）。根据第三次全国文物普查数据，石门子墓地共有墓葬 94座，主要分布在呼图壁河西岸的一、二级台地上，东岸分布较少。在口腔卫生方面，死者有患牙周炎的现象，未见龋齿，可能与他们的饮食结构中食用较多动物性食物有关。从中也可推测出石门子古代居民的生产方式应是以畜牧经济为主。[②] 呼图壁东南吐鲁番绿洲（盆地）的苏贝希文化，南面的焉首绿洲北沿的察吾乎文化，农业与畜牧业兼有，其绝对年代基本上都在公元前 1000年左右至公元前后。他们种植并食用小麦、谷子等作物，同时又饲养羊、牛作为衣食之源；利用绿洲少量的水源采用原始粗放的耕作技术开垦土地、种植作物，过着定居的生活。出土“尖顶帽”女尸的苏贝希遗址居民多住在半地穴式的房屋，从遗址出土各种毛织的服装、毛毡、皮革制品、弓箭及大量殉葬的羊，推测当地居民从事畜牧和狩猎，制陶、革制造等手工业也较为发达。[③] 察吾乎文化主体墓地是原始大型氏族的公共墓地，其经济是以畜牧（游牧）经济为主，大量陶器的出土表明当地居民过着稳定的定居生活，特别是一些陶器中发现了谷物，说明当时已有了原始的农业，在晚期墓葬中出现了铁器。地缘相近年代相似的苏贝希和察吾乎文化，其生计方式、习俗信仰及社会结构对于解释康家石门子岩画背后的内涵具有一定的借鉴意义。

在康家石门子岩画中还出现了两对对马、身刻折线纹的老虎等动物形象，风格相似的马、老虎图像在贺兰山、阴山岩画皆有出现。纵览康家石门子岩画主体图像的刻痕、风格和叠压关系，笔者认为它应该不是在一个时期完成的，而是有一个制作的持续期，并不断添加；“对马”的图像年代较早，人形次之，其中人形在制作年代上还可细分。根据对康家石门子岩画周

---

① Emmanuel Anati. World Rock Art: The primordial language［M］.Gloscestershire: Archaeopress Archaeology 1994.

② 张玉忠等：《新疆呼图壁石门子墓地发掘简报》，《文物》，2014 年第 12 期，第 16~17 页。

③ 陈戈：《苏贝希文化的源流及与其他文化的关系》，《西域研究》，2002 年第 2 期，第 15 页。

边考古遗存和考古学文化分析，笔者认为康家石门子岩画主体图像是距今3000年左右大型氏族公社宗教仪式的产物，是在游牧与农业兼具的文化形态下产生的，表征了氏族权力和生殖崇拜的思想，也是萨满教的遗存。其表现风格上与中亚岩画具有一定的文化关联性，由于新疆地区石器时代的文化及与中亚之间的关系尚不清晰，康家石门子岩画与中亚岩画之间具体关系和传播路径尚不可推判。

四、康家石门子岩画的价值与意义

1. 岩刻、岩绘在画面中叠加出现

岩画按照表现方式的不同可分为岩刻（petroglyphs、rock engraving）和岩绘（pictographs、rock painting）两种类型，岩刻是指用凿刻或磨刻方式制作的岩画，如哈萨克斯坦的唐伯拉岩画，中国的贺兰山岩画、阴山岩画、将军崖岩画、天山山麓岩画等；岩绘是指用色彩进行涂绘制作的岩画，如西班牙的阿尔塔米拉洞穴岩画。中国的广西花山岩画、云南沧源岩画、阿勒泰洞穴岩画等。康家石门子岩画两种制作方式兼具，有白色或红色涂绘于岩刻画之上，目前残存的颜色并不多，近距离可辨识。在全球岩画视域下，岩刻与岩绘叠加出现的现象极少，康家石门子岩画中的这种现象为岩画的分层和多种方法的交叉断代提供了可能性。

图8　康家石门子岩画中具有彩绘的部分图像

2. 图像丰富、保护状况相对良好

康家石门子岩画数千年来在风侵雨浸之下能够保存下来，且图像相对清晰，未湮灭于茫茫历史长河之中已实属不易，1990年被列为新疆维吾尔自治区文物保护单位，2013年成为国家文物保护单位，已经建设成集保护、研究、旅游、宣传为一体的景区，图像外围建设有防护网。康家石门子岩画，特别是本文所讨论的主体图像位置距离地面较高，不易造成人为破坏，崖壁两侧修了引水槽，雨水和积雪融水通过引水槽可流至地面，避免了水浸对画

面和色彩造成的伤害。目前，康家石门子岩画最主要的风化原因是新疆地区风沙较大造成的风蚀，以及昼夜温差、季节温差造成岩体的张力变化，容易导致岩面产生裂隙或剥落。

3. 位于东西交通枢纽，地理位置重要

新疆自古就是文化交流的要道，呈现多元文化辐集的形态，“从很早起东西方就存在着文化互动，来自甘青地区的史前文化在距今4000年左右进抵新疆哈密。与此同时，一些西方的文化特质也出现在中国西北地区。具体包括麦类作物、权杖头、冶金术等与中原内地相比较，新疆的史前文化有独特的发展模式，具体表现为来自不同方向的族群和文化不断互动、影响并分化为一系列的绿洲文明”[①]。康家石门子岩画所在的呼图壁县东距乌鲁木齐市70公里，位于天山北坡中段，准噶尔盆地南缘，是古代“丝绸之路”通往中亚、欧洲诸国的必经之路。现在仍是通往北疆各地及霍尔果斯、阿拉山口等边贸口岸的重要交通枢纽。其所在的天山一带是游牧民族与农耕社会交融的纽带，也是欧亚草原的十字路口，这里便利的交通、丰富的资源和宜人的气候哺育了天山山麓的族群，形成了悠久的历史和众多珍贵的文化遗存，也塑造了康家石门子东西兼具、内容多元的图像风格。

五、结　语

黄文弼在《高昌陶集》序言中写道：“吾人相信东西文化之推进，确曾经过新疆，新疆如水管，一方为水塔，一方为龙头，水塔之水，必须经过新疆，然后至龙头。故吾人欲研究东西文明之推进，非在新疆寻觅痕迹不可，此为无可怀疑之事也。”[②]新疆自古以来作为东西沟通的要道和欧亚草原上的重要一环，文化多样遗存丰富，对新疆岩画的研究不仅包括遗址、古物，从“中程理论”的角度还应包括新疆丰富的史诗、神话传说、民间故事与习俗等。以康家石门子为代表的新疆岩画数量丰富、风格多样、兼具岩绘和岩刻、制作时间跨度大，从上古时代到历史时期皆有，与俄罗斯和中亚诸国以及在岩画的造型、风格、彩色、主题上既有联系又有差异。对新疆岩画的研究不仅可以使我们探知新疆的上古历史，更能促进我们对这一地区史前文化交流的认识。

（原载于《艺术探索》，2018年第4期）

①李水成：《东风西渐——中国西北史前文化之进程》，文物出版社，2009年，第33页。
②黄烈编：《黄文弼历史考古论集》，文物出版社，1989年，第109页。

Investigation and Research on Kangjiashimenzi Rock Art （Ⅰ）

Zhang Jiaxin

Abstract: Kangjiashimenzi rock art is located at the Hutubi County of Changji Hui Autonomous Prefecture in the Xinjiang Uyghur Autonomous Region. They mainly consist of rock engraving beside a small amount of remains of rock painting. Through the field investigation and textual material, this paper traces back to the process of discovery and research of the rock art. And on this basis, the paper further makes an analysis on the main images of Kangjiashimenzi rock art, especially in the aspects of "cone-shaped hats" and the "fertility worship" . Moreover, the paper also compares Kangjiashimenzi rock art with the Gobustan rock art of Azerbaijan and images of Tambola rock art of Kazakhstan in Central Asia. Finally, the value and meaning of Kangjiashimenzi rock art are summarized.

Key words: Kangjiashimenzi rock art; Field work; "Cone-Shaped Hat"

贺兰山苏峪口岩画普查报告

夏亮亮

摘　要： 苏峪口是贺兰山岩画的主要分布区域，在其沟谷内外的山壁及洪积扇平原上分布着数量较多的岩画，有人面像、人骑、动物、符号、狩猎等，内容丰富，题材多样。现将该处部分岩画的概况及保护现状进行分析。

关键词： 贺兰山；苏峪口；岩画；普查

2013年5月，笔者随银川市贺兰山岩画管理处的普查小组，历时多日对苏峪口岩画进行了详细普查，先后普查岩画近百幅，现将普查概况报告如下。

苏峪口位于贺兰山拜寺口与贺兰口之间，为国家森林公园，处于贺兰山国家级自然保护区内，是贺兰山岩画的重要分布区域。苏峪口岩画主要以人面像岩画、动物岩画、符号岩画等为主，除了山谷之内有岩画分布外，其山口南北及山口外的洪积扇上依然有分布。2008年，宁夏博物馆曾对苏峪口岩画进行了普查，并将普查简报发表在《文物》杂志上。

2013年，银川市贺兰山岩画管理处根据普查计划对苏峪口周围区域进行了详尽的普查，根据普查时确定的地理划分原则，将苏峪口南、苏峪口北及苏峪口外1公里的范围内所发现的岩画均划分到苏峪口，以“苏峪口外”命名区分，山谷内岩画以“苏峪口内”命名。普查组共普查岩画近百幅，其中部分岩画是之前岩画普查未发现的。

本文系国家民委西北少数民族社会发展研究基地2018年研究成果之一。2018年度国家社科基金重大项目《中国北方岩画文化遗产资料集成及数据库建设》（项目编号：18ZDA328）阶段性成果；民族学自治区“十三五”重点学科资助成果。

作者简介
夏亮亮，男，馆员，现就职于北方民族大学社会学与民族学研究所。

一、苏峪口外岩画

在苏峪口外岩画路以东1公里的范围内，普查组共普查岩画62幅，编号为SYKW1~SYKW62。此区域内岩画均为单体岩画，内容包括符号、动物、人面像等，现对其中部分岩画进行概述。

图1

此区域内发现的第一幅为符号与动物群岩画（图1），编号SYKW1。该岩画由4只单线条动物与1个符号组成，4只动物凿刻制作，呈半圆状分布在石面上下方和右侧，刻痕较深，线条流畅，凿点清晰，因石面斑驳而略显模糊；画面中的方形符号刻痕较深，颜色较新，其周围有大片模糊的刻痕，难以分辨，应是后期所做。

苏峪口外第三幅岩画为动物群岩画（图2），编号SYKW3，由大小不一的7个动物组成，其中5个较大的动物双耳耸立，尾巴修长、弯曲，生殖器明显，均为雄性；穿插其中的2只体型较小的动物难以分辨。整幅岩画磨刻制作，刻痕较浅，线条流畅，较为模糊难辨，石面中上部有裂缝。

图2

苏峪口外第四幅岩画为坑穴岩画（图3），编号SYKW4，由十余个磨刻而成的坑穴及2个模糊的符号组成，坑穴位于断裂的石面上部，磨刻制作，边缘较为光滑，因坑穴与石面断面极为接近，不排除有个别坑穴因石面断裂而损毁。

图3

图4为符号与动物岩画，编号SYKW5，画面由2个符号与2个动物组成。石面下方的2个动物制作简单，线条单一；石面左侧符号似“龟”形，刻痕较深，右上方符号制作较为复杂，由多道交叉在一起的线条组成，从该

图4

图5

图6

图7

图8

符号刻痕颜色上判断，其制作年代应晚于石面其他岩画。整幅岩画凿刻制作，刻痕较深，线条流畅。

图5为动物群岩画，编号SYKW8-1。5只动物上下有序地分布在石面上，中间是1只犄角弯曲的大型动物，其尾部被另1只较小的动物头部叠压，腹部下方是1只未完成的动物，另外2只动物分布在其上下方。该岩画磨刻制作，刻痕较浅，线条流畅，右侧石面另有一人体岩画（图6），编号SYKW8-2，同样为磨刻制作。

图7是一幅造型复杂的符号岩画，编号SYKW9，由多道线条及坑穴组成，凿刻制作，线条宽大，刻痕较深。

图8为制作极为复杂的动物岩画，编号SYKW10。该动物呈盘卧状，身躯壮硕，遍布圆环

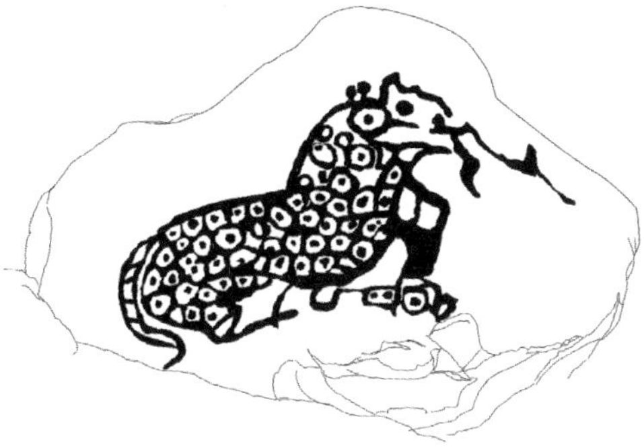

图9

与坑点，头部硕大，嘴部似在撕咬动物，尾巴修长，四肢弯曲。凿刻制作，线条流畅，刻痕较深，制作精美。图9为该岩画线描图。

图10为贺兰山岩画中较为少见的单体人面像岩画，编号SYKW12。由2个人面像组成，左侧人面像岩画头顶轮廓呈弯曲状，中部有竖直的线条直立向上，眼睛、鼻子等五官较为清晰；右侧人面像面部轮廓呈椭圆形，眼睛、嘴等五官清晰可辨。整幅岩画凿刻与磨刻相结合制作而成，刻痕较深，线条流畅。

图10

编号为SYKW14的单体人面像岩画（图11），虽左侧与上部残缺，但残存部分依然向世人展示了这一岩画的精美。人面像面部轮廓呈椭圆形，头顶有多道弯曲的线条装饰，额部有“V”状刻痕，另有多道弯曲的刻痕表示面部五官。值得注意的是下颌部向外延伸出一道弯曲的刻痕，刻痕因石面破损而损毁。整幅岩画凿刻制作，凿点清晰，线条流畅。

图11

图12为凿刻制作的符号岩画，编号为SYKW26。由简单的线条组成，刻痕较浅，凿点清晰。

图12

图13为动物群岩画，编号SYKW30。由3只磨刻制作的动物组成，从刻痕颜色上分析，下方2只动物与上方动物明显不是同一时期所做，同时，下方两只动物躯干部分有稀疏的凿

图13

图14

图15

图16

点，制作方法与上方动物有明显的区别。

图14为动物与符号岩画，编号SYKW36。由左侧的圆环状符号与右侧的动物组成，圆环状符号位于石面天然的凹坑之中，右侧动物虽仅以单线条组成，但构图复杂，有两条尾巴与两个头部，却仅有一副身躯，以如此方法来表现两只动物在贺兰山岩画中较为少见。整幅岩画凿刻制作，刻痕较深，凿点细密、清晰。

图15为残缺的动物岩画，编号SYKW39。与编号SYKW10的动物岩画较为相似，躯干部分布满不规则的圆环与坑点，背部线条的折角几乎完全一致，嘴部同样有似动物的造型。此岩画头部与尾部残缺，爪部的刻划细致入微。凿刻制作，凿点粗大，线条流畅，制作精美。此类造型岩画除在苏峪口外发现2幅以外，仅在贺兰山插旗口外的洪积扇平原上发现1幅，与这2幅极为相似。

图16为制作较为复杂的单体符号岩画，编号为SYKW52。由三部分组成，左侧最为复杂，多道弯曲的线条、圆环组合在一起，相互间或连在一起，或仅有细微的分割；中部符号较为简单，是一个倒“L”状符号；右侧符号稍有复杂，由折线与点组成。凿刻制作，线条宽大，凿点清晰，石面左

侧断裂。

图17为贺兰山岩画中较为少见的单体脚印岩画，编号为SYKW55。可以看出石面中部是1个凿刻的人类的脚印，脚掌、脚趾清晰可辨，脚尖与脚跟处还有弯曲的刻痕与之相连。凿刻制作，凿点清晰。

图17

图18为残缺的动物与符号，编号为SYKW56。岩画因石面上部缺损导致上方动物仅腹部与四肢可见，同时有刻痕与之相连；右下方是1只完整的动物，后腿直立，前腿弯曲；石面右侧是1个不规则的椭圆状符号。凿刻制作，刻痕较深，线条清晰。

图18

图19为单体符号岩画，编号SYKW59。位于石面右侧，因石面上有附着物导致岩画难以辨认，仔细分辨可见该岩画造型奇特，其上方与左下方似有造型简单的动物。采用了凿刻与磨刻相结合的制作方法，刻痕较深，线条流畅，刻痕中依稀可辨凿点。

图19

图20为造型奇特的人体与符号岩画，编号为SYKW62。左侧为一制作简单的符号，由横竖交叉的两道弯曲的线条组成；中部是一怪异的人体，双臂平举，双腿前后微分，前边的腿向下延伸后又急剧转折向上，直至石面以外；人体岩画右侧是一简单的符号，由弯曲的线条组成，其右侧则是一个

图20

上部似手掌、中部有圆点、下部有多道线条的符号造型，再右侧则是1个似人体的图案。凿刻制作，线条较细，刻痕较浅，刻痕内凿点细密。

二、苏峪口内岩画

普查组在苏峪口沟口以内2公里左右的范围进行了普查，共普查岩画15幅，多为人面像岩画，另有少部分动物与符号岩画，编号为SYKN1~SYKN15。

图21

图22

沿苏峪口内公路向山谷中行进1000米左右，在路右侧山脚处分布有多幅岩画。第一幅岩画为动物岩画（图21），编号SYKN1-1，凿刻制作，线条宽大，刻痕较深，刻痕内凿点清晰、密集。

图22是一幅人面像与符号岩画，编号SYKN1-3。画面上方右侧是残缺的人面像，左侧是与之相连的复杂的图案；画面下方是一似人面像的符号。石面中部脱落，导致岩画破损。磨刻与凿刻相结合制作，刻痕较深，线条流畅，刻痕内有清晰的凿点。

图23

图23是人面像与符号岩画，编号SYKN1-4。画面上方人面像因石面剥落而残缺，仅

残留部分刻痕；中部是一左一右2个人面像，左侧人面像头部有五条发饰，刻痕颜色较新，似是后期所作，右侧人面像同样有头饰，面部轮廓内有圆环状刻痕，面部下方有向右延伸的线条，因石面断裂而残缺；画面下方是两道刻痕与一道半圆组成的符号。该岩画中左侧人面像为凿刻制作，凿点粗大，线条较宽，刻痕较深；其余岩画为磨刻与凿刻相结合制作，线条流畅，凿点细密。

图24

图24是人面像群、符号、手印、脚印与动物岩画，编号SYKN1-5。画面由符号、手印、脚印、动物及多个造型各异的人面像组成，整幅岩画凿刻制作，线条流畅，凿点清晰，刻痕较深。

图25

图25为符号与动物岩画，因距离第一岩画点较远，故编号为SYKN2。该岩画所在石面虽面积较大，但仅有几个岩画稀疏地分布在石面的上方和下方，上方是两个由横竖线条交叉组成的符号，下方中部符号较为清晰，方形轮廓内是交叉的两道线条，其右侧是一上一下两只动物，下方的动物因石面断裂而残缺。磨刻制作，刻痕较浅。

图26

图26为符号岩画，编号为SYKN4-1，位于苏峪口内公路右侧的巨石上。该岩画下方是似双眼的圆环与点，中部是斧头状造型的岩画，上方是连接在一起的2个圆形岩画。磨刻制作，刻痕较浅。

图27为单体人面像群与符号岩画，编号为SYKN4-2。此岩画所处石块应是从山崖石壁上脱落而来，画面由大小不

图27

图28

图29

图30

同、形态各异的多个人面像岩画与符号组成，以磨刻与凿刻相结合的方法制作而成，线条流畅，刻痕深且清晰，是苏峪口中较为精美的岩画之一。现存放于贺兰山岩画风景区中。

图28由3个人面像与1个符号组成，编号SYKN5。画面左侧人面像仅有面部轮廓与发辫，无五官，似未完成；其右是一个“L”形符号；再右侧是一个人面像，头部有发辫，面部轮廓内有交叉的线条与双眼，以一道横杠表示嘴部；画面最右侧同样是1个人面像，面部轮廓内有大片刻痕。磨刻制作，线条流畅，刻痕较深，因石面较为斑驳，故线条边缘并不光滑。

图29是苏峪口内最为引人注目的人面像群岩画，编号为SYKN8-1。由十余个大小不一、形态各异的人面像岩画组成，其最大的特点是以磨刻而成的大片刻痕表示双眼，个别人面像岩画面部轮廓内有交叉的线条，下颌部有胡须状装饰。为凿刻制作，刻痕较深，线条流畅、清晰，部分岩画漫漶不清。

图30为人骑岩画，编号为SYKN9。画面上方是一人骑在马上呈飞奔状，马尾上扬，四肢前后分开，前肢下部有刻痕；下方人骑自然流畅，人骑在马上悠然自得。除人骑岩画

图31

外，画面左侧似有刻痕，较为模糊难辨。磨刻制作，刻痕较浅，线条流畅。

图31为人面像、人体、动物、符号岩画，编号为SYKN10。画面左下方似站立的人形，双臂平举；画面中部构图较为复杂，1个体型巨大的单线条动物位于石面中央，其轮廓内部及尾部分布有3个人面像，后肢前方有一圆环符号，其下方还有一体型较小的动物；右侧岩画造型复杂，其中一幅同心圆岩画清晰可辨，另有人面像、动物等图案与之相连；画面最右侧是一制作繁复的符号。以凿刻与磨刻相结合制作而成，刻痕较深，线条流畅。

图32

图32是一个造型奇特的符号岩画，编号为SYKN14。该岩画中部是一个同心圆，同心圆上方与右侧是与之相连的栅栏状符号，其右侧残存小部分刻痕，下方石面脱落，原本也应有刻痕。凿刻制作，造型怪异。

图33

图33是一幅人面像岩画，编号SYKN15。由宽大的线条组成面部轮廓，面部轮廓内有多个坑穴与刻痕可以清晰辨认。其左下方另有多条刻痕，较为模糊。磨刻制作，线条流畅，刻痕光滑且深，是较为少见的单体人面像岩画。

三、苏峪口岩画保护现状

苏峪口是国家森林公园，处于国家级自然保护区之内，其范围内的岩画理应得到更好的保护，然因其景区内施工建设，此次普查所发现的岩画中有一部分因开山修路而彻底被损毁，仅一块巨石上的岩画被挪至贺兰山岩画景区，其周围的岩画完全消失。此外，近几年由于贺兰山洪水不断，对苏峪口泄洪沟内的岩画造成了毁灭性的破坏，绝大部分处于泄洪道内的岩画或被沙石掩埋，或被洪水冲走，再寻找这些岩画将是极为困难之事。

总之，苏峪口岩画是贺兰山岩画的重要组成部分，其保护工作刻不容缓，需要相关部门尽快开展行之有效的保护工作。

Survey Report of Suyukou Rock Art in Helan Mountains

Xia Liangliang

Abstract: Suyukou is the main distribution area of Helan Mountains rock art, there are a large number of rock paintings on the mountain walls and flood fan plains inside and outside the valley, they are faces, rides, animals, symbols, hunting, rich in content and diverse themes. May 2013, the author followed the Yinchuan Helan Mountain Rock Painting Administration to conduct a detailed survey of the rock paintings in Suyukou for several days, has surveyed nearly 100 rock paintings, now survey is summarized below.

Key words: Helan Mountains; Suyukou; Rock art; Survey

青海卢山岩画调查简报

马　波

摘　要：卢山岩画是青海岩画中具代表性的岩画，它所反映的丰富而写实的内容，并存着多种风格，是我们认识青海早期文明的重要图像资料。

关键词：青海；卢山岩画；青藏高原；民族；年代

一、绪　论

2013年，笔者赴青海参加了卢山岩画调查活动，兹将这次调查的收获简报于下。

（一）卢山岩画自然地理环境

卢山位于天峻县，天峻县隶属于青海省海西蒙古族藏族自治州，位于祁连山南麓，青海湖西北部（距青海湖仅40余公里）、柴达木盆地东缘，地理位置东经96°49′42"～99°41′48"，北纬36°53′～48°39′12"。天峻县东邻海北藏族自治州祁连县和刚察县，南接海南藏族自治州共和县和海西蒙古族藏族自治州乌兰县，西毗德令哈市，西北与甘肃肃北蒙古族自治县为界。县境东北—西南宽44～170公里，西北—东南长约312公里。

天峻县最高海拔5826.8米，最低海拔2850米，相对高差近3000米，平均海拔4000米以上，属于高原大陆性气候，降水时间不均，气候寒冷，平均气温为-5℃～-9℃，只有冷暖两季之分。

卢山岩画分布于天峻县江河乡卢山的山丘上（图1），距江河乡政府约8

作者简介
马波，男，宁夏岩画研究中心馆员。

图1

公里。卢山海拔3800米，相对高度约40米，周围约8公里的草场，地势平坦、开阔。

（二）历史民族

天峻历史悠久，公元前2世纪时已有羌人驻牧。汉元鼎六年（公元前111年），湟水流域[1]的羌人迁徙到包括今天峻东部地区在内的青海湖环湖地区驻牧。

西汉汉平帝元始四年（4年），王莽秉政，派中郎将平宪等持重金诱骗当时游牧在青海湖地区的卑禾羌人[2]献出鲜水海、允谷、盐池[3]等湖滨地区，并置西海郡，天峻归西海郡辖地。西海郡的设置，使汉帝国西部疆域深入到了青海西部的草原。羌豪良愿率本部12000余人迁于今天峻、乌兰等山地，因此天峻地区成为羌人游牧的中心区域。西海郡设置两年后，即孺子居摄元年（6年），西羌豪酋庞恬、傅幡等兴兵攻打并占领西海郡。次年，王莽遣护羌校尉窦况等击破西羌，收复了西海郡。王莽称帝后，爆发了绿林、赤眉起义，新莽政权无力顾及边疆郡县，卑禾羌遂又趁机夺回了故土。王莽地皇四年（23年）西海郡废，复为羌地。

西晋晚期，祖居辽东的鲜卑族吐谷浑部移居青海，后来建立地方政权。东晋时期，原牧于我国北方的鲜卑契汗部和乙弗部分别徙居于天峻的北部和东南部，成为天峻地区的早期居民之一。

鲜卑契汗部原为西部鲜卑的一支。晋时落居于今甘肃河西走廊的鲜卑秃发氏强盛后，契汗部远从漠北（今内蒙古北部）徙于河西，投奔秃发氏，成为河西鲜卑的组成部分。河西鲜卑反晋战争失败后，退牧于祁连山南麓今青海海北藏族自治州东部地区。以后，契汗氏遭秃发氏“讨伐”，遂远徙于今柴达木东、中部地区。

鲜卑乙弗部是檀石槐鲜卑部落大联盟中，东部二十多邑之一，十六国时期在经过长途的跋涉到达漠南。不久后乙弗鲜卑一部分迁徙到了河西地区，成为了河西鲜卑中的一支。这支乙弗鲜卑参与了秃发鲜卑的反晋斗争后，活动范围转移到了青海湖一带，并在那里建立乙弗勿敌国。

420年前后，乙弗部、契汗部相继被南凉、西秦攻击，势力崩溃，后至慕璝八年（431年），吐谷浑兼并西秦故地，青海湖流域尽为吐谷浑汗国领地，羌人成为吐谷浑属民，并与其逐渐融合。

隋炀帝大业五年（609年）破吐谷浑国，在其故地设置郡县，其中西海

①湟水流域：地处青藏高原与黄土高原过渡地带，西起日月山，与青海湖内陆水系相接；北依祁连山，与河西走廊内陆水系相邻；南以拉脊山为界，与黄河干流水系相邻；东连甘肃省黄河支流庄浪河水系。
②卑禾羌：古代羌人部落之一，西汉后期驻牧于青海湖地区，青海湖因此又称卑禾羌海。
③鲜水海：即今青海湖；允谷：即大允谷，今共和县等地区；盐池：今茶卡盐池。

郡治吐谷浑故都伏俟城，领宣德、威定二县，天峻地区为宣德县地。隋亡，吐谷浑复其故地。唐初，西藏吐蕃政权兴起，于唐高宗龙朔三年（663年）进攻吐谷浑，吐谷浑国灭亡，吐蕃族成为青藏高原的统治者，天峻地区改属吐蕃国。

蒙古宪宗蒙哥三年（1253年）置吐蕃待处宣慰司（治河州），天峻地区为吐蕃等处宣慰司辖区，属宣政院。天峻在明前期为西宁塞外四卫之一的罕东卫属地。后罕东卫西迁，这一带属尕甘利都司。明正德七年（1512年）年，东蒙古吐默特部进入青海破四卫，天峻遂为东蒙古诸部牧区。明崇祯十年（1637年），又成为厄鲁特蒙古和硕特部首领顾实汗辖区。明代中后期，蒙古族大批进入青海，吐蕃人失其地，多远徙，其留者不能自保，沦为奴隶。原在环湖地区的吐蕃部落被迫迁到黄河南部，天峻地区遂成为蒙古族牧地。清雍正三年（1725年）编定青海蒙古29旗，天峻东部为和硕特北前旗驻牧地，西部为和硕特北右末旗驻牧地，录钦差办理青海蒙古番于事务大臣（统称西宁办事大臣）管辖。清代中后期，原迁到黄南的部分藏族，又陆续返回河北，天峻地区又成为藏族牧地。

解放后，特别是1954年建政后，随着各项事业的发展，职工人数的增加，天峻县的民族构成也起了变化。现全县有藏、汉、回、蒙古、土、撒拉、满等民族，其中藏族是天峻县主体民族。

（三）卢山岩画的发现与调查

1. 卢山岩画的发现

从解放初期到21世纪80年代中期，尽管内蒙古、云南、贵州等地的考古学家做过一些岩画研究工作，但这与世界上岩画学的发展水平相比，则远远落后。鉴于这种情况，国家文物局于1985年召开西北五省区岩画工作会议，决定在我国北方草原游牧地区，全面展开岩画调查工作。在此背景下，1985年，青海考古研究所与北京师范学校美术系联合成立青海岩画考察队，对青海地区的岩画进行全面的考察。先后参加青海岩画考察的队员有：青海考古研究所的汤惠生，北京师范学院美术系的李福顺、张文华等人，岩画调查工作主要于1985~1987三年时间内完成。

1986年6月，时在天峻县进行调查的岩画考察队被牧民告知卢山有岩画。考察队在6月中旬驱车赶往卢山，对卢山岩画进行了调查。在卢山东坡上，考察队发现了那里散布着20多组岩画，最大的一组有20平方米左右，其上刻凿着 200余个岩画形象。①时任考察队领队的汤惠生认为，卢山岩画的发现具有重大研究价值——“蹲踞式人形”的发现，意味着很可能卢山岩画，乃至青海地区岩画都是由匈奴人从北方草原地区带到这里的；车的形象对卢山岩画时代及其族属的确定，意义重大；卢山岩画中虎的形象，显然是来自北方草原的匈奴文化，是一个可供断代的形象。②

①②汤惠生：《经历原始——青海岩画调查记》，《民族艺术》，2001年第3期。

图2

图3

同一年，卢山岩画被确定为青海省省级文物保护单位。

2. 此次调查概况

2013年6月下旬，笔者与岩画研究中心业务科科长杨惠玲赴青海省西宁市参加了由中央民族大学中国岩画研究中心和明轮藏传建筑文化研究会联合主办的“第六期明轮讲坛暨2013国际史前艺术及岩画研究中心——中国国际访问论坛”。会议的最后一天，主办方组织参会人员赴天峻县考察卢山岩画。考察当天有小雨，早上9点我们从西宁出发，一路经过了湟源县（距西宁50公里）、海晏县（距西宁98公里）、刚察县（距西宁195公里）后，抵达了天峻县城，这里距西宁有300公里左右的车程。又行驶了约55公里后，终于在下午2点抵达了目的地——卢山。

卢山被布哈河的支流峻河（图2）从中切开，分左右两个山丘夹峙于江河两岸。布哈河属青海省内陆河流，发源于疏勒南山①，东南流入青海湖，全长有300多公里，是汇入青海湖的各河流中水量最大、流程最长的一条。“布哈”蒙古语意为“野牛”，因昔日沿河区有野牛出没而得名。

卢山岩画散布于峻河右岸山丘大小各异的花岗岩上。除了岩画，山顶还有一些附近牧民用以祈愿的煨桑台和经幡。拍照、测量、讨论，考察工作有条不紊地进行。卢山山丘虽小，风却很大，测量用的比例尺得用石块压着。几个小时后，岩画资料采集工作结束，中间还有同行专家们的讲解和讨论，获益匪浅。

二、卢山岩画的主要内容

卢山岩画分布在卢山坡度不大的南山坡上（图3），凿刻岩画的岩石为花岗闪长岩，花岗闪长岩比花岗岩含较多的斜长石和暗色矿物，所以岩石的颜色比花岗岩稍深一些，呈灰绿色或暗灰色。粗略数了一下，岩画个体形象有200余个，这些岩画形象大小差异大，由不同刻法凿刻而成，风格多变，以动物为主，可以准确识别的主要有牛、鹿、马等。另外还有人骑、狩猎、藏文等内容。

①疏勒南山：祁连山系最高山，位于疏勒河之南，甘肃、青海两省争议地区内。在青海省绵延350公里，宽30～50公里，山峰海拔一般在4500～5500米。疏勒南山西段在甘肃境内叫野马南山，中段和东段在青海境内。

（一）牛

牛是卢山岩画中最主要的岩画形象，其数量约占动物形象的2/3，在这些牛的形象中，又以牦牛占绝大多数。卢山岩画中的牛造型多变，刻制方法也不尽相同。

图4 卢山岩画中典型的牦牛形象，由敲凿法刻制而成，身体线条由粗线条刻制而成，牛角几乎呈圆形，其最大特点是牦牛的双腿和脚均呈倒置的“Y”形，表现得十分具有运动感。

图5 由磨刻法刻制而成，刻痕清晰，身体线条较细且均匀一致，两只牛角相连呈圆形，腹部刻有倒置的三角形。可惜因为岩石的断裂，这头牦牛身体的后半部分已遭到破坏。

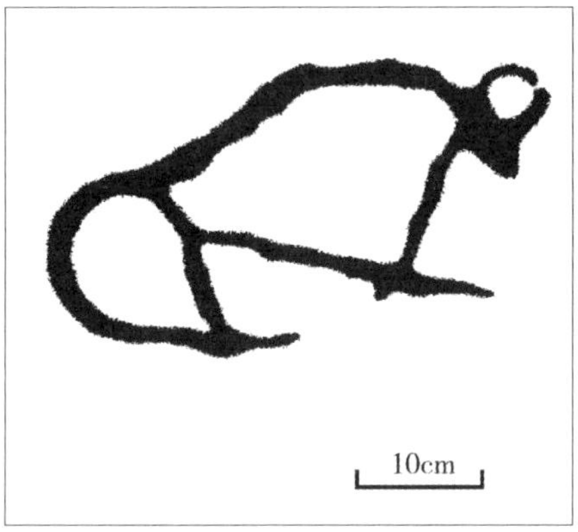

图4

图5

图6 由敲凿法刻制而成，刻痕清晰。牦牛的背部和腹部由生动的曲线刻画而成，牛角竖立，刻有四条腿，呈前倾姿态。

图7 由敲凿法刻制而成，刻痕清晰。这只牛的双角呈树杈状，这种牛角特征在卢山中是很少见的，可能不是牦牛。较卢山其他的牛形象，其身体庞大，且身体内部有一根横线条和两根竖线条。

图8 由敲凿法刻制而成，刻痕清晰。这头牦牛的双腿略前倾，背部呈曲

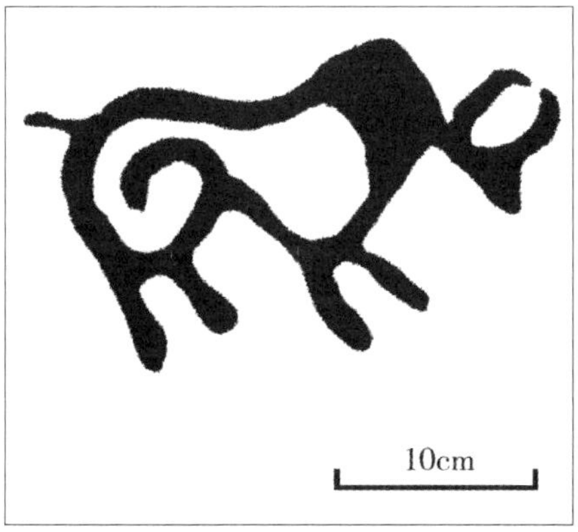

图6

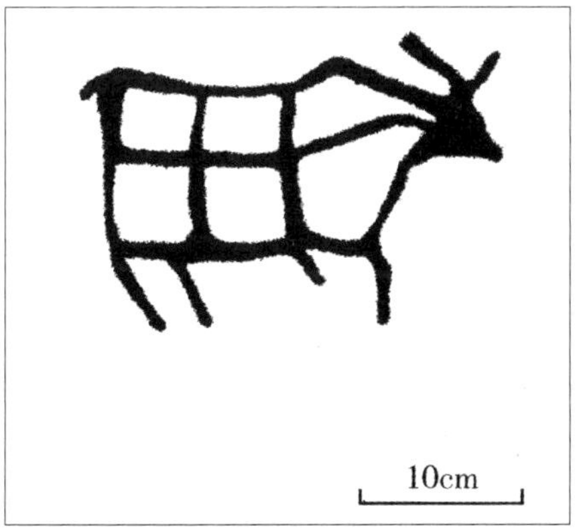

图7

线状，但背部后半部分因为石面的剥落而遭到破坏，腹部线条平直，身体轮廓内部有不规则的数根线条。

图9 与卢山其他牦牛相比，这头牦牛的线条比较独特——线条较粗，但刻制得相当均匀，线条流畅，身体各个部位也没有多余的线条，使得身体轮廓看起来生动逼真，极富动感。

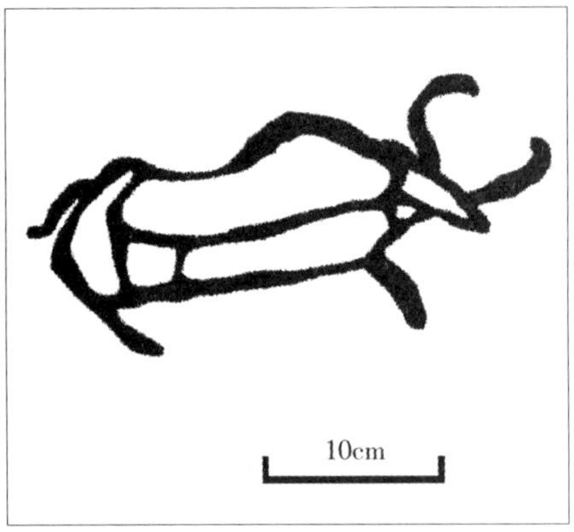

图8

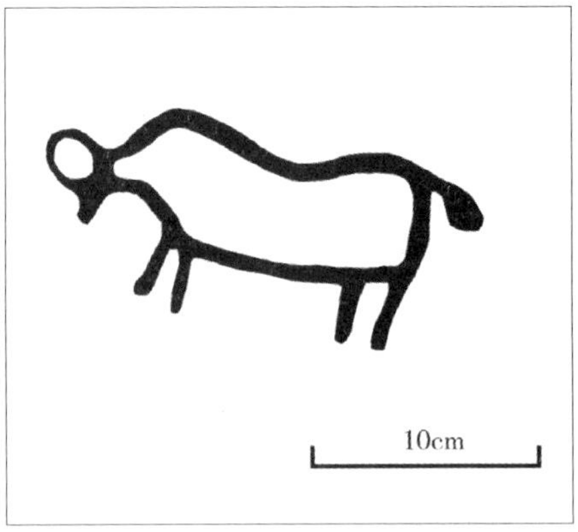

图9

图10 画面中是两头牦牛的形象，刻制方法一致，均为先用划刻法刻画出牦牛的双角、腿部及身体轮廓，再在其身体轮廓内进行通体敲凿。两头牦牛的造型也完全相同，均为四腿直立呈站姿，双角较长且近乎呈圆形，身体和头部较庞大，身体轮廓的线条有弯曲。

图10

牦牛是卢山岩画中出现频率最高的图像，这与青藏高原特殊的生态环境完全一致。在历史时期，青藏高原兼有游牧和农业两种经济形态，但无论在哪种经济形态下，牦牛在生产生活中均占有重要地位。牦牛大量出现在卢山岩画中，说明牦牛这种动物与早期活跃于本地区的古代族群间的关系十分密切。在意识形态领域，牛，尤其是牦牛，是苯教中最重要的崇拜对象之一。无论作画者是出于祭祀巫术的目的，还是出于记录的目的，抑或是出于娱乐模仿的模样，有一点是肯定的，牦牛是本地区最重要、最具普遍性、与人的关系最密切的动物。

（二）鹿

鹿是卢山岩画中常见的动物形象，在本次调查中，笔者发现了十余个鹿的形象，其刻制方法和造型不尽相同。

图11 由划刻法制作而成，刻痕清晰，线条纤细，流畅，鹿的双角较大，呈树杈状，造型夸张，鹿刻有双腿，均呈“V”形，短尾下垂。

图12 由划刻法制作而成，刻痕清晰。鹿的身体轮廓内刻有一条斜线，尾部因石面断裂而遭到破坏，鹿的双角造型夸张，呈树杈状，四腿被刻画成两个倒置的“V”形。

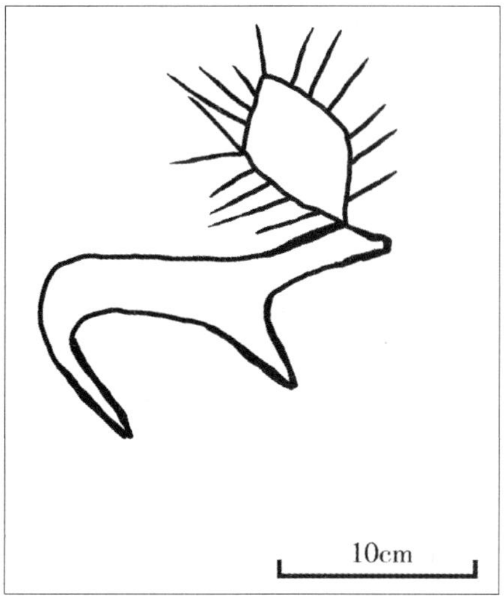

图11

图12

图13 位于图12的右方，由划刻法制作而成，刻痕清晰。造型与图12一致，只是前腿部位因石面剥落而遭到破坏。

图14 画面上方是一头牦牛形象，由敲凿法刻制而成，线条较粗。其头部和颈部较大，身体平直，短尾上翘。画面下方是一只鹿的形象，由划刻法制作而成，刻痕清晰，但明显与其他鹿形象的刻痕有别，其刻痕线条相对较粗，且比较圆润，所使用的应该是不同的制作工具。另外，相对于其他鹿形

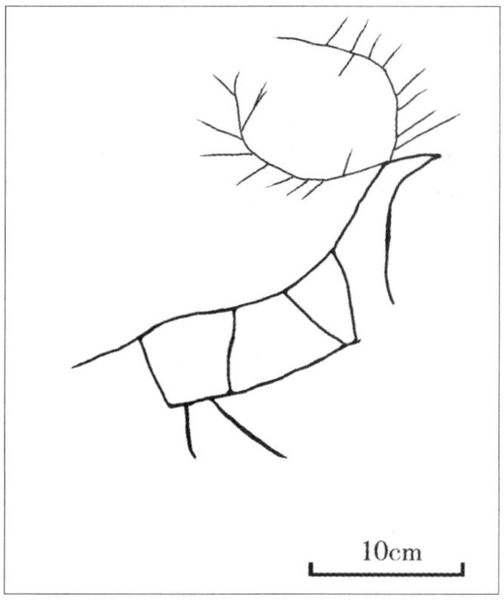

图13

图14

象，这只鹿的鹿角虽也为树杈状，但比较小，造型写实。

以上这些卢山岩画中的鹿，除了夸张的树杈状鹿角，还有一个共性，就是嘴部较长，呈鸟喙形。这种造型的鹿一般被归入“斯基泰鹿”的艺术范畴，因为这种鹿的动物纹饰过去多见于中亚地区，多流行于斯基泰人艺术中，故而得名。实际上，这种风格的鹿不仅见于斯基泰文化，在整个北方草原艺术中都十分流行，其分布范围也不仅仅限于中亚地区，在我国的新疆、内蒙古、甘肃、宁夏等地也均有发现。[①]

从以上岩画图像可以看出，鹿的表现风格，与古朴的牦牛形象差别甚大。现在的卢山周边地区，甚至整个青藏高原，已经很难见到鹿这种动物，鹿似乎只出现在早期岩画中。

在原始苯教信仰中，鹿占有很重要的地位，鹿在苯教典籍和苯教传说故事中是一种具有飞翔能力的动物，具有神性的神秘动物，它们的神性一般都集中在角部，其次是作为苯教巫师的坐骑。

（三）马

在卢山岩画中，马的形象也比较多见，其造型多变，有的单独出现，有的与其他动物一起出现，也有以人骑的形象出现的。

图15　由敲凿法刻制而成，线条较粗。马的背部和腹部线条平直，长尾下垂，后腿直立，两条前腿前倾，头部刻痕较模糊。

图16　画面中是两匹马的形象，均由敲凿法刻制而成，线条较粗。画面上方的马，背部刻画为曲线，尾部刻痕模糊，头部下垂，四条腿均呈“V”形表现，这种表现手法十分罕见。另外，这匹马的两条后腿为通体敲凿而成，与两条前腿是不同的。画面下方的马造型简单，线条粗犷，头部和背部分别与画面上方的马的两条腿呈打破关系。

图17　画面中是两头牦牛和一匹马的形象，均由敲凿法刻制而成，线条

图15

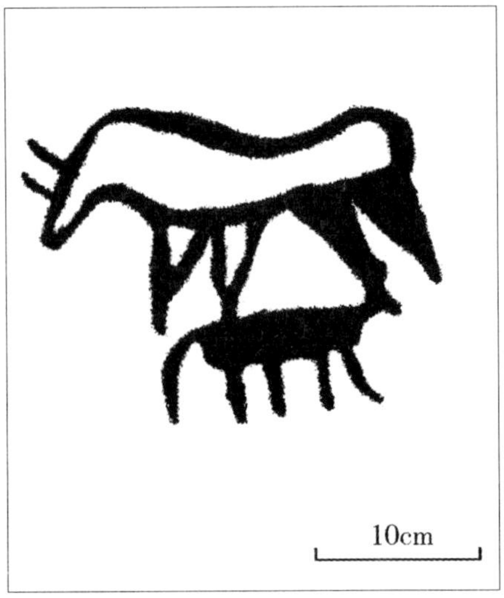

图16

①汤惠生、张文华：《青海岩画：史前艺术中二元对立思维及其观念的研究》，科学出版社，2001年，第96页。

流畅，其中两头牦牛造型相同，分别位于画面的上方和下方，马位于两头牦牛的中间，与牦牛反向站立，其颈部与上方牦牛的后腿呈打破关系，马的尾部因石面断裂而遭到破坏。

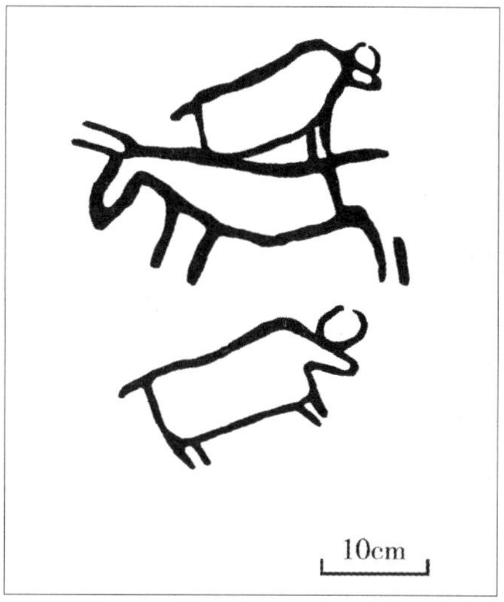

图17

（四）虎

图18 画面中有两头牦牛和一只虎的形象。画面左上方的牦牛，身体后半部分遭到破坏，其他部位刻痕清晰，由通体敲凿法刻制而成；画面下方的一只牦牛和一只虎，均由敲凿法刻制而成，其中虎的前爪与牦牛的头部相连，似在与牦牛进行搏斗。

图19 画面中是一只虎的形象，由敲凿法刻制而成，刻痕较模糊。虎的腿部呈前倾奔走状（也可能为卧状），身体部位饰有无规律的线条。这只虎的造型在北方草原岩画中是比较多见的。

图18

图19

在青海，虎的形象不仅见于卢山，在鲁茫沟岩画、巴哈默力沟岩画中都有虎的形象被发现。由于青藏高原古代和现代动物志都表明该地区不产虎，那为什么会有虎的形象出现在岩画中？关于这个问题，汤惠生教授认为，虎是北方草原文化的因素之一，“该地区有关虎的形象和虎的文化隐喻，都应视为一种文化传播的结果”[①]。

（五）射猎

卢山岩画中多有人持弓箭的形象，且都与动物一起构成射猎场景。

①汤惠生、张文华：《青海岩画：史前艺术中二元对立思维及其观念的研究》，科学出版社，2001年，第105页。

图20 画面上方为一个倒置人射形象，刻痕模糊。画面下方均为动物形象，但这些动物有的造型怪异，有的刻痕模糊，均无法准确确认。画面的中间为位置相近的两个人形形象，他们各手持弓箭，相对而立，似是一幅争斗的场景。

图21 画面中有不同的动物形象和射猎场景，风格多样，制作方法也不同，应为不同时期所完成。画面上方是两个人骑形象，其中一人手持弓箭向另一人骑射去；画面中间也似一个手持弓箭的人形形象，刻痕模糊，其右方有一只鹿的形象，鹿角较大，呈树杈状，但鹿的身体部位因石面断裂而遭到破坏；画面的下方为一头牦牛的形象，刻痕清晰，线条流畅，其身体部位因石面的断裂而遭到破坏。

图20

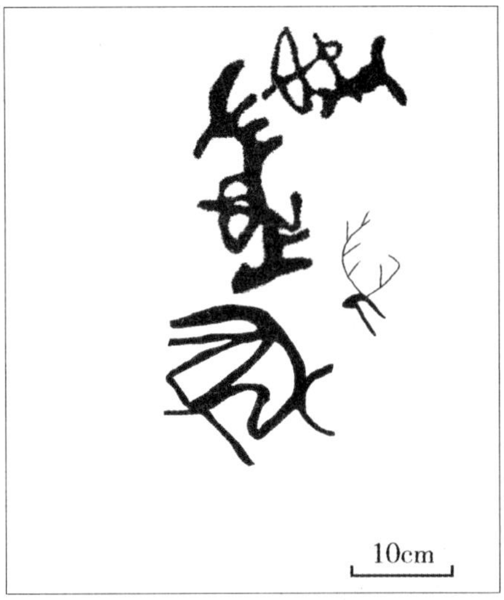

图21

图22 画面中有不同的动物形象和射猎场景，动物形象多为牦牛，其他动物大多无法准确辨识。画面的中间、下方和右方分别有三个手持弓箭的人形形象，造型一致，但右方的人形从刻痕上看，应该晚于其他两个人形形象。

图22

在卢山岩画中，除了以上数量较多、可以确定类别的动物之外，还有一些动物和符号，因为数量少、刻痕模糊或遭到破坏等因素，无法准确辨识，如图23、图24、图25、图

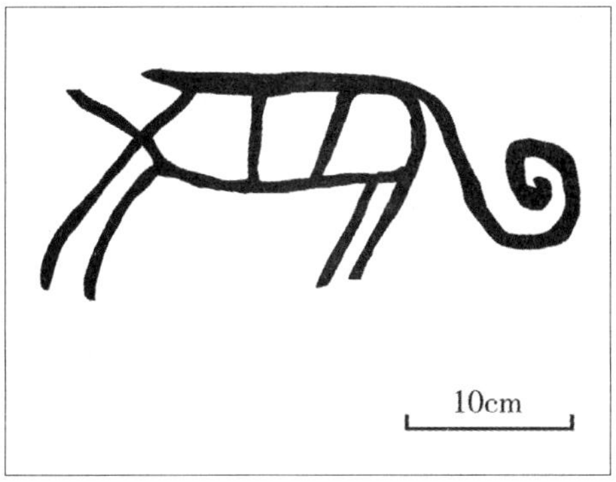

图23

图24

26等，这里不再赘述。另外，汤惠生教授在其著作《青海岩画：史前艺术中二元对立思维及其观念的研究》中提到，卢山岩画中有四个车辆岩画形象。在这次调查中，不知是已遭到破坏还是笔者的疏忽，很遗憾并没有发现。

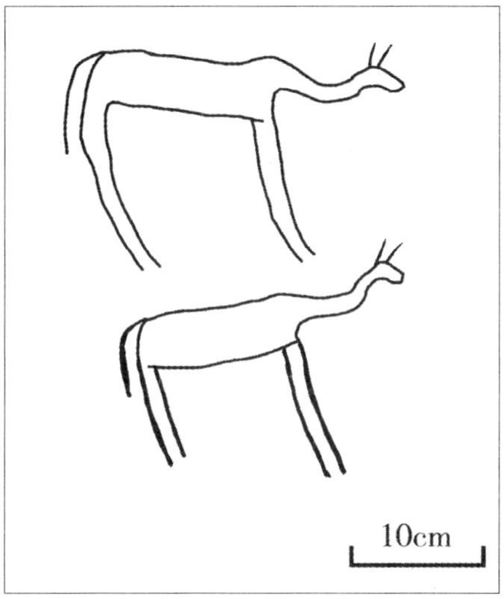

图25

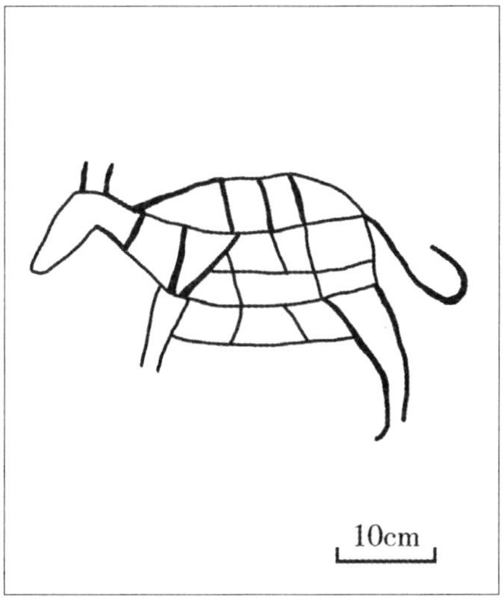

图26

三、卢山岩画的年代与制作手法

（一）卢山岩画的年代

关于卢山岩画的年代，学界对其进行专门分析的较少，多是从青海地区的大环境入手研究，如张亚莎教授认为，青海岩画主要集中在距今3000年～2000年之间，这个时期属于青藏高原岩画的中早期，青海地区基本不见后期的岩画。[①] 盖山林先生认为卢山岩画中车辆岩画的发现，具有重要意义。他认为，从见于岩面上的两轮单辕车看，与我国甲骨文、金文中的车的形象完全一样，应是青铜时代作品，岩画年代为3000多年前左右。[②]

汤惠生教授曾对青藏高原岩画的年代，进行过综合比较分析，并在《青

①张亚莎：《西藏的岩画》，青海人民出版社，2006年，第45页。
②盖山林：《中国岩画学》，书目文献出版社，1995年，第54页。

海岩画：史前艺术中二元对立思维及其观众的研究》一书中提出：从青藏高原（主要是青海岩画）岩画中已经出现的两轮马车等青铜时代的其他形象推断，岩画应排除在公元前5000~公元前1000年（即细石器时代）之外；既然青藏高原青铜文化和萨满教（即苯教）是公元前1000左右才流传青藏高原地区的，那么作为萨满教的物态化和艺术化的表现形式，青藏高原岩画则当然是青铜时代的文化产物；与青藏高原可资比较的宁夏地区的岩画亦属北方草原文化系统，宁夏岩画断代，平均年代在公元前2000~公元前1000年左右。鉴于此，汤惠生教授认为，青藏高原最早的岩画，年代当在公元前1000~公元前500年期间。[①]

在1997年的微腐蚀断代实验中，青海考古所选择了青海省海西地区的3处年代未知的岩画点作为实验对象，这3处岩画点为：格尔木市的野牛沟岩画、天峻县的鲁芒沟岩画和卢山岩画。最后得出的结论是卢山岩画距今约2000年。对于这个数据，汤惠生教授说："通过微腐蚀断代实验所测定的青海岩画的年代，与我们以前运用综合比较法所确定的青海岩画时代，基本上相同。"[②]

综合诸位学者的研究与实验测定，卢山岩画的年代大致可以得到确认——最早的岩画出现于公元前1000年前后。

（二）卢山岩画的制作手法

卢山岩画中运用的制作手法主要有敲凿法、磨刻法和划刻法三种。

1. 敲凿法

从卢山岩画的总体比例上看，使用敲凿法制作的数量最多，这里的牦牛岩画就大部分采用这种制作手法。从总体来看，在卢山，使用敲凿法制作的岩画被损坏的情况最为严重，被打破的数量也最多，敲凿法应当是卢山岩画中较早期的制作手法。

图27

2. 磨刻法

卢山岩画中采用磨刻法制作的形象基本上全是牦牛（图5、图9）。值得注意的是，通过对比可以发现，采用磨刻法和敲凿法制作出来的牦牛，其造型、风格是完全不同的，应是不同时代的作品。

3. 划刻法

在卢山，采用划刻法制作的岩画，主要内容为鹿（图11~图14）、一些无法识别的动物（图27、图28）和个别无法识别的符号（图29）。使用划刻法所展现的是

①汤惠生、张文华：《青海岩画：史前艺术中二元对立思维及其观念的研究》，科学出版社，2001年，第167页。

②汤惠生、高志伟：《岩画断代技术、方法及其应用——兼论青海岩画的微腐蚀断》，《文物科技研究》，2004年第2期。

细线条，由细线条表现岩画形象的轮廓，不仅可以画出岩画形象的细部，而且在表现上也更为自由和富于变化，也有更好的图像效果。卢山岩画中划刻法的使用，应当是大量金属器出现之后，因而它的出现年代应比敲凿法晚一些。

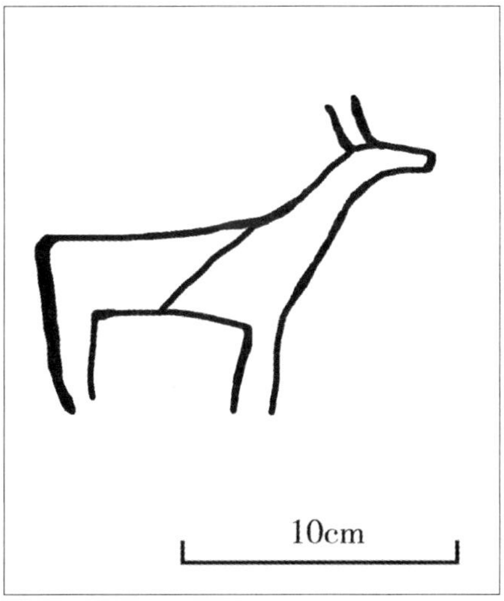

图28

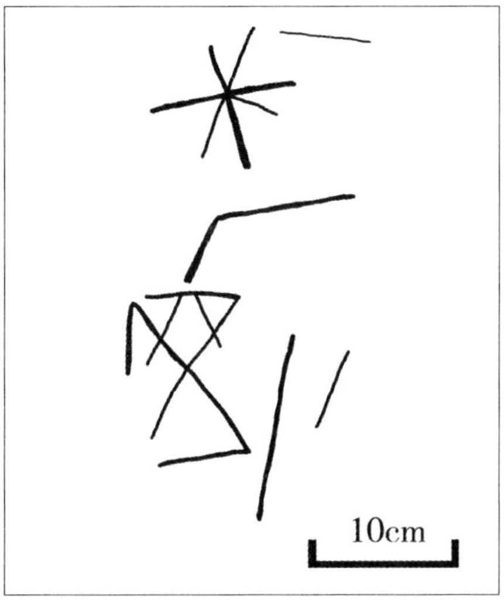

图29

四、结　语

从内容上看，卢山岩画主要以动物为主，可以准确确认的有牦牛、鹿、马、虎、羊、狗等，还有一些因造型怪异、遭到破坏等原因而无法准确辨识的动物。另外还有一些反映狩猎场景的内容，与动物岩画一起，反映了当时当地的动物群落和生产活动。作为卢山岩画的主要表现内容，牦牛岩画为我们了解和推测牦牛在青藏高原生活、驯化的历史找到了依据，从画面看，早在3000年前，居住在青海地区的游牧人就驯化了牦牛。

从制作手法上看，卢山岩画的制作采用了敲凿法、磨刻法和划刻法三种方法。通过比对可以发现，卢山岩画的制作手法，显然与岩画制作的年代和岩画制作的族群密切相关。相同的题材，但表现手法却有一定的区别，如同样是表现牦牛的形象，既可以采用敲凿法，又可以采用划刻法。

卢山岩画在整个青海岩画中应该是比较全面、具有代表性的岩画点。如此多的岩画形象密集地分布在这个小山丘上，足以说明这个地方对于本地区古代族群的重要性。卢山岩画中所反映的丰富而写实的内容并存着多种风格，是我们认识本地区早期文明的重要图像资料。卢山岩画的存在，对于研究海西乃至青海地区的生态环境、宗教演变、民族迁徙等都起到了重要的推动作用。

参考文献：

[1]天峻县县志编纂委员会：《天峻县志》，甘肃文化出版社，1995年。

[2]汤惠生、张文华：《青海岩画：史前艺术中二元对立思维及其观念的研究》，科学出版社，2001年。

[3]王敬斋主编：《岩石上的历史画卷—青海海西岩画》，中国民族摄影艺术出版社，2012年。

[4]张亚莎：《西藏的岩画》，青海人民出版社，2006年。

[5]盖山林：《中国岩画学》，书目文献出版社，1995年。

[6]霍巍、李永宪：《西藏考古与艺术》，四川人民出版社，2004年。

[7]李永宪：《西藏原始艺术》，四川人民出版社，1998年。

[8]汤惠生：《青藏高原的岩画与本教》，《中国藏学》，1996年第2期。

[9]汤惠生：《关于萨满教和萨满教研究的思考》，《青海社会科学》，1997年第2期。

[10]霍巍：《吐蕃考古与吐蕃文明》，《西藏大学学报》，2009年第1期。

[11]刘夏蓓：《两汉前羌族迁徙论》，《民族研究》，2002年第2期。

Preliminary Investigation Report of Rock Art in Lushan，Qinghai

Ma Bo

Abstract：Lushan rock art is one of the representative site in Qinghai，which have abundant and realism rock art contents，and various rock art style. It is the important material for us to study the earlier cultures and societies of Qinghai. In 2013，the author participated in the field research work of Lushan rock art and completed this preliminary investigation report.

Key words：Qinghai；Lushan rock art；Qinghai-Tibet Platean；Nationality date

保护
Conservation

多角度摄影建模技术在大兴安岭岩画中的应用

张开亮

摘　要：随着技术不断进步，多角度摄影建模技术开始逐渐被应用在文物保护工作中。岩画作为文物的重要类型，其保护和研究工作有着特殊性。本文以大兴安岭岩画为例，尝试探索在岩画遗存环境中利用多角度摄影建模技术进行三维重建的基本方法，并进一步探讨该技术对岩画保护和研究的意义所在。

关键词：多角度摄影建模；三维重建；岩画；文物保护

引　言

大兴安岭岩画广泛散布于大兴安岭山麓各个角落。为满足日益复杂的研究和保护需求，2017年9月~2018年4月，黑龙江省大兴安岭地委宣传部邀请武汉数文科技有限公司，对其辖区内岩画先后进行了两次全面的信息采集。

此次信息采集的目的是为大兴安岭建设岩画研究支撑平台提供数据基础，其中，岩画山体的三维模型作为能直观反映岩画环境全貌的数据形式，将会是该研究平台数据的重要组成部分。本次信息采集运用了多角度摄影建模技术，并结合最新的后期数据修复技术，以实现对岩画山体的高精度三维

作者简介：
张开亮，男，中国人民大学考古文博系在读硕士研究生。

重建，这对大兴安岭岩画日后的展示与保护将起到积极的作用。

一、前期准备

前期准备主要包括相机等信息采集设备的选择以及拍摄时间的选择，野外环境条件复杂，在实际作业当中可能会面临较多不可预期状况，因此必须制订周密的作业计划。由于本次采集的目标山体高度在十几米到几十米间不等，且地形环境复杂，单靠数码相机地面拍摄无法拍摄目标整体，因此采用可在空中悬停的多轴旋翼无人机云台携带高清相机拍摄（图1）。由于树木较多，空间狭窄，离地面过近等不利条件，无人机无法有效采集，需要通过手持相机进行地面拍摄，作为补充。

图1　无人机多角度拍摄工作现场

大兴安岭岩画大部分岩画点所在地人工开发程度很低，植被覆盖密度高。特别是夏季枝叶繁茂，增大了无人机航拍作业的难度和风险，且无法有效采集山体下部数据；冬季枝叶脱落，植被对航拍的不利影响降低，但由于气温严重低于无人机和相机的最低环境温度限制，无人机操作员无法正常操作无人机作业。因此，采集时间选定在受植被和气温影响相对较低的秋冬和冬春之际。

二、户外作业流程

户外作业流程，主要包括像控点测量和航飞摄影，以获取建模目标的尺寸坐标和用于建模的照片素材。

1. 像控点测量

我们此次最终要建立的山体模型成果，其山体相对尺寸由全站仪测量的像控点确定（图2）。在实际测量过程中，首先将用于确定相对坐标原点的棱镜固定在一个位置，并通过全站仪建立一个相对空间坐标系。对山体本体进行测量时，需在山体上确定几处特征明显的点位作为像控点（方便后期数据处理时查找），然后用全站仪测量像控点在空间坐标系中的位置。同时在航拍与地面拍摄时，需要注意采集像控点在山体不同角度上的位置，以便在后期生成模型时像控点位置可以准确地反映在模型上，再通过计算这些像控点的坐标推算出山体的实际尺寸。

2. 航飞摄影

航飞摄影是我们此次多角度拍摄山体的核心步骤。为能够最终生成理想的模型成果，要求拍摄所得的照片完整均匀地覆盖目标表面，同时照片之间要保持一定的重叠度。在大兴安岭岩画中，拍摄照片时要求航向（纵向）重叠率控制在80%以上，旁向（横向）重叠率控制在60%以上。每条航向需有垂直摄影和左视、右视、俯视、仰视45°倾斜摄影五个角度，保证每个块面都有各个角度的摄影数据。

图2　测量像控点工作现场

为保证重叠度，无人机需与拍摄目标间距离保持恒定不变。在大兴安岭这样复杂的环境下，起飞前需预先规划飞行路线。大兴安岭岩画点处在林区，植被覆盖密度高，且高度均高于山体，加上春季刮风频繁。为了避免在飞行过程中与树木发生刮擦碰撞，无人机在飞行过程中不得不在距离山体较远的位置起飞，在避开障碍物的同时保持距离的一致。

航拍时飞机与拍摄目标的距离决定了单张照片细节分辨率的大小，飞机距离目标越近，细节越清晰明显。在密林地区飞机距离目标较远的情况下，可通过增加影像重叠度，提高飞机对山体的拍摄密度，以弥补精确度。另外，由于大兴安岭岩画多位于山体靠近地面的位置，也可以通过地面近距离拍摄的方式补充数据。

在拍摄时，尽量保证在稳定光源下进行。变化的光源会导致照片影像间差异明显，进而影响后续空中三角测量的运算成果质量。此外，多云天气优于晴天，阳光直射会导致过度曝光及明显的阴影，影响最终生成模型的质量。

三、室内数据处理

户外测量和摄影等工作完成后，将转入室内整理，对采集到的原始数据加工处理，生产出可用的三维模型。

1. 照片建模流程

我们使用Agisoft Photoscan软件进行照片处理。这是一款专业的多视角照片建模软件，能够根据数码设备拍摄的照片生成物体表面的三维模型数据，还可进一步输出模型的数字高程模型和正射影像图，相较于其他照片重建软件，其优势在于操作方便，对照片数据的识别性好，适合用于在复杂环境下采集到的数据。

首先在软件中创建新工程，将采集目标的照片全部导入到工程中，选定“对齐照片”选项。软件会进行空中三角形测量解算，匹配照片间的相似信息，通过对比相似程度，还原相机在空间中所处的相对位置和角度，生成初步的稀疏点云数据。

将先前用全站仪测定的像控点坐标数据导入工程中，在照片数据中手工定位像控点所在位置（每个像控点至少定位在三张照片上），像控点会自动在已经对齐的相机中匹配其相应的位置，这样便将稀疏点云纳入到像控点坐标系，赋予模型真实的坐标尺寸。

匹配完像控点后，此时的稀疏点云数据所覆盖的范围包括相机所拍摄的所有内容，根据需求框选最终生成模型的范围，排除冗余信息，然后选定“生成密集点云”选项，软件会将框选范围内的稀疏点云生成密集点云数据。

稀疏点云和密集点云都是表现物体表面的数据格式，若要得出可应用的模型数据，还需在密集点云数据的基础上生成网格模型数据。选定“生成网格”选项，然后选定网格数量。为保证电脑流畅运行，一般将网格数选定在200万至300万之间，软件会将密集点云数据中生成网格数据。此时的网格模型数据并不带有纹理，还需另外从工程里生成纹理数据。为保证最终模型能最大程度还原拍摄时的分辨率级别，需要计算每个山体所需要的最佳纹理数量。将单张纹理的分辨率设定在4096 × 4096，然后通过测量某地面物体的长度，除以正射分辨率获取该物体的原始像素数，再与依照某一特定数量生成纹理的同一物体对比像素数，推算出最终纹理数量。确定纹理数量后，选定“生成纹理”选项，软件会将点云颜色转换成网格模型纹理数据。此时便可以将网格模型和纹理从工程中导出为通用格式（一般模型为fbx格式，贴图为png格式带透明通道），以便在其他三维软件中进一步编辑。

2. 网格与纹理修复

从Agisoft Photoscan直接导出的数据有些部分还比较粗糙，复杂环境造成的瑕疵都会反映在模型和纹理数据上，须在其他三维软件中修复，这里用到的软件有Autodesk 3Dsmax、Geomagic Studio、Zbrush、Unfold3D、Autodesk Mudbox。

（1）网格修复

3Dsmax是目前最常用的三维建模软件，广泛用于环境设计、游戏设计、三维动画制作等领域，在该项目中，3Dsmax主要用于对原始网格模型的初步编辑，包括清除模型中的冗余数据和修剪模型的边缘。在大兴安岭岩画，除了一般的如游离面、目标山体以外区域的多余数据，枯木枝干在原始模型中尤为显眼，已经影响到对山体主体的观察，因此也一律剔除。在3Dsmax里清除模型冗余数据后可能会在模型上遗留下孔洞，因此需要将修剪过的模型导入Geomagic Studio填补孔洞。Geomagic Studio常被用于逆向工程领域，能够根据孔洞边缘的曲率生成平滑的封口。此外由于山体表面复杂，且环境也对采集造成影响，所以有部分数据即使被拍到也无法被有效解算，也可能会在模型数据上留下孔洞等瑕疵。在填补空洞时，为不影响原始数据的分块信息，通常将目标分离出来单独在Geomagic Studio中填补。从Geomagic Studio导出的数据已经消除孔洞，但是平滑的表面并不能完整地反映山体真实的拓扑信息，须将模型导入至Zbrush中进一步处理。Zbrush是目前应用最广泛的数字雕刻软件，将模型数据导入到Zbrush中，参考原始照片雕刻封口，最大程度还原山体的拓扑信息。至此，网格修复已大致完成。

（2）纹理修复

网格模型被修复过的区域一般并没有纹理，需要对这些区域补充纹理信息。此外，模型有些部位存在拍摄角度问题或者是解算时出现误差导致纹理有拉伸、扭曲的现象，也需要对这部分纹理进行修复。在补充网格修复区域纹理时，需先赋予修复的网格UV信息，即纹理的布局信息。然后将模型导入至Autodesk Mudbox中，Mudbox是数字雕刻软件，相较于Zbrush，Autodesk Mudbox有着更强大的纹理着色方式，可以根据网格上实际的分辨率保留纹理细节。模型导入Autodesk Mudbox中，选定目标区域，然后将带有该区域的原始照片导入Mudbox工程中，将纹理细节映射到模型目标区域，完成对纹理的修复。

由于还有海量的数据需要加工、处理，截至目前，我们此次的室内整理工作还在紧张地进行，整体项目预计在2018年内完成。

四、意　义

相较于传统的测绘方式，多角度摄影建模能够生成直观精确的三维模型，完整全面地记录现场信息。同时，在三维模型数据的基础上，可根据需求结合即时渲染引擎二次开发，生产出更具有针对性的应用。于研究，研究人员不用亲临现场便可一览岩画及山体全貌，且不受空间、时间、天气等外在因素的限制，自由无死角地观察每一处细节。也可将随着研究不断发现的新线索、新变量加入到应用中实时运算、对比、分析，为研究人员节约大量时间；于保护，三维模型数据相较于其他类型的数据，如图片、视频等，所保存下来的信息既是最全面的，也是最直观的，相当于直接将保存目标复制下来。大兴安岭岩画风化严重，通过多角度摄影建模技术及时记录下岩画环境的完整信息，可对日后的岩画研究保护及修复工作起到重要作用；于公众，生动的三维动画或可交互的应用程序，无疑更能调动起公众对这一文化遗产的关注热情，三维数据可以广泛应用在各种宣传手段中，有力地配合宣传部门的文化宣传工作，让公众更广泛地参与到文化生活中来。

Application of Multi–Angle Photography Modeling Technology in Daxinganling Rock Painting

Zhang Kailiang

Abstract: With the improvement of technology, 3D modeling based on multi–angle photography has been utilized for the protection of cultural relics gradually. Rock paintings was regard as a type of cultural relics, but its protection and research has particularity. Taking Da Hinggan Mountains rock paintings as example, this paper attempts to figure out the basic methods of three–dimensional reconstruction with 3D modeling based on multi–angle photography only in the environment of Rock paintings, and explores the significance of using the technology for Rock paintings protection and research further.

Keywords: 3D modeling based on multi–angle photography; Three–dimensional reconstruction; Rock paintings; Protection of cultural relics

钩沉
History

俄罗斯岩画考察散记

张文静

2018年7月4日，受西伯利亚联邦大学考古系的邀请，我与中国人民大学考古文博系王晓琨副教授及5名研究生，前往俄罗斯的克拉斯诺亚尔斯克（Krasnoyarsk）市，参加“中国—俄罗斯文化研究中的考古资料与野外考古研讨会”。研讨会的地点设在叶尼塞河畔泰加森林的比斯古诺夫卡遗址，西伯利亚联邦大学历史系的五十余名师生正在那里进行发掘工作。届时我们将参与对方的考古发掘，同时也会对附近的岩画进行调查。由于研讨会与考古发掘及岩画调查结合在一起，这让我们每个人都很期待。

由于时差和航空时段租金的关系，飞往俄罗斯的航班多数在凌晨。我们是凌晨3点的航班，此时人已很困倦，登机后很快进入昏昏沉沉的状态，完全不知道飞机是怎么起飞的。当地时间大概6点飞机准备着陆，航空小姐帮我把座位调回位置，我才勉强睁眼看了看，接着又昏睡过去。落地时感觉到了，稳稳的，据说俄罗斯的飞行员多

有卡通笑脸图案的飞机

作者简介：
张文静，女，前《中国岩画》编辑部副主任。

为军人出身，尽管因困倦意识模糊，但还是在心里默默赞许了一下。

在克市的机场，我们一行与曼德雷卡·派威尔·美拉第威尔维奇（Mandryka Pavel Vladimirovich）教授、权乾坤博士（吉林大学考古学院老师）、张胤哲博士会合。每个人背着一个巨大的专业登山包，略显笨重地挪动身体和曼教授拥抱。大家在人民大学时都已相识，彼此像老朋友一样问候。

曼教授在接站的面包车上简单介绍了接下来的行程安排。然后我们兵分两路：曼教授卡开着他的丰田越野车，带着王老师去办理大家的落地签证。后来知道办理过程花费了四五个小时。据说我们每个人的护照要从第一页复印扫描到最后一页，即使是空白的。另一路，曼教授的学生奥利亚带着我和张胤哲博士及5个学生，乘中巴车直接奔工地，没有进入市区。路上要有3个多小时的车程。一条不是很宽的柏油路一直向前延伸，两侧是低矮树木、草丛及偶尔出现的木房子。一路向北，我们将进入叶尼塞河河畔的泰加森林，即将开始住帐篷睡袋、没有电、没有手机信号的隔绝的野外生活。无法确切地描述我当时的心情，心里有期盼——因为对我来说一切都是全新的体验，更有挂念——因为儿子会许久没有我的消息。

木屋和狗

从下飞机时天空就开始飘着小雨，气温骤降，越向北行进，温度越低，到达比斯古诺夫卡工地时，已寒气逼人。下了车，四处望去，到处是绿色的茂密森林，地面湿漉漉的，显然下过雨。营地旁边是那条有着美丽名字的大河-叶尼塞河。奥利亚为我们安排了住宿，男生把几块木床板抬进我们要住的帐篷。工地的俄方所有老师和学生都是一个防潮垫一个睡袋直接睡在地上。在这种气候条件下，我无论如何都有点接受不了直接睡在地面上。多亏曼教授的细致周到，为我们准备了木板，还增加了睡袋和防潮垫。加上从国内背来的垫子、睡袋，取暖的问题基本解决了。但是每晚直挺挺地躺在睡袋里，腿都不能弯曲，这种感受让我很想念城市里舒适的床。每天早晨钻出睡袋是需要勇气的，必须咬紧牙关，迅速穿好衣服，这样才能够保存一定的热量。我将从国内带来的所有衣服统统穿上。回国后和朋友讲起7月叶尼塞河的寒冷时，她们笑着说从你照片上层层叠叠的衣领上已经看出来了。早晨的洗漱要到河边的草地上，水放进嘴里，牙根能够被那种冰凉麻醉。每次都是迅速的完成洗漱。后来抹润肤油的工序也省了，确切说是忘了。

我们的帐篷

既然冷，就要不断补充能量，工地上一天要吃五顿饭。在我们到达的当天，曼教授交给我们一张中俄文对照的作息时刻表。早晨7点，值班的学生敲着盆，绕着营地用俄语大声喊大家起床。每当这时，我就很恍惚：我在哪里？

营地旁的叶尼塞河

7点30分是第一次早餐，早餐会有热茶和麦片等。厨房在工地上是各种活动的中心所在，就餐、取暖、聊天、会议都在这里。这个敞篷式建筑里，长凳、餐桌、储物架都是手工制作，粗糙却实用，是实打实的实木家具。一个铁架子上放置各种纯黑色的锅、壶等，铁架子下可以用木材堆火做饭。我第一次看到这些时，暗想工地的条件太差了。但这个念头只闪现了一次，后来再没有出现。之后我想了想原因，大概是当我们完全置身这里时，要过一种近似隔绝的野外生活，我们需要克服寒冷，保证食物，以生存下去。眼前的这一切就能够保证你的日常生活，能够解决你的生存问题，这时，这一切就会成为一种自然合理的存在，成为我们生活的一部分。后来在权老师的《俄罗斯考古人物小传系列之曼德雷卡》一文中读到，曼德雷卡认为我们要像古人一样，融入到这里的环境和生活，才能够理解他们的思维方式和生业模式。我立刻产生了强

厨房用具

烈的共鸣。这样的工地生活是不是或多或少的有点接近古人的生活方式了。

早餐后，8点正式开始工作。大家要一起到探方进行发掘。11点时第二早餐，每人两片面包，可以涂抹蛋黄酱、果酱和鱼肉罐头，搭配红茶。我给工地带了大块的普洱砖茶，给学生们熬制时，取下小块的茶是个问题。我从厨房找到了钉子和木工锤，将钉子架在茶砖上，用斧子敲击钉子来取茶。下工的俄罗斯学生围在我周围，询问这是什么东西，看我如何做。后来有人告诉我，他们也在学我用同样的方法在剩下的茶砖上取茶。文化的交流在一件小事上实现了。

厨房里的会议

下午2点开始午饭，主食是米或通心粉，米的种类和我们常吃的米不太一样，主食上浇上一勺用鸡肉、土豆、葱头等熬制的汤。如果没吃饱，有面包。这种发酵后风干的面包，有嚼头且易消化，是餐桌常备品。饮用水要从附近的村庄里取，曼德雷卡每天会开车载回两大桶水，基本够工地一天的量。至于洗漱、洗澡都是来自营地边的叶尼塞河河水。午餐后可以休息到下午5点钟。这段时间里大家可以自由活动。在厨房下面的河边，临时搭建有简易桑拿房，里面有火炉，点燃木材将水烧热，热水用来冲洗，也可以浇在石头上产生热气。这是最受欢迎的，因为能够解乏、取暖、健身。有人会在桑拿时，冲出桑拿房跳入叶尼塞河里，然后再回去蒸。每当听说有人游泳时，我都会下意识咬紧牙根。但在又冷又湿的艰苦的考古工地上，这绝对是一种极大的享受。

夕阳下的叶尼塞河

下午5点后再工作两个小时，晚上7点晚餐。所说的第五餐就是所谓的夜宵了，可以泡方便面吃，也可以吃面包。这里地处北纬60° 左右，白昼长，日落晚，在晚上11点左右，太阳才会慢慢落下去。晚上11点之后，厨房这块宝地就要清场了，是为不影响休息早的人。不愿休息的人可以继续朝北走，在河边的一块平地上点篝火。

夕阳落下的速度很慢，天边一直微微泛着金色。篝火渐渐旺起来，伴随木材噼里啪啦的响声，升起像萤火虫一样飘舞的火星，叶尼塞河河面上是落日余晖洒下的大片金色。大家围坐火堆四周，有学生手抚吉他，拨动琴弦，唱着一首旋律很美，似乎很忧愁，又似乎在诉说什么的俄罗斯歌曲。火光照亮每个人的脸庞，有的在沉思，有的在吟唱。我第一次看到这样美丽的场景，似一幅油画，动人心弦，难以形容我当时的激动。接下来的几天，我也有了更多的体会，关于篝火、吉他及师生情谊。曼德雷卡从教多年，带出很多的学生。逢周末或假日，会有当年参加过发掘的学生带着老婆孩子，在工地的附近搭起帐篷，帮工地干干活，晚上点燃篝火和曼德雷卡聊聊天，唱唱歌。有的甚至把自己的孩子在暑假期间送到工地来生活。我们被邀请参加了一次这样的聚会，一群中年人，带着和我儿子年纪相仿的孩子来到野外，搭好帐篷，架起锅灶，围坐篝火旁，一盆羊肉拌米饭、一瓷缸朗姆酒或伏特加、一盆沙拉，传递在人群中。吉他和歌声是聚会的主要旋律。曼德雷卡弹唱极好，会自己谱曲，多是描写考古人的生活和感情的，有种娓娓道来的味道。歌声中，谈笑里，看着这些中年人，我想，他们是来找回当年的回忆，重温考古生活的温暖，还是不舍这种情谊？或许都有。

篝火与弹唱几乎每晚都有，对于这些常年从事野外工作的考古工作者来说，此时是他们最大的放松，也是最回归生活本质的时候。

岩画的考察被安排在一个阳光充沛的、温暖的上午。提前一天，王老师、曼德雷卡、权老师、我和奥利亚等乘船到岩画点踩点，因为河水有可能会淹没刻有图像的石头。遗址点距离工地8公里左右，在一个河心的小岛上。所有人首先要沿着叶尼塞河河岸徒步8公里，到达遗址点附近的一个河口处，由曼德雷卡驾驶他用越野车拉到工地的私人船艇，每次运送5个学生到岛上。出发前，曼德雷卡又重复了一遍森林法则：先保证自己的安全，再帮助别人；遇到不熟悉或不属于自己的事物时，不要触碰。并要注意: 第一，集体行进，如果有离队方便的，要全部原地等候，不能掉队，因为可能有熊或想

学生们在弹唱

曼德雷卡和昔日的学生在篝火旁弹唱

篝火旁仰望星空的小男孩

考察岩画途中

不到的危险。第二，凡是衣服缝隙处要封住，进入草地和丛林要喷药，每隔15分钟停下互相检查是否有蜱虫。这种虫子会钻入肉里，引起脑膜炎。一路上，大家互相照顾，遇到树枝等，男生会用身体挡住保证通行畅通。路上休息两次，没走多久就到了等候船艇的岸边。学生们都很开心，这样的活动对他们来说可能也是难得，阳光和煦，一个在北极服过兵役的学生跳到水里开始游泳。

人物岩画

我们分了8组，分拨去岛上参观岩画，每拨人看10分钟后返回。岛上岩画的数量不多，有4个萨满人物形象，还有鹿等动物形象，技法为凿刻，刻痕较浅，图像不是很清晰。据曼德雷卡说，附近有古代居民遗址。而我们营地所在的发掘地点是一处多文化层位遗址，从中石器时代、新石器时代，到青铜时代、早期铁器时代再到中世纪，都发现有人类活动的遗存。岩画如果能与考古遗存结合起来研究，一定会有不少新的发现。

研讨会的地点设在我们的活动中心——厨房。中国的每位老师和学生都准备了各自的题目和PPT。题目包括《内蒙古伊和淖尔墓地的考古发现与研究》《中国岩画的类型与分布》《苏尼特车辆岩画的分类与分期研究》《中国手印岩画的研究

研讨会

综述》《拓跋鲜卑的迁徙》《中国墓葬发掘的基本范式》《中国的考古统计学》等。每个专题汇报结束，都会有俄方的老师或学生提出问题，很坦率、很真诚，汇报者作出解答。我们都有些紧张，但气氛还算轻松自由。最后，曼德雷卡教授介绍比斯古诺夫卡遗址的总体情况与目前的发掘概况。权乾坤老师全程做翻译，使得研讨会的交流畅通且深入。几个小时的研讨会下来，疲惫不堪的权博士一句话不想再说，直接到帐篷里休息了。

考察即将结束，工地的大部队也会和我们同时撤离。在离开的前一天，晚餐由我们中方负责。大家商量后，决定做一顿有中国特色的饺子宴。下午在附近的村子里买肉馅，然后，我按照家乡的做法提前拌好馅，王老师和好面，学生们切出胡萝卜丝。尽管提前做了准备，但时间还是很紧张，饺子皮只有少数几个人会擀，最后索性用手撕扯成面皮。于是，招呼俄罗斯的学生们一起动手，我们边教边做。很快，五十多人的饺子宴吃上了。有完整的饺子，有面皮，有饺子汤。王老师是擀饺子皮、煮饺子的主力军，煮熟后又像个大厨一样挥舞着勺子给排好队的学生们分饺子。开始担心饺子不够，对每个人的数量有所规定。后来发现，我们居然不知不觉中包好了足够量的饺子。于是告诉大家吃完可以重复取。有的学生排队三次，各个吃得心满意足。后来有个学生当面感谢我，说这是他吃过的最美味的食物。在王老师专注于饺子的同时，我用提前买好的重庆火锅锅底煮了一锅麻辣牛肉，这着实把俄罗斯的朋友们辣坏了。奥利亚很痛苦地问权老师，你们在中国都吃这么辣的菜吗？她说这比伏特加的度数还要高。最后，辣牛肉几乎剩下半锅。我想这顿饺子宴制作的全过程，以及劲爆的麻辣牛肉，都会给工地上的每个人留下难忘的记忆。

考察活动结束了。静静的叶尼塞河，熊熊的篝火，吉他伴奏下的俄罗斯歌曲，喝着朗姆酒的中年人，活蹦乱跳的孩童们，友善互助、吃苦耐劳的学生们，负责认真、细致周到的老师们，还有那位有爱、有心、有学识的大家长——曼教授，所有的一切汇聚成一幅幅美好的画面。其中，不只有学术上

包饺子

饺子熟了

的交流，还有对生活、对美好事物的感受与感动，以及对人生的思考。对于我，它们全部宝贵至极。

撤离营地前的大合影

视野

Overseas

THE 2014 MICROEROSION DATING PROJECT IN CHINA

Tang Huisheng, Giriraj Kumar, Liu Wuyi, Xiao Bo, Yang Huiling, Zhang Jiaxin, Lu Xiao Hong, Yue Jianhua, Li Yingnian, Gao Wei and Robert G. Bednarik

Abstract: A survey conducted in June and July 2014 in three regions of China, Henan,Ningxia and Jiangsu Provinces, has profitably utilised the country's wealth of rock surfaces suitable for microerosion calibration, especially soundly dated rock inscriptions. A large team has managed to secure several calibration curves and twenty–seven age estimates from petroglyphs of these regions. While these results offer no more than a preliminary glimpse of the time depth of Chinese rock art, they do provide a first opportunity to test previous archaeological age estimates for some of the best–known Chinese petroglyph complexes, such as those of Helanshan and Jiangjunya. The findings are briefly presented and some of their implications are offered for consideration.

1. Introduction

The credible age estimation of rock art, often called 'rock art dating' , remains a ferociously complex subject and has spawned scores of misinterpreted results,mostly because the scientific qualifications attached to them tend to be disregarded （Bednarik 1996，2002;Watchman 1999）. Typically，scientists provide empirical information relating to the age of the rock art in question，using a variety of methods，and archaeologists then over-interpret these data in their desire to secure 'absolute ages'. Here we present a project begun in China that attempts a comprehensive and systematic approach of securing testable data from petroglyphs from several regions in that large country，and avoids the opportunistic sampling strategies often guiding projects of this kind.

The principal advantages of microerosion analysis as a method of age estimation of petroglyphs are that it is relatively inexpensive and simple; that in contrast to all other known 'direct' rock art dating methods it refers to criteria that are functions of actual age of the petroglyphs in question （all other methods so far applied refer to entities that，while directly related to the rock art，are either older or younger than it，usually without indication of the probable margin of difference）; that in contrast to most other methods it is entirely noninvasive and involves no contact at all with the rock art; and that the process it is based on is entirely irreversible. Concerning the latter factor it is noted that in other rock art dating methods applied so far，the possibility of reversibility in the variable being determined cannot be excluded with certainty. The analysis of microerosion is in most cases concerned with the process of micro-wane formation as a freshly broken edge of a mineral crystal gradually becomes rounded with time，as material is dissolved at the surface of a crystal that was fractured at the moment of petroglyph production. The rounding process follows specific geometric laws that determine how certain dimensions are linear functions of time（Bednarik 1992，1993）.

The practical application of the method is constrained by a significant number of limiting factors. Although it has been used in all continents except Antarctica, the method of measuring micro-wanes has been applied only to two minerals so far, feldspar and especially quartz. Obviously，its application is limited to petroglyphs on which crystals or grains fractured by percussion have remained intact，which excludes all relatively rapidly eroding rock types （such as most sedimentary facies）from consideration，as well as rocks lacking quartz or feldspar. Even if these conditions can be met，the edges whose micro-wanes are measured must be fractured at close to 90° to be amenable to meaningful measurement. Moreover，the method can only be applied to rock surfaces that have been fully exposed to precipitation for as long as they existed. These factors limit the applicability of micro-wane analysis quite severely: in practical terms much less than 1% of the world's petroglyph population could possibly present suitable conditions. Finally, the solution process whose results are measured is variable according to environmental conditions, especially the availability of solvent (usually meteoric water, i.e. derived from precipitation).Therefore for each region, calibration curves need to be established for the minerals the method is applied to, by ascertaining the degree of microerosion from rock surfaces of known antiquity. For this purpose a variety of suitable calibration surfaces have been used, including those of gravestones, Roman bridges and inscriptions, monuments or stone structures, even final Pleistocene glacial striae. The most precise calibration references are provided by dated inscriptions, a factor that immediately illustrates the importance of a focus on China. That country features numerous rock inscriptions of ages known precisely to the day, and in addition many more approximately dateable surfaces on natural rock. Written records date back further than in most other countries, and China also has large numbers of petroglyphs on supports likely to be susceptible to successful microerosion analysis. This would include especially granitic and gneissic rocks, and quartzcontaining facies such as schists, phyllites, coarse–grain sandstones, conglomerates and breccias.

The work of one of us (TH), which includes the first direct dating results from China, has established the great potential of microerosion analysis of Chinese petroglyphs (2012; Tang and Gao 2004; Tang and Mei 2008). In 1997 and 1998 he applied the method in embryonic form (employing wire gauges for measurement estimates), using a stone lion sculpture and inscriptions of known ages as reference points (Tang and Gao 2004). He secured age estimates for three petroglyphs, one each for Lushan, Lumanggou and Yeniugou sites in Qinghai Province, ranging from E2000 to E3200 years bp. Subsequently he obtained age estimates from three cupules at Jiangjunya site at Lianyungang City, Jiangsu Province, ranging from 4300 to c. 11 000 years bp, using calibration from a Buddhist inscription at nearby Kongwang Hill dating from April 61 CE (Tang 2008). Tang's studies have provided the impetus for a systematic program of securing a series of calibration curves and applying microerosion analysis more widely across China, and of taking advantage of the many opportunities to obtain calibration values. The recent discovery of a large corpus of cupule sites in Henan Province (Tang 2012) added a significant incentive to embark on such a major study program with the aim of securing broadly based rock art age estimates. In 2013, plans for this project began to be made, and the first field campaign took place in June and July 2014. It involved the collaboration of almost thirty people and focused on three regions: Henan Province in central China, the semi–arid Ningxia Province in centralnorthern China; and the coastal Jiangsu Province in the east. The strategy was to acquire calibration data from these regions, with their different climates; to design a standard protocol for processing the results of this work (Tang et al. 2014); and to subject numerous suitable petroglyphs to microerosion analysis.

Cupules represent the most common form of petroglyphs in the world (Bednarik 2008). They are found in all continents except Antarctica, often in groups of large numbers. They are mostly circular features that have been found pounded into horizontal, somewhat inclined, or vertical rock surfaces and they have the shape of a spherical cap or dome. In size they tend to range from 2 cm to about 10 cm diameter, but larger specimens do occur. They can resemble several other phenomena, and small potholes especially have often been misidentified as cupules. Their purpose is essentially unknown, despite a few ethnographic glimpses of their significance (Bednarik 2010). But one of their most astonishing characteristics is that cupules have been produced by numerous human societies for hundreds of millennia, up to cultures of the 20th century. They are in fact the oldest surviving rock art known, with examples in southern Africa thought to be about 410 000 years old (Beaumont and Bednarik 2015) and others in central India suspected of being even older than that (Bednarik et al. 2005).

2. The sites

2.1 Henan Province

Mt Juci is a steep and rocky mountain southwest of Xinzheng, in the central region of Henan Province (Fig. 1), its distinctive southern cliffs rising several hundred metres above the surrounding hilly landscape. The mountain is protected as a conservation park. Its schistose rocks contain extensive veins of crystalline quartz that offer opportunities for microerosion analysis where affected by anthropogenic impact.

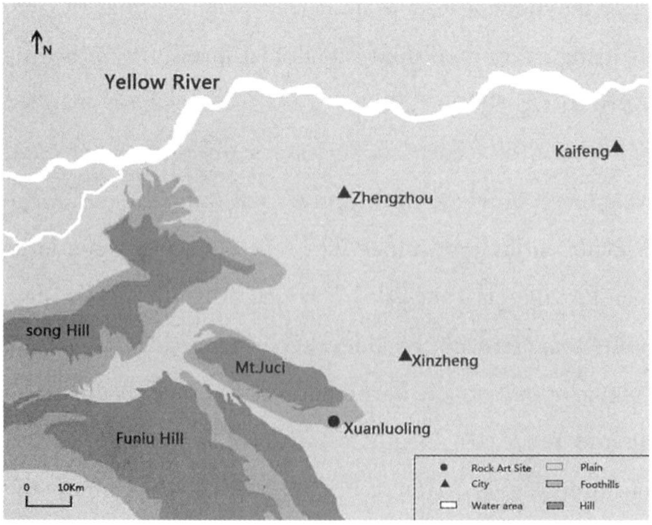

Figure 1. The setting of Mt Juci near Xinzheng, Henan Province.

Two clusters of petroglyph sites, both dominated by cupules, were examined: one at high elevations along mountain ridges beyond the main peak, the other comprising a group of sites found in the lower parts of the main cliff defining Mt Juci, and on the slopes below. There are also a few rock inscriptions, two of which were investigated. One of them, the First Gate Site, yielded a poor calibration curve.

Guanyinshan is a granite hill with major rock exposures southeast of Fangcheng (Fig. 2). In one steep panel is a large Buddhist petroglyph on the near-vertical rock, which is not readily accessible. Above it on a flat, vertical rock occurs an engraved inscription in a rectangular frame, 68 cm wide and 108 cm high. It provided calibration curves for both quartz and feldspar. At the upper left the date of execution is defined as being 8 April 1578 CE.

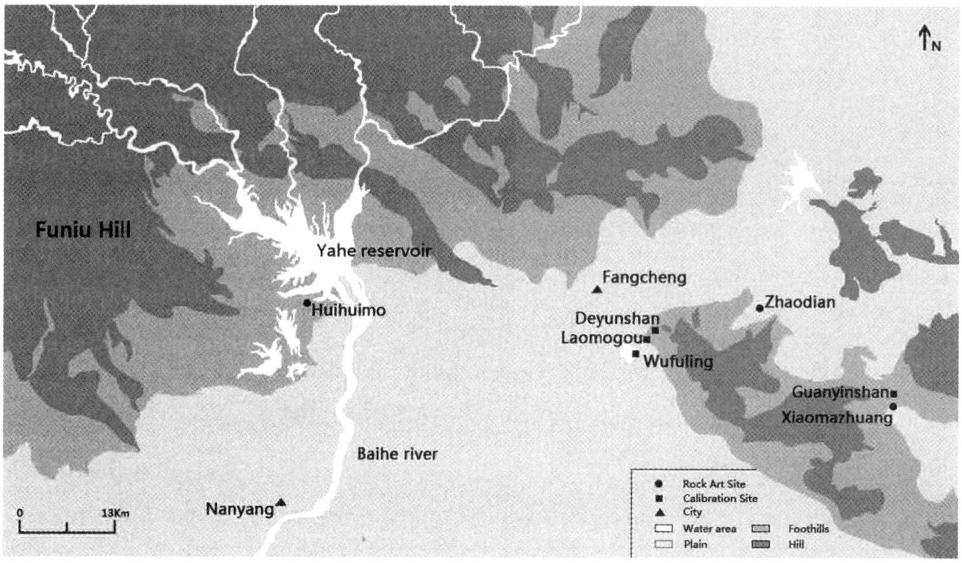

Figure 2. The study area in central Henan Province.

Cupule sites occurring on a group of granite 'whalebacks' at the Xiaomazhuang site complex, next to a small village and near the river Xiang He, were subjected to close examination and provided reliable data from several cupules. These sites are approximately 42 km from Fangcheng and offered ideal conditions for analysis due to their granitic geology.

About 20 km from the city of Yahe, in the Nanyang Yahe District of Henan Province, occurs the Huihuimo Site. There are numerous cupules on gently sloping granite rock exposures above a reservoir lake, again providing excellent data from several of the cupules. In one case this included the measurement of a feldspar micro-wane.

Next, the two inscriptions at Deyunshan, Fangcheng County, were analysed.

They are located near the top of a hill crowned by an ancient Buddhist monastery, side by side on the near-vertical, flat fracture of a large granite block, 1.6 m high and 1.4 m wide. The left inscription commemorates the visit of a high official on 1 April 1001 CE, the right dates from 10 February 1004 CE. A calibration curve was obtained from the uppermost character in the second row from the left of the left-hand text.

Wufuling is a hill about 9 km from Fangcheng, topped by an unusual lithology. Its outcrops of pinkish-brown quartzite containing wellmetamorphosed silica breccias with angular white quartz clasts and patches of haematite include a small rock tower, on which occur three cupules. Five more are found on an adjacent outcrop and two more nearby. These are of very ancient appearance, but a thorough search failed to locate any fracture edges of an age commensurate with the old appearance of all the cupules. Nevertheless, a relatively recent age estimation was secured from one of the cupules, but perhaps it refers to a retouch event.

The Zhaodian valley in Fangcheng County features extensive granite hills and rock outcrops. A group of dissected rocks amidst a rural community features seven cupules on one of the rocks. Approximately 800 m up the mountain slope, at Shipenggou, is a prominent group of small granite tors that features several sets of cupules. Central to the group is a 'phallic' bedrock outcrop, bearing an unusually large cupule centrally on its top. There are extensive percussion marks on its sides, suggesting that the shape was deliberately emphasised. The highest point of the group features a second granite column and its top bears two smaller cupules. Thus the entire complex is suggestive of some form of ritualistic activities. The site features three main groups of cupules, which include random groups as well as sets of double rows of six cupules, the latter being common in the region. The highest panel, just below the upper column, includes such a double row comprising a dozen cupules, one of which yielded excellent microerosion data.

In the high part of a mountain range near Fangcheng, in the Laomogou valley, occurs a rock inscription on a flat panel inclined at 22° from vertical. It was created in 1510 CE, and the character stating the actual number of the date features a prismatically fractured quartz crystal displaying several edges. The micro-wane of one of these was successfully measured, providing a fourth calibration curve for Henan Province.

The last cluster of petroglyph sites investigated in Henan during the 2014 campaign was Xuanluoling, which is about 30 km southwest of Xinzheng (Fig. 2). A chain of hills overlooks a rural landscape with many gravel pits. It features old stonewall-supported agricultural terraces almost up to the ridge crests. The hills' phyllite contains occasional small quartz veins, and there are several groups of cupules on the larger rocks along the ridge. They comprise up to a few dozen cupules, of which three were found to feature quartz veins. However, visible fracture edges were scarce. One of them offered five micro-wanes, semi-parallel but slightly convergent, one of which yielded credible microerosion data.

2.2 Ningxia Province

Ningxia Province is a semi-arid region (Fig. 3), dominated by the Helanshan ranges which rise to 3626 m a.s.l. At their foot, 32 km north of Yinchuan and overlooking the Yinchuan graben, is one of China's best known rock art sites, occupying the mouth of a canyon. The Helanshan Rock Art Park is a very well developed public site, attracting approximately 200 000 visitors per year. The Park features substantial and extensive board walks and CCTV security cameras along the visitors' route, much of which is defined by steel barriers. There is an impressive museum building nearby, and electric trolleys are used to transport people to the entrance of the tourist circuit. Among the thousands of petroglyphs, the so-called masks are perhaps the most prominent. The metamorphosed Permian (Ritts et al. 2006) fluvial sandstones and conglomerates of the site contain numerous quartz pebbles and coarse sand-fraction grains, sometimes impacted on by the production of petroglyphs. A total of five microerosion determinations were obtained from four petroglyph motifs. The first derives from a single quartz nodule in the groove of a partially exfoliated large 'mask' motif about 12 m above the boardwalk, above the

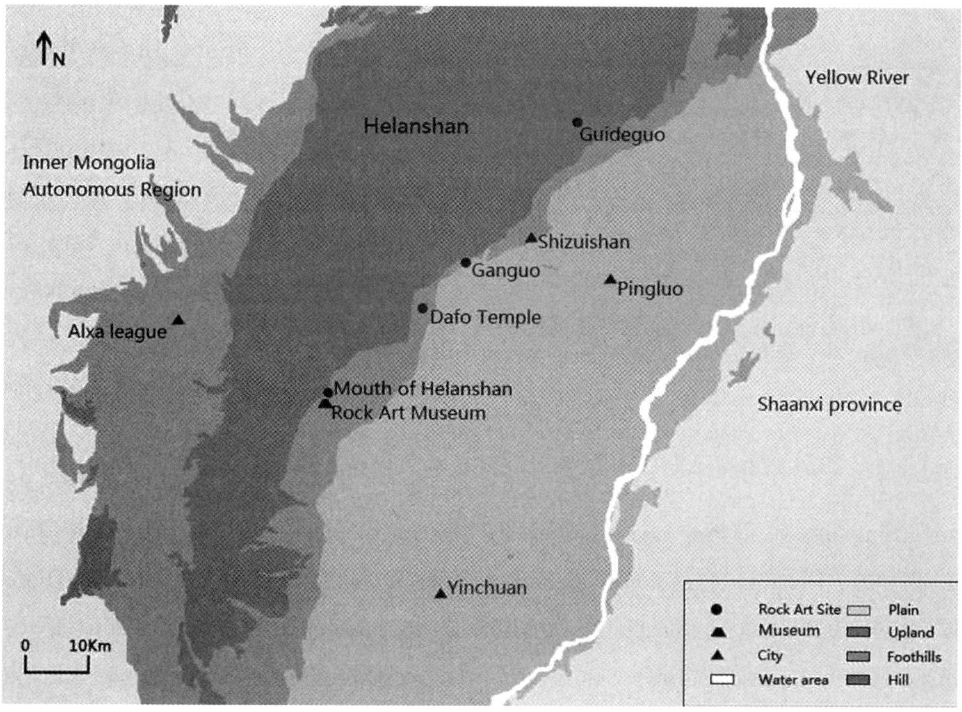

Figure 3. The study area in Ningxia Province.

first major petroglyph concentration along the tourist route. Two motifs were sampled about 200 m further into the valley, about 5 m above the boardwalk and to its right, where a major concentration of quartz nodules was noted in the rock. Just outside the mouth of the canyon, alongside the cobble bed of the alluvial fan and roughly below the entrance to the tourist route, is a large block. It is c. 4 m long and bears on its sloping upper surface several petroglyphs. In the central part of the decorated surface one motif has a white quartz pebble among its conglomerate schlieren that has been modified by impact. Ten more quartz inclusions in petroglyphs were observed in the Helanshan Rock Art Park but failed to yield measurable micro-wanes, and two rock inscriptions examined lacked quartz grains.

Further fieldwork was conducted in a number of valleys in the vicinity of Shizuishan, north of Yinchuan. A calibration determination was effected at an inscription in Gangou valley, where the establishment of a communication beacon along the Great Wall had been commemorated in 1548 CE. The inscription occurs on a steep cliff about 10 m from the floor, some 5 km from the entrance of the very arid valley (Fig. 4). As all other rock inscriptions examined in the course of this project, it is enclosed by a rectangular surround, the left vertical groove of which runs over a rounded quartz pebble in the schistose rock. Most of this stone has been affected by impact and it bears several good micro-wanes. Unfortunately the steepness of the site and the lack of standing support renders microscopy extremely difficult, but one wane was measured.

Figure 4. Part of the Gangou inscription of 1548 CE; poor calibration was obtained from the quartz pebble visible to the right of the IFRAO Scale.

The Dafo Temple at Dashui valley, in Ping Luo County, is a Buddhist monastery in a remote valley just north of the remains of a section of the Great Wall, made here of loess bricks. There is a huge Buddha statue next to the traditional-style monastery. Below it, just above the river, a panel of petroglyphs occurs on a small phyllite cliff. These were made with rather pointed metal tools (probably steel) as shown by the characteristically narrow pits. The lack of quartz inclusions prevented the use of microerosion analysis. The floor shelf may have been more extensive to the left, where the petroglyphs are now out of reach. A large scar in the lower part of the flat panel seems to be fire caused and truncates petroglyphs. It shows reddening and is maximal 10–15 mm deep in the central part, with distinctive thinning towards the margins of the exfoliated flake.

Another valley examined in the vicinity of Shizuishan is Guidegou, 17 km long and its entrance is 15 km from Shizuishan. There is an isolated farm c. 8 km from the mouth of the valley. The area features many spectacular examples of folded geological strata in its massive metamorphic facies, contorted in every possible way. Four sites were investigated in this remarkable valley system, but due to the absence of quartz inclusions none of them has provided microerosion data. The four sites were Sankeshu, Zhuanwankou, Sanchashan and Lvkuangmen.

Sankeshu, on the northern side of the main valley, features a jaggedly fractured sandstone layer about 40 m above the valley's floor. It bears numerous deeply patinated petroglyphs on small panels located mostly along this seam, and there are also a few graffiti–like recent engravings that look quite fresh. The older motifs at Sankeshu were made with pointed metal implements as well as stone tools, as indicated by the variability of the pit shapes and profiles and their lack of steepness. The metal–caused pits are close to circular and characteristically deep; the stonetool–produced marks were made with great precision, suggesting traditional competence in manipulating such tools.

Zhuanwankou is a schistose, flat, steeply inclined panel of several segments, bearing a dense concentration of petroglyphs: at its bottom some zoomorphs, for the rest mostly 'faces', some of them quite elaborate. The level of manganese–dominated patination, quite uniform across the site, seems to be about 20% to 25% of the accretion evident in the older motifs at Sankeshu, which is the earliest of these four sites of Guide Valley. Sanchashan is a vertical cliff of slightly metamorphosed sandstone in a side valley, immediately above the dry creek bed, featuring a small number of petroglyphs, including face–like motifs and zoomorphs. The rock art seems to be more recent than that of Zhuanwankou. Lvkuangmen consists of a slate ridge in the main valley on which a flat panel occurs, inclined at 45° and about 15 m long, elevated about 20 m above the valley floor. he light–coloured panel bears inscriptions, slogans and imagery, including some indistinct zoomorphs. One of the inscriptions is dated 1944, and it appears that the rest of the panel also is of the 20th century. Erosion of the motifs is minimal, perhaps 10% of the adjacent, probably also relatively recent exfoliation surface.

2.3 Jiangsu Province

Located on the mid-latitude eastern seaboard of China, Jiangsu Province is another repository of many granitic formations that are particularly amenable to microerosion analysis （Fig. 5）. Probably the best known petroglyph site in Jiangsu is Jiangjunya, the General's Cliff. Located at Lianyungang City, close to residential suburbs, this is a major rock art site on a gneissic exposure at the foot of rocky hills overlooking a coastal plain that apparently was covered by sea in Historic times. The feldspar-dominated rock of Jinping Hill contains numerous inclusions of crystalline quartz, including long and substantial veins, which in various cases cross petroglyphs. This is a major rock art site comprising hundreds of cupules and numerous iconic and aniconic motifs which appear to be of a range of greatly different ages. The site is elevated 20 or 30 m above the plain and consists essentially of a gently sloping pavement, around 40 m wide and 20 m long. It features in its upper part a group of much eroded large rocks that seem to have been positioned to form a dolmen, although this is not certain. Jiangjunya is a public site with extensive boardwalk and signage, and it is supervised by a residential caretaker.

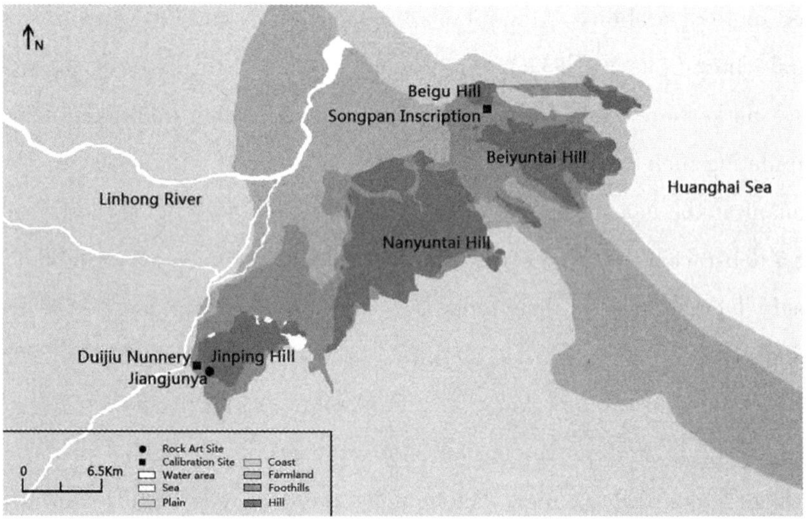

Figure 5. The study area in Jiangsu Province.

Besides this major rock art site, several other locations were also examined in the vicinity of Lianyungang. Just 250 m north of Jiangjunya, on the hillside above a valley with heavy vegetation, is the site of the former Duijiu Nunnery at deliberately positioned blocks forming a dolmen （Fig. 6）. Next to it occurs a large cupule made right over major quartz inclusions that yielded good microerosion data. A further 17 m up the valley is a short rock inscription with two well-made animal sculptures.

Figure 6. The Jiangjunya site, Jiangsu Province, in the central background, as seen from the dolmen at the former Duijiu Nunnery site.

Because there is no certainty that these features are of identical ages it was decided to analyse a very short micro-wane (390 μm long) in the specific character of the inscription that defines its age, 1051 CE, the 2nd or 3rd year of the Song Dynasty. Other cupule sites in the area were also visited, but no attempt was made to conduct analytical work there. However, about 35 km from Jiangjunya is the Song Pan inscription, at the site of the former Bei Gu Hill monastery. It is on the side of a rock supporting a precariously balanced massive rounded boulder and occurs at 57 m elevation a.a.s.l. As determined from its content, the inscription dates from the 14th year of the Dading Period, Jin Dynasty, i.e. from 1174 CE. A few isolated cupules within a few metres of the inscription were checked too, but the silica in them was not adequately crystalline. The rock is gneissic, silica occurs either as crystalline quartz or as a lumpy product of metamorphism. The site is located on a rocky hillside immediately adjacent to major residential areas today.

3. The empirical field data

3.1 Henan Province

Four rock inscriptions in Henan Province have provided calibration data of varying quality for microerosion analysis. The First Gate Site in the southern cliff of Mt Juci features an inscription dating from the 1st of Wanli, 12th year of Ming Dynasty, which is the 4 March 1584 CE. The upper line of the rectangular surround features a very angular quartz vein, with several fracture edges at c. 90° . One of them yielded these micro–wane widths: 2, 2, 3, 2, 3 = 12/5 = 2.4 μm. The result is, however, considered unreliable due to extensive mineral accretions. Similarly, the prominent inscription at Dragon Mother Spring, in an eastern valley, is protected under a rock shelf, and therefore cannot provide useful microerosion results. This is despite the highly suitable quartz fracture edges found in three locations of the inscription and its rectangular surround.

The Guanyinshan rock inscription of 1578 CE includes a 55–mm–long horizontal line, in which a short quartz fracture yields these micro–wane widths: 3, 3, 4, 3, 4, 3 = 20/6 = 3.33 μm. Just a little to the right of it is an excellent micro–wane of feldspar, occurring along the lower edge of the groove in a pentagon–shaped feldspar body. The ridge runs down vertically and provided these values: 25, 23, 28, 28, 25, 30, 23 = 182/7 = 26.0 μm.

Figure 7. Part of the Deyunshan inscription, showing the character used for analysis. The calibration micro–wane is located just above the middle of the upper edge of the IFRAO Scale.

The Deyunshan inscription of 1001 CE yielded from the first character in the second row from the left, from its right–hand lower right groove (Fig. 7), the following microwane widths from quartz: 7, 6, 7, 6, 7, 7 = 40/6 = 6.66 μm. The micro–wane is orientated vertically and is 47 μm long (Fig. 8). It is difficult to find any micro–wanes in both these inscriptions as the quartz is extensively crushed and fracture edges are generally very short.

Finally, the 1510 inscription high in Lao Mo valley provided a reasonably secure set of micro–wane measurements from the very character stating the actual number of the date. It features a prismatically fractured quartz crystal with several short edges, the longest being 125 μm long. It yields just three micro–wane widths: 3, 3, 3 = 9/3 = 3.0 μm.

The lower slopes of Mt. Juci below the main cliff feature several sites of cupules on horizontal surfaces. One of these furnished a long fracture edge of ~90°, c. 1.4 mm long, with these wane widths: 25, 20, 22, 18, 20, 20, 20, 22 = 167/8 = 20.9 μm.

Xiaomazhuang Site 1, the biggest of a series of granite 'whalebacks', features four deep cupules on a sloping surface. The largest of them yielded the following wane widths from a 280–μm–long micro–wane on quartz: 8, 8, 9, 8, 10, 8, 7, 8, 8 = 74/9 = 8.2 μm. Next to it, on its right, a second cupule produced from feldspar:

90, 95, 90 = 275/3 = 91.7 μm. A third cupule just above the previous contains a relatively long micro-wane on feldspar, 490 μm long, yields: 85, 80, 85, 90, 90, 85, 90 = 605/7 = 86.4 μm. The same third cupule, below its upper rim, has several angularly broken quartz crystals. On one 280-μm-long quartz micro-wane, the following excellent values are determined: 10, 12, 11, 11, 10, 11, 9 = 74/7 = 10.6 μm. The cupule contains also some very recent damage, though not extensive. The fourth of this distinctive group of cupules, contains a block of quartz extensively broken up with several measurable edges that measure generally about 2 μm. It has clearly been extensively modified relatively recently.

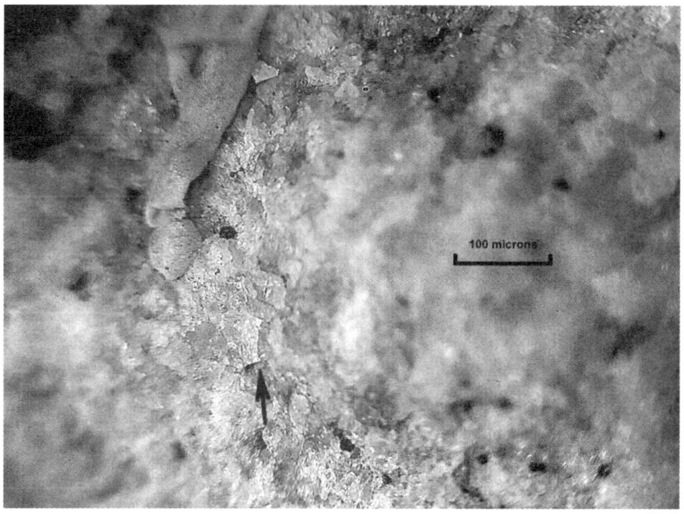

Figure 8. The vertical micro-wane measured in the Deyunshan inscription, Henan Province. The wane is 47 microns long and vertical, on a fracture of just under 90° that was made on 1 April 1001 CE, and it has yielded six wane-width measurements.

Xiaomazhuang Site 2, 250 m SSE of Site 1, features numerous cupules, including a group of geometrically arranged smaller specimens, the deeper ones being 13-15 mm deep. One cupule features a 390-μm-long micro-wane on feldspar with these wane widths: 180, 175, 170, 170, 170, 175, 165, 170, 170, 160, 155 = 1860/11 =169.1 μm. Two other cupules in the same set show recent damage, which in one provides micro-wane widths of 2~3 μm.

At the Huihuimo Site, the cupule closest to the lake provides good data from a distinctive quartz mass with a pronounced conchoidal fracture. The impact has created a long convex fracture across the middle of the quartz. The right-angle micro-wane is 670 μm long and yields: 15, 20, 14, 16, 14, 14, 15, 14, 12 = 134/9 = 14.9 μm. A nearby medium-size cupule with a short 'flow-out' groove has fractured horizontal surfaces close to its floor that offer good 90° fractures on both quartz and feldspar. A large quartz grain measuring 800 - 900 μm comprises a concave fracture with a long edge, providing: 18, 20, 20, 20, 18, 16, 20, 20, 20, 22, 20 = 214/11 = 19.5 μm. In its immediate vicinity occurs a large eroded feldspar edge with coarse micro-wane on the floor of the cupule that yields: 189, 195, 185, 180 = 749/4 = 187.2 μm. Then there is a set of geometrically arranged cupules and interconnecting grooves forming a rectangular grid of four by six cupules, one of which yields particularly reliable microwane measurements from quartz: 20, 20, 20, 18, 18, 18, 16, 18, 18, 20, 22, 22, 20, 18, 18, 20 = 306/16 = 19.1 μm. This is from a microwane length of only 380 μm, which is barely more than

Figure 9. The possibly ritualistic site Shipenggou, seen from its highest point; the presumed phallic rock, c. 1.5 m high, is visible on the left.

Figure 10. Partly exfoliated mask-like petroglyph, Helanshan. The microerosion measurements derive from the white quartz pebble visible below the blue chip of the IFRAO Scale.

Figure 11. Part of a complex petroglyph design just outside the mouth of the Helanshan valley. The extensively fractured quartz pebble above the scale provided the microerosion data.

about a third of the 1-mm-long wane. Below the edge and parallel to it runs a distinctive step-flaked flaking scar that resembles horsehoof core-type flaking, and the quality of the micro-wane is superb.

The cupules on the top of the hill Wufuling were thoroughly searched and only one suitable wane was detected. Its quartz yielded these values: 5, 5, 6, 6, 8, 6 = 36/6 = 6.0 μm.

At the cupule site in Zhaodian valley, the NNE-most cupule contains c. 8 mm from its western rim a very corroded micro-wane on a 90° quartz edge, yielding the following wane widths: 28, 26, 30, 30, 30, 32, 30, 32, 30 = 268/9 = 29.8 μm. The age is broadly confirmed by another, larger cupule 15 cm to its south. At the nearby Shipenggou site (Fig. 9), the double row of a dozen cupules at the highest point includes one such feature that comprises an excellent ~90° quartz fracture of 760 μm length. Its micro-wane possesses these widths: 15, 16, 18, 18, 15, 16, 18, 18, 20, 20, 20, 18, 17, 18, 17, 17, 18, 18, 16 = 333/19 = 17.5 μm.

One of the many cupules at the Xuanluoling site complex offered a set of semiparallel micro-wanes, one of which provided good conditions of measurement. It yielded the following widths: 13, 13, 13, 12, 12, 12, 10 = 85/7 = 12.1 μm.

3.2 Ningxia Province

The Helanshan Rock Art Park has provided several microerosion determinations, but so far lacks a calibration curve. The attempted calibration analysis of the 1548 CE inscription in Gangou valley is geographically certainly close enough to be relevant, but its microwane widths are quite small and difficult to measure, being in the order of 2 μm wide and providing only coarse resolution.

The first petroglyph sampled successfully in the Helanshan Rock Art Park, a large 'mask' motif, comprises a large quartz nodule in the middle of the petroglyph (Fig. 10). It is 17 mm long and bears extensive battering due to two thirds of it being in a groove forming part of the image. On one short, 150-μm-long fracture edge, the following microwane widths were measured: 14, 14, 14, 12, 12 = 66/5 = 13.2 μm. Further into the canyon, to the right of the path, is a major concentration of quartz nodules in the rock, providing suitable fracture edges in two motifs. The first motif yielded: 12, 12, 11, 11, 11, 12, 11, 10, 10, 10 = 110/10 = 11 μm. In the second motif, two microwanes occur in alignment with each other, less than 1 mm apart. One micro-wane, 180 μm long, yields: 15, 15, 14, 14, 14, 13, 14, 16 = 115/8 = 14.2 μm. The second, 260 μm long, produces: 16, 16, 14, 14, 13, 13, 12, 13, 12 = 123/9 = 13.7 μm. Finally, the petroglyph sampled on a large block just outside the mouth of the valley (Fig. 11) provided a very short micro-wane, c. 100 μm long, yielding a series of wane widths: 14, 15, 16, 16, 16, 15, 16= 108/7 = 15.4 μm. All the values secured at Helanshan Park were taken from quartz.

3.3 Jiangsu Province

This project obtained two calibration curves from Jiangsu Province. The first is from the 1051 CE inscription located at the former nunnery site near Jiangjunya. A relatively short quartz micro-wane, 390 μm long, was analysed in the specific character of the inscription that defines its age. It yielded the following wane widths: 6, 6, 6, 5, 5 = 28/5 = 5.6 μm. The Song Pan inscription, at the site of the former Bei Gu monastery, is of 1174 CE, and presented the following microerosion values on quartz: 5, 5, 5, 6, 5, 5, 4 = 35/7 = 5.0 μm.

Analytical work at Jiangjunya, the General's Cliff, was commenced at the right-hand, southern section where the groove of a prominent rectangle has extensively damaged a distinctive quartz vein. However, there are only few fracture edges and they are very short, none of them more than 50 μm long. One of these provides the following micro-wane widths: 10, 10, 11, 12 = 43/4 =10.75 μm. The central pit of a sun-like motif 4.5 m higher up is of 40 mm diameter and in its very centre is a deeply fractured quartz crystal, providing many excellent fracture edges along a canyon-like feature. One 520-μm-long straight micro-wane provided these reliable wane-width measurements: 24, 22, 22 21, 22, 20, 20, 20, 21, 21, 20, 20 = 253/12 = 21.1 μm. There are also numerous small bodies of silica but they are of variable quality; best are clear crystalline zones lacking 'lumpy' texture.

Two of the cupules on the probable dolmen in the upper part of the site are also checked but were found to be too granular. Then attention turned to the right-hand part of the main petroglyph panel below to focus on quartz bodies in petroglyph grooves. In one location, white quartz provided: 14, 15, 14, 14, 14, 15, 16 = 102/7 = 14.6 μm. A greyish quartz in the same motif yielded: 3, 2, 2, 3, 3, 2, 2 = 17/7 = 2.4 μm, possibly suggesting more recent damage. The central deep groove dividing this panel (called 'meridian' by rock art interpreters) dissecting one of the 'face' motifs centrally has been extensively abraded, so the 'lumpy' quartz retains fracture edges from the abrasive process. One of these edges is 460 μm long and yields: 5, 6, 6, 6, 6, 7, 7 = 43/7 = 6.1 μm. In the upper part of the main panel occurs a prominent diagonal groove, from upper right to lower left, that does not seem to have been modified recently, providing: 18, 16, 18, 18 = 70/4 = 17.5 μm. This is not a very good micro-wane, but it is probably reliable because there is no evidence of recent damage.

In the northern part of the site's pavement occurs one very large cupule literally across a thick quartz vein of about 3 cm width running roughly east-west. The unusually large cupule measures 21 cm north-south and 19 cm east-west and it is 59.6 mm deep. Its eastern part comprises an excellent straight impact fracture on crystalline quartz, broken at 90°, near the bottom of the cupule. It yields the following secure microwane widths: 36, 38, 38, 36, 34, 36, 34, 32 = 284/8 = 35.5 μm. There would be ample opportunities for further wane studies but the extensively impacted quartz in the eastern zone of the cupule's floor is coated by a black deposit, apparently of dead algae. Nevertheless, in places the accretion is thin enough to show that the wane widths recorded are consistent with other microwanes in the vicinity.

Figure 12. Floor of large cupule at the site of the former Duijiu Nunnery near Jiangjunya, showing the massive impact damage to the quartz inclusion.

About 250 m north of Jiangjunya, next to the dolmen at a former nunnery site, another exceptionally large cupule has been made right over major quartz inclusions （Fig. 12）. It measures 21.5 cm by 20.0 cm, depth 32.0 mm, and the quartz body exposed in it measures 2.75 cm × 6.5 cm, yielding these micro–wane widths from a fracture edge of ~90° : 6, 7, 5, 6, 5, 5, 5, 6 = 45/8 = 5.6 μ m.

4. Interpretation of the data

4.1 The calibration curves

The data from one of the four calibration sites analysed in Henan Province, the First Gate Site at Mt Juci, is disregarded because it is considered unreliable, due to subsequent modifications. These include mineral accretion deposition, which may cause either acceleration （due to prolonged moisture and chemical reactions） or deceleration （due to concealment）. Also, the site is not well exposed to precipitation. This leaves three calibrations in Henan, and two more from Jiangsu Province.

The Guanyinshan rock inscription of 1578 CE （Henan） has yielded a mean micro–wane width of 3.33 μ m from quartz, which corresponds to a microerosion coefficient of 7.6 μ m/ka. Although this result is just as reliable as that from Deyunshan, because both are based on six primary readings, the latter curve was preferred because of its much longer range. The Deyunshan curve has a time range more than double that from Guanyinshan. The feldspar curve from Guanyinshan produced a microerosion coefficient of 59.6 μ m/ka, or almost eight times that of quartz. This differs significantly from the ratio reported from Lake Onega, Karelia, where it was about 1 ∶ 12. The explanation for this difference very probably lies in the unusually wet conditions of the Lake Onega site, located 1 – 2 m above the water level of the lake, and as noted previously （Bednarik 1992: 286）, the feldspar is significantly more affected by this factor than the quartz.

The Deyunshan inscription of 1001 CE （Henan） provides a longer–range estimate, which is always preferred in calibration. It is the therefore the basis of all age estimates for quartz from Henan Province presented below. Its microerosion coefficient of 6.6 μ m/ka compares reasonably well with that of Guanyinshan, providing the calibration effort with some confidence （Fig. 13）.

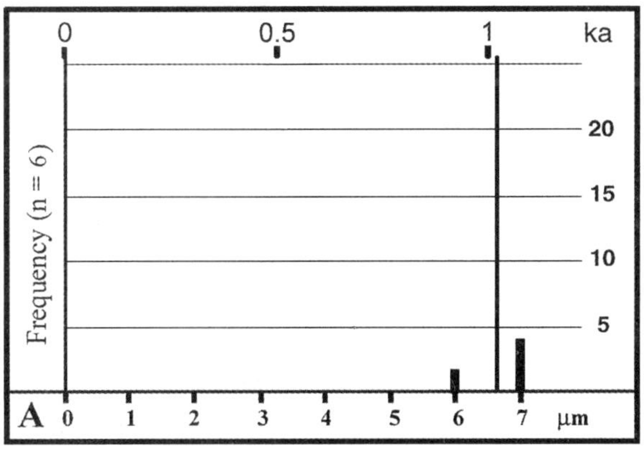

Figure 13. The Deyunshan microerosion calibration curve for quartz, used as the standard for Henan Province.

The microerosion coefficient of about 6 μ m/ka obtained from Laomo valley inscription of 1510 CE, also in Henan Province, lacks precision （short range combined with n

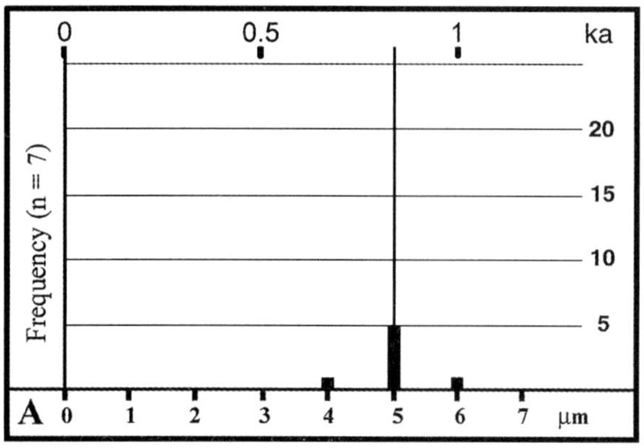

Figure 14. The Song Pan microerosion calibration curve for quartz, used as the standard for Jiangsu Province.

= 3), but it also suggests that the Deyunshan calibration curve is the most representative.

In Jiangsu Province, the rock inscription at the former nunnery site near Jiangjunya, dating from 1051 CE, has provided a calibration curve for quartz, based on a mean wane width of 5.6 μ m, which yields a microerosion coefficient of 5.8 μ m/ka. The Song Pan inscription of 1174 CE in Jiangsu has produced a very similar microerosion coefficient of 5.9 μ m/ka, but because it represents a slightly larger number of measurements it is the preferred calibration curve for Jiangsu Province — until a better one becomes available (Fig. 14) .

4.2 The dating attempts in Henan Province

The preferred calibration for the Henan Province determinations is the Deyunshan calibration curve, which was used for all Henan and Ningxia age estimates on quartz. For the estimates on feldspar, the Guanyinshan calibration was used in Henan Province (no micro–wanes on feldspar were measured in Ningxia and Jiangsu Provinces) .

The cupule Juci1 at Mt. Juci has provided an age estimate of E3170 + 620 / – 440 years bp (throughout this paper, 'bp' refers to 'before 2014 CE', not to the radiocarbon reference point) . Despite the relatively low number of measurements, this result is credible, because the histogram features a distinctive peak and the age is matched by the level of weathering of the schistose matrix.

Several cupules provided good data from the Xiaomazhuang petroglyph complex and measured micro–wanes were numbered Xiaomazhuang1 to 5. The first cupule analysed yielded a date of only E1240 + 280 / – 180 years bp. The cupule next to it, Xiaomazhuang2,provided a poor date from feldspar of E1540 + 70 / – 30 years bp. A better–based result from feldspar in Xiaomazhuang3, another cupule just above the former, was E1450 + 60 / – 110 years bp. The same cupule in this prominent group of four also provided an age estimate from quartz, numbered Xiaomazhuang4, which is E1610 + 210 / – 250 year bp. The apparent discrepancy between the latter two results from the same petroglyph is most probably attributable to inherent imprecision in the calibration curves, and it is evident that the tolerance ranges of the two results in fact overlap by 150 years. What is clear from these results is that the group of cupules appear to be of slightly different antiquities, but could quite well still date from a single event of production around 1500 years ago.

However, the result secured from one cupule at the nearby Xiaomazhuang Site 2 shows it to be clearly almost twice the age of the first group. Being part of a set of geometrically arranged cupules, it yielded an age estimate of E2840 + 180 / – 240 years bp. This welldefined result from cupule Xiaomazhuang5 is based on a good number of determinations and can be considered relatively reliable. It shows that the practice of creating cupules has been ongoing in the region, and it warns against the generic assumption that structured cupule arrangements postdate random arrangements.

At the Huihuimo Site, three cupules have provided microerosion age estimates, and the micro-wanes were numbered Huihuimo1 to 4. The first wane measured yielded a somewhat diffuse histogram indicating a date of E2260 + 770 / – 440 years bp. Similarly, Huihuimo2 provided an age estimate with large tolerance definitions, of E2950 + 380 / – 540 years bp, from quartz. However, a feldspar micro-wane within millimetres of the site, from the same cupule, broadly confirmed that date at E3140 + 130 / – 120 years bp. That second result is numbered Huihuimo2a. Of particular reliability is the age estimate of a third cupule, from an excellent micro-wane on quartz, Huihuimo3. Albeit burdened with large tolerance margin of about 15%, with sixteen measurements this is one of the best results in this study. The dimensions generated an age determination of E2890 + 440 / – 470 years bp, a result resembling the two from the previous cupule rather closely. Clearly these two petroglyphs are in the order of E3000 years old, while Huihuimo1 is likely to be somewhat more recent.

The one cupule at the hill Wufuling that provided a suitable micro-wane is estimated to be only E910 + 300 / – 150 years old, despite its relatively ancient appearance. Of much greater age is one of the cupules on a granite outcrop in Zhaodian valley, in which a quartz microwane provided an estimate of E4520 + 330 / – 580 years bp. At the nearby Shipengguo site, which is thought to have been used for ritualistic purposes, excellent microwane measurements were secured from a cupule of a geometrically structured group of twelve, indicating an age of E2650 ± 380 years bp. The montane site complex of Xuanluoling provided one micro-wane from quartz whose measurements imply an antiquity of just under two millennia. At E1830 + 140 / – 310 years bp, this is one of the most recent cupules dated in China so far.

4.3 The dating attempts in Ningxia Province

Although numerous petroglyph sites were examined in Ningxia Province, only the Helanshan site complex has yielded age estimates, and so far only for a few motifs. However, of the five dates secured from only four motifs, four are quite tightly clustered between 2400 and 2000 years bp, which does provide valuable insights about the traditions represented (see below). In the absence of a calibration curve for the region, the Deyunshan curve was provisionally used as reference point, which means that should a calibration curve from the Yinchuan region become available, the following estimates may need to be adjusted upwards by some centuries.

The large 'mask' motif high on the cliff provided a date of E2000 + 120 / – 180 years bp. The first of two adjacent motifs analysed further into the canyon is E1670 ± 150 years old. The following pair of estimates is of particular interest as they derive not only from the same motif, but are from micro–wanes that are less than 1 mm apart. They provide therefore a convenient internal check. The first date is E2180 + 240 / – 210 years bp, the second is E2080 + 340 / – 260 years bp. Although these two results do differ somewhat, they are certainly well within the tolerance values attached to them, which range from almost 10% to over 16%. Finally, the motif sampled outside the valley yielded a microerosion result of E2330 + 90 / – 210 years before 2014 CE (Fig. 15).

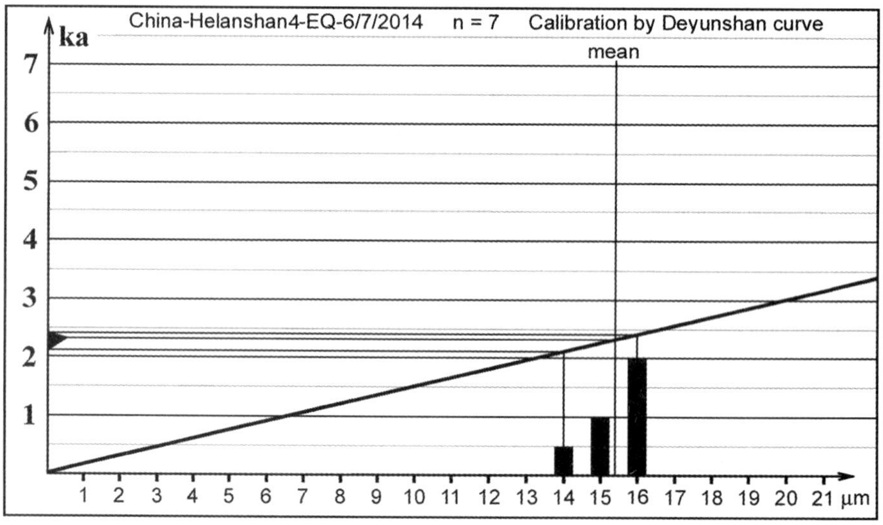

Figure 15. Microerosion age estimate of the Helanshan petroglyph shown in Figure 12.

4.4 The dating attempts in Jiangsu Province

All except one of the petroglyph datings secured in Jiangsu Province derive from the Jiangjunya site at Lianyungang City, but in contrast to the tightly clustered results from Helanshan Rock Art Park, those from the similarly well–known Jiangjunya site are of much greater range, implying that the site has been in use for many millennia.

The large rectangle crossed by a long quartz vein is relatively young, at E1630 + 190 / – 110 years bp. The central cupule in a sun–like motif provided a considerably more reliable date of E3200 + 440 / – 170 years bp. Two significantly different results from two quartz micro–wanes in the same motif of the main petroglyph panel demonstrated unambiguously the presence of recent damage. An early hammering of the motif occurred E2210 + 210 / – 90 years bp, but it was partially retouched only E360 + 90 / – 60 years ago. The so–called 'meridian', dissecting the petroglyph panel vertically, is either E920 + 140 / – 160 years old, or its most recent retouch by abrasion occurred at that time. A prominent diagonal groove in the upper part of the main panel was made E2650 + 80 / – 230 years ago. The earliest secure date came from a large cupule in the northern sector of the site, which yielded a reliable date of E5380 + 380 / – 530 years bp (Fig. 16).

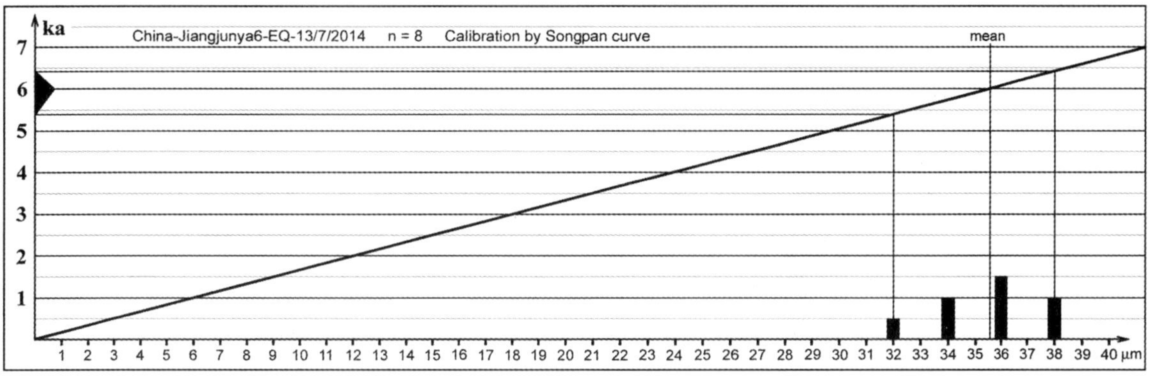

Figure 16. Microerosion age estimate of large cupule with substantial quartz vein in the northern sector of Jiangjunya.

Another large cupule with a major quartz vein, from the former nunnery 250 m north of the Jiangjunya main site, at Duijiu Nunnery, proved to be significantly

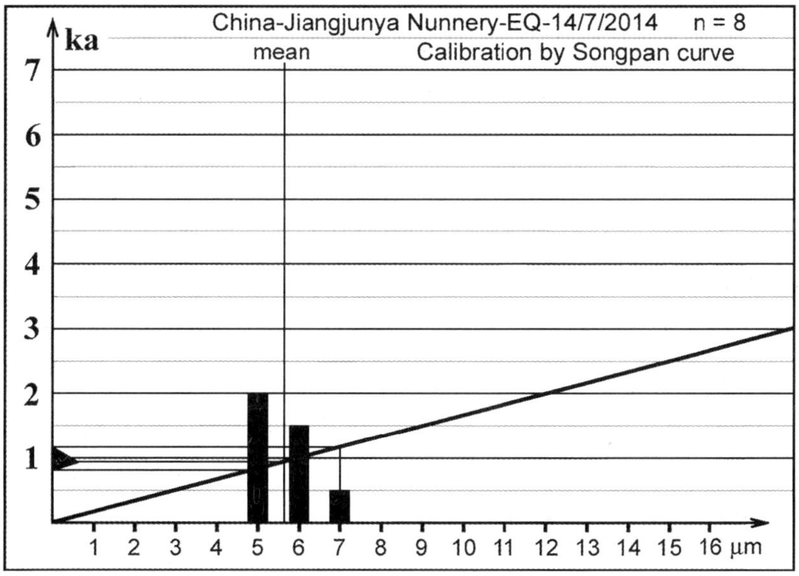

Figure 17. Microerosion age estimate of the cupule at the former Duijiu Nunnery near Jiangjunya shown in Figure 13.

younger, at E850 + 210 / – 90 years before 2014 CE (Fig. 17).

5. Discussion

The above results represent the largest collection of petroglyph dates secured by a single project, but in terms of establishing comprehensive scientific dating for Chinese rock art they have not a great impact. For a wide–ranging understanding of rock art traditions in this great country, thousands of such data would be required. Therefore what can be said about the results of this project is limited, but a few pertinent observations are possible. This work has included the first scientific and direct dating of one of China's best–known and most valued rock art properties, the Helanshan site complex. That renders it possible to review previous, archaeologically derived propositions of antiquity for this major collection of petroglyphs, and this will be attempted here.

Scientific dating of Helanshan (or Helankou) petroglyphs is hampered by the attention lavished on this site in past decades, which has rsulted in contamination by various outdated recording prcesses, ranging from taking rubbings to the application of enhancing substances, and to latex casting in some cases; and then secondarily by the application of chemicals to remove the traces of these misguided practices of yesteryear. Fortunately, microerosion analysis is much less affected by these contaminating procedures than any other direct dating method, being probably the most robust among them. It relies mostly on a chemically inert mineral, quartz. Previous age estimates of the Helanshan petroglyphs have ranged from the Pleistocene to recent centuries, i.e. they covered the entire possible range (e.g. Gai 1986; Li 2010). However, attribution to pre–Neolithic times is rare, and late Holocene attributions are generally preferred. Chinese proposals of rock art chronologies are largely based on notions of style, purported subject matter and inscriptions, of which only the last–named can be regarded as scientifically relevant. Xu and Wei (1993) have advanced a tripartite chronology for Helanshan petroglyphs, comprising a phase 1, 1600 – 200 BCE; phase 2, 200 BCE – 600 CE; and phase 3, 200 BCE – 600 CE. It is derived from the dynastic succession in China, even though the region was rarely under imperial control. The only attempt of direct dating Ningxia rock art so far has been by Li and Zhu (1993), who proposed lichenometric ages of 2000 – 1000 BCE. However, the reliability of these results can be questioned (Bednarik 2007: 127 – 129; Tang 2005), for instance by reference to the lichenometric dates reported by Su and Li (2007) from Damaidi, which at up to 15 000 bp are arguably not credible. Demattè (2011) has presented another archaeologically derived but more carefully formulated chronology comprising four phases, ranging from pre-500 BCE to post-800 CE. However, while her sequence is essentially tied to iconography, it is rather vague and ambiguous. For instance she finds 'face' (or 'mask') motifs in all of her first three phases, and zoomorphs in the first two phases. The only definitive part of Demattè's sequence is her statement that the bulk of the Helankou rock art belongs to her phase 3, dated 200 - 800 CE.

Most of the few microerosion age estimates so far secured from the Helanshan corpus are tightly clustered between about 2400 to 2000 bp, except one 'face' motif dated to E1670 ± 150. Although not a statistically conclusive finding, it does imply that Demattè's estimates were somewhat too conservative. Fairly typical motifs were sampled by the project reported here, suggesting that the main corpus is more likely to date from the time of her second phase. Nevertheless, in a more general sense, her prediction of an essentially final Holocene range of ages is probably correct, and the claims for a much longer time range are likely to be false. To test this proposition further is possible, as there are thousands of potentially suitable petroglyphs at the Helanshan petroglyph complex, and the only way to establish a sound chronological system for them is to greatly increase the data base of directly dated motifs.

Much the same applies at the similarly prominent Jiangjunya site, but here the microerosion data imply a much longer use of the site, especially if the one end-Pleistocene date obtained by Tang (2012) is included. Even the results reported here present a site use as ranging from the Neolithic period to just 360 years ago. Clearly this site has been in use for many millennia and to untangle its long and complex history requires the collection of far more data than are presently available. It needs to be emphasised that the one-month campaign of this project could only spend one day each at both Helanshan and Jiangjunya, therefore campaigns of several weeks at each site are likely to yield much more comprehensive chronological models.

The need for further microerosion analyses is even more apparent for Henan Province, whose vast body of cupule sites has been subjected to research only in most recent times. The first international report of these many sites (Tang 2012) implies that the work of the present project has only scratched the surface of what appears to be a major concentration of cupule sites that in some cases date from Neolithic times, in others from the Bronze Age and even more recent times.

Region	Site	Motif	Micro-wane	Age estimate
Henan Province	Mt Juci	Cupule Juci1	China-Juci1-EQ-27/6/2014	E3170 + 620 / − 440
	Xiaomazhuang 1	Cupule Mazhuang1	China-Mazhuang1-EQ-29/6/2014	E1240 + 280 / − 180
	Xiaomazhuang 1	Cupule Mazhuang2	China-Mazhuang2-EF-29/6/2014	E1540 + 70 / − 30
	Xiaomazhuang 1	Cupule Mazhuang3	China-Mazhuang3a-EF-29/6/2014	E1450 + 60 / − 110
	Xiaomazhuang 1	Cupule Mazhuang3	China-Mazhuang3b-EQ-29/6/2014	E1610 + 210 / − 250
	Xiaomazhuang 2	Cupule Mazhuang4	China-Mazhuang4-EQ-29/6/2014	E2840 + 180 / − 240
	Huihuimo	Cupule Huihuimo1	China-Huihuimo1-EQ-30/6/2014	E2260 + 770 / − 440
	Huihuimo	Cupule Huihuimo2	China-Huihuimo2a-EQ-30/6/2014	E2950 + 380 / − 540
	Huihuimo	Cupule Huihuimo2	China-Huihuimo2b-EF-30/6/2014	E3140 + 130 / − 120
	Huihuimo	Cupule Huihuimo3	China-Huihuimo1-EQ-30/6/2014	E2890 + 440 / − 470
	Wufuling	Wufuling1	China-Wufeling1-EQ-1/7/2014	E910 + 300 / − 150
	Zhaodian	Zhaodian1	China-Zhaodian1-EQ-2/7/2014	E4520 + 330 / − 580
	Shipengguo	Shipengguo1	China-Shipengguo1-EQ-2/7/2014	E2650 ± 380
	Xuanluoling	Xuanluoling1	China-Xuanluoling1-EQ-4/7/2014	E1830 + 140 / − 310
Ningxia Province	Helanshan	'Mask'1	China-Helanshan1-EQ-6/7/2014	E2000 + 120 / − 180
	Helanshan	Petroglyph2	China-Helanshan2-EQ-6/7/2014	E1670 ± 150
	Helanshan	Petroglyph3	China-Helanshan3a-EQ-6/7/2014	E2180 + 240 / − 210
	Helanshan	Petroglyph3	China-Helanshan3b-EQ-6/7/2014	E2080 + 340 / − 260
	Helanshan	Petroglyph4	China-Helanshan4-EQ-6/7/2014	E2330 + 90 / − 210
Jiangsu Province	Jiangjunya	Rectangle	China-Jiangjunya1-EQ-13/7/2014	E1630 + 190 / − 110
	Jiangjunya	Cupule in 'sun'	China-Jiangjunya2-EQ-13/7/2014	E3200 + 440 / − 170
	Jiangjunya	Petroglyph1	China-Jiangjunya3a-EQ-13/7/2014	E2210 + 210 / − 90
	Jiangjunya	Petroglyph1	China-Jiangjunya3b-EQ-13/7/2014	E360 + 90 / − 60
	Jiangjunya	'Meridian'	China-Jiangjunya4-EQ-13/7/2014	E920 + 140 / − 160
	Jiangjunya	Diagonal groove	China-Jiangjunya5-EQ-13/7/2014	E2650 + 80 / − 230
	Jiangjunya	Large cupule	China-Jiangjunya6-EQ-13/7/2014	E5380 + 380 / − 530
	Duijiu Nunnery	Large cupule	China-Duijiu1-EQ-14/7/2014	E850 + 210 / − 90

7. Conclusion

The first intensive program to apply a direct dating method to Chinese rock art has resulted in detailed age information about petroglyph corpora in three regions, Henan, Ningxia and Jiangsu Provinces. China is particularly susceptible to effective microerosion analysis, because of the country's rich heritage of calibration resources, especially precisely and absolutely dated rock inscriptions. Based on a series of such historical dedications found on various rock facies, six initial microerosion calibration coefficients have been secured from five inscriptions, and applied to a total of 23 petroglyphs in the three regions investigated. This has secured 27 age estimates from a total of 11 sites out of over 20 examined (Table 1). The analytical work also confirmed the authenticity of all inscriptions surveyed.

While this represents an impressive initial data bank about the time depth of Chinese petroglyph corpora, it does not amount to more than a preliminary perspective on the ages of major rock art traditions, dating from Neolithic times to most recent centuries. It also shows the effectiveness of multiple age determinations from single motifs, including the use of different minerals (quartz and feldspar), and of establishing the ages of multiple uses of motifs (i.e. retouch of older motifs). Both these potentials of the microerosion method have already been demonstrated in both Asia other continents. Of particular relevance is the comparison of the new Chinese data with other calibration microerosion coefficients which has recently shown a strong correlation between them and mean annual rainfall for a range of greatly varying environments. This new insight will be presented elsewhere; suffice it to say that the present state of global information suggests that the great dependency of microerosion analysis on regional calibrations can be progressively phased out.

Within China, microerosion analysis has a great future, for two reasons. First, the country's great wealth of very precisely dated natural but anthropogenically modified rock surfaces provides obviously favourable conditions for the application of this method. Second, the recent establishment of the International Centre for Rock Art Dating and Conservation (ICRAD) at a major Chinese university (Hebei University) by one of us (TH), intended to become a world repository of all direct dating results, promises a surge and consolidation of scientific rock art dating work in the People's Republic of China.

References

Beaumont, P. B. and R. G. Bednarik 2015. Concerning a cupule sequence on the edge of the Kalahari Desert in South Africa. Rock Art Research 32 (2): 163~177.

Bednarik, R. G. 1992. A new method to date petroglyphs. Archaeometry 34: 279~291.

Bednarik, R. G. 1993. Geoarchaeological dating of petroglyphs at Lake Onega, Russia. Geoarchaeology 8 (6): 443~463.

Bednarik, R. G. 2007. Rock art science: the scientific study of palaeoart (2nd edn）. Aryan Books International, New Delhi（1st edn 2001, Brepols, Turnhout）.

Bednarik, R. G. 2008. Cupules. Rock Art Research 25（1）: 61 - 100.

Bednarik, R. G. 2010. A short ethnography of cupules. In R. Querejazu Lewis and R. G. Bednarik（eds）, Mysterious cup marks: proceedings of the First International Cupule Conference, pp. 109 - 114. BAR International Series 2073, Archaeopress, Oxford. Bednarik, R. G., G. Kumar, A. Watchman and R. G. Roberts 2005. Preliminary results of the EIP Project. Rock Art Research 22（2）: 147~197.

Demattè, P. 2011. Mobile and settled: the petroglyphs of Helankou, Ningxia, western China. Rock Art Research 28（2）: 197~210.

Gai S. 1986. Yinshan Yanhua（Petroglyphs in the Yinshan Mountains）. Wenwu, Beijing.

Li C. 2010. Helanshan yanhua baohu liyong ji yanjiu baogao. In Li C.（ed.）, 2009 nian di'er zhou Zhongguo Yinchuan guoji yanhua xueshu yanlunhui lunwenji, pp. 62~70. Guoji Yanhua Xueshu Yanlunhuizu Weihui, Yinchuan.

Li X. and Cunshi Z. 1993. Helanshan yu Beishan yanhua（The rock art in Mt Helan and Mt North）. Ningxia Renmin, Yinchuan.

Ritts, B. D., D. Keele, B. J. Darby and Shaofeng L. 2006. Ordos Basin gas reservoir outcrop analogs: Permian braided fluvial sandstone of the Zhuozi Shan and Helan Shan, China. International Geology Review 48（7）: 573~584.

Su X. and Li X. 2007. Yanhua yu youmu wenhua（Rock art and pastoral culture）. Guji, Shanghai.

Tang H. 2005. Some views on the news coverage of the Damaidi rock art site in Ningxia. China Cultural Relics News 11 Nov. 2005, p. 7.

Tang H. 2012. New discovery of rock art and megalithic sites in the Central Plain of China. Rock Art Research 29（2）: 157~170.

Tang H. and Gao Z. 2004. Dating analysis of rock art in the Qinghai–Tibetan Plateau. Rock Art Research 21（2）: 161~172.

Tang H., R. G. Bednarik and G. Kumar 2014. Preliminary report of the 2014 rock art dating expedition of China. Purakala 24: 63~75.

Tang H. and Mei Y. 2008. Dating and some other issues on the prehistoric site at Jiangjunya. Southeast Culture 202（2）: 11~23.

Watchman, A. 1999. A universal standard for reporting the ages of petroglyphs and rock paintings. In M. Strecker and P. Bahn（eds）, Dating and the earliest known Rock Art, pp. 1~3. Oxbow Books, Oxford.

Xu C. and Wei Z. 1993. Helanshan yanhua（The rock art of the Helan Mountains）. Wenwu, Beijing.

THE 2015 ROCK ART MISSIONS IN CHINA

Tang Huisheng, Giriraj Kumar, Jin Anni, Wu Jiacai, Liu Wuyi and Robert G. Bednarik

Abstract: Surveys conducted in June and October 2015 in the Chinese regions of Xinjiang, Inner Mongolia, Ningxia, Guangxi and Henan have focused on the scientific potential of numerous rock art sites to yield forensic and dating evidence. The work was a continuation of the two successful 2014 campaigns in several provinces. It resulted in the first rock art age estimation in Inner Mongolia and demonstrated the Neolithic age of petroglyphs in the Chifeng area, and it also produced several new, comparatively recent dates from Henan Province petroglyphs.

Introduction

During 2015, two international rock art expeditions were undertaken in China. The first took place in June, the second in October. The June mission travelled to rock art sites in Xinjiang, Ningxia and Guangxi Zhuang Autonomous Regions and Henan Province, while the October mission conducted rock art research in Inner Mongolia Autonomous Region and Henan Province. The principal purpose of both endeavours was the age estimation of rock art, but after the spectacular successes of the previous, 2014 rock art dating expedition to Henan, Jiangsu and Ningxia (Tang et al. 2014, 2017), the 2015 activities yielded considerably fewer actual dating results. Nevertheless, they provided the first assessment of Xinjiang rock art by several international scientists (Bednarik 2015a, 2015b; Taçon et al. 2016); they produced the first rock art dating results from Inner Mongolia; and they generated several new dates from the already best-documented Province, Henan. The results of this endeavour are summarised here, forming a continuation of the 2014 report (Tang et al. 2017). Most of them have not been reported before.

Xinjiang Uygur Autonomous Region

Our principal findings from this remote north-western part of China have already been provided (Bednarik 2015a, 2015b; Taçon et al. 2016), therefore only the main points are recounted here. Only the rock art of the northernmost part of the vast Autonomous Region (1.665 million km2) could be examined, which is an area close to the borders of China with Kazakhstan, Siberia and Mongolia, forming part of the general Altay region. Although two rock art dating specialists participated in the week-long study, not one of the many sites visited yielded any quantified data capable of generating rock art age estimates. This was essentially due to the geological contexts of the sites: with one notable exception, the spectacular Kangjiashimenzi petroglyph site, all the sites assessed featured pictograms of applied ferruginous pigments that lacked suitable mineral accretions of analysable quantity. They included the site complexes of Tanblatas, Dunde Bulake and Duogart, featuring a total of fifteen sites, and the Bronze Age burials at Tuo Gan Bai, which contained some paintings and five petroglyphs.

Of particular interest is the main site of Dunde Bulake, a small, low rockshelter whose back wall is densely covered with paintings. These appear to represent two phases of production, the older one of which has been attributed to the Upper Palaeolithic. This includes a series of apparent anthropomorphs that were interpreted as skiers, thus claimed to be the earliest known depiction of skiing. (Much better depiction of skiing occurs at the Karelian petroglyph site of Zalavruga, and is also older; Bednarik 1992.) However, these pictograms occur on the most recent surfaces of a series of thin silica skin layers that can safely be attributed to the most recent wet climate in the area, in the second half of the Holocene. The rock art dating specialists agreed that the pictograms had to be less than 5000 years old, and were most probably under 3000 years old (Bednarik 2015b; Taçon et al. 2016). Their style, conversely, does not resemble authentic 'Palaeolithic' imagery. The style of a bovid and cervid motif in a much smaller site of the Dunde Bulake complex could well be interpreted as resembling such images in south–western Europe, but it is clearly younger than the old phase of the main site (Taçon et al. 2016: Fig. 9). It is located about 3 km south–west of the main site.

Of interest are also many of the paintings at the extensive complex of granite shelters at Duogart, only a few kilometres from the Kazakhstan border. They include apparent depictions of airplanes and possibly of space rockets. One of the smaller sites features among its older, faded images a Buddhist symbol which we estimate to be roughly 1000 years old. Therefore the general impression gained is that the area's rock art is limited to the second half of the Holocene. The oldest rock art of the district appears to be that found in some of the several burial cists at Tuo Gan Bai, thought to be between 4000 and 4400 years old on the basis of radiocarbon analysis (Bednarik 2015b). Several of the rock slabs lining the chambers bear both paintings and petroglyphs.

Figure 1. Small section of the 50 m long petroglyph panel of Kangjiashimenzi site, Xinjiang Region. Note the traces of red and white pigment.

The Kangjiashimenzi petroglyph (Fig. 1) site is more amenable to analytical work because the relative ages of many petroglyphs can be determined from superim–position and from numerous truncations caused by exfoliation events (Bednarik 2015b). The edges of exfoliation scars feature macro–wanes that could be sequenced by a thorough study that might provide preliminary age estimates through suitable calibration. It is known that macro–wane widths increase in size as a linear function of time （Bednarik 1992）. However， it was not possible to undertake such work on the occasion of our visit due to its brevity.

The Kangjiashimenzi site consists of a 50 m wide but relatively shallow rockshelter at the base of a vertical sandstone cliff， almost 300 m wide and c. 180 m high. The dripline is up to 28 m above the present shelter floor. Much of the shelter's wall as well as some blocks on its floor is covered by hundreds of petroglyphs and some inscriptions. The densely covered main panel is several metres above the present floor and is dominated by large anthropomorphs with triangular bodies， one of which is depicted horizontally. These figures have been carefully polished and a number of them were painted with red， white or yellow pigment. Significantly， the macro–wanes on sequenced scar edges range in width from 1 mm to 6 mm， which suggests a relatively rapid rate of exfoliation. Some of these truncate petroglyphs of the main panel， suggesting an age in the order of 2000 to 4000 years. It is likely that this main panel was created when the floor was several metres higher， and the creek at the base of the slope below the site may have caused the erosion of the berm deposit. This is confirmed by the scarcity of petroglyphs below the main panel， and the much more recent condition of the sole anthropomorph found there.

As a public site Kangjiashimenzi is well protected by fences and supervision， but dust suppression on the shelter floor is lacking and needs to be placed. There are substantial efforts to control the site's hydrology， interstitial water being the primary cause of site deterioration. There are numerous artificial driplines above the rock art， up to considerable height， and attempts are being made to locate meteoric water ingress locations high up on the cliff.

Inner Mongolia Autonomous Region

Our work in Inner Mongolia consisted of two phases: in the area north of Chifeng in the eastern part of the region; and at a few sites in the Daqing mountains north of Huhhot.

About 130 km NNE of Chifeng， situated in an area dominated by sand dunes， occurs an isolated basalt ridge named Baimiaozishan. The ridge is orientated roughly north–west to south–east and some 300 m long， barely rising above the surrounding dunes. The exposed rocks of its south–eastern portion bear approximately one hundred petroglyphs， many of which are 'face/mask' motifs. One panel features more than a dozen cupules. The rock does contain quartz grains of fine sand fraction， but none are

Figure 2. Basalt petroglyph site Baimiaozishan, NNE of Chifeng, eastern Inner Mongolia; from left to right TH, WJ, RGB and GK.

suitable for microerosion analysis. However, the basalt is rich in globular vesicles and where these have been truncated by petroglyph grooves, the weathering wanes on the edges formed by the two features provide an indication of antiquity of the petroglyph. These macrowanes average about 1 mm wane width, which under the climatic conditions is estimated to translate into perhaps mid-Holocene age. This coincides with extensive Neolithic occupation evidence in the region（Fig. 2）.

Just north of the village Xia Paozi（Boyin Aile in Mongolian）, which is located north of Chifeng, is a series of granitic hills. Close to a quarry, immediately at the foot of the hillside slope, at 627 m a.s.l., lies a block of several metres length. It bears all of the site's rock art, which was apparently created after the rock came to rest in its present position. The name of the site is Xiao Fengshan. The rhyolite block, of light-brown, faintly pinkish colour when fresh, is heavily weathered and bears extensive black lichen cover. The rock's volcanic origin is evident in the small vesicles it features, often containing crystals. There are three 'face/mask' motifs on the sloping surface of the block, and one more that has been truncated by an ancient fracture. The latter factor indicates that the petroglyphs are of considerable antiquity as the fracture surface is quite deeply weathered.

Figure 3. The dated 'face/mask' petroglyph at Xiao Fengshan site, Inner Mongolia. The analysed crystal is located at the point of the red marker along the short side of the scale.

In addition there are some very faded, only faintly detectable grooved designs on the panel, besides several modern Chinese writing characters. The lowest of the three 'face/mask' motifs provided the opportunity for analysis. This motif is about 45 cm wide; the panel is inclined at c. 45° . Its 'eyes' each consist of a cupule surrounded by a circle (Fig. 3).

The circle forming the left 'eye' is formed by a groove that ranges from 27 – 33 mm in width and 3.5 – 11.5 mm in depth. In the lower part of this circle of about 120 mm outer diameter and 60 mm inner diameter occurs a quartz crystal that has experienced a number of impact fractures, the edges of which feature various angles. One of these edges, 280 μm long, has an angle of about 90° . It bears a micro–wane that has yielded the following ten wane–width measurements: 16, 16, 20, 16, 16, 20, 22, 20, 25, 22 = 193/10 = 19.3 μm.

If the Deyunshan calibration microerosion coefficient of 6.6 μm/ka (Tang et al. 2017) is applied to this result, it would suggest a date of E2924+860/–500 years bp (throughout this paper, 'bp' refers to 'before 2015 CE', not to the radiocarbon reference point). However, the vast difference in precipitation between Deyunshan and Xia Paozi (~600 mm versus 370 mm) implies similar disparities in the past. Therefore in applying a correction factor of 1.62, a more realistic age estimate for the Xiao Fengshan petroglyph is E4730+1400/–810 years bp (Fig. 4). This range implies that the rock art motif is of the late Neolithic and probably postdates the Hongshan period (Guo 1995). It also confirms the utility of the recently devised universal coefficient curve (Beaumont and Bednarik 2015).

A much richer petroglyph site, comprising thousands of motifs, is Daheishan,

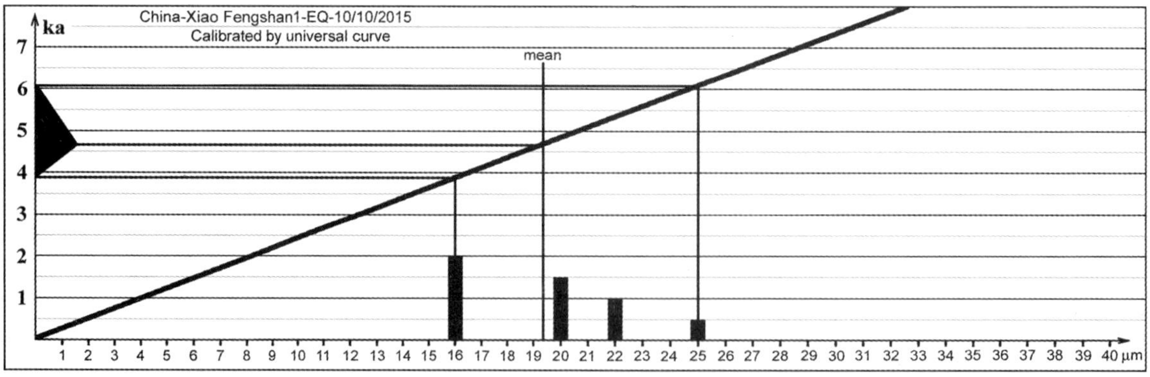

Figure 4. Microerosion age estimate of the Xiao Fengshan petroglyph in Inner Mongolia.

65 km north–west of Wengniute Banner. The site is accessed by traversing a long sand dune on a grassy mountain slope, reaching an exceedingly windy saddle, and

Figure 5. Anthropomorph of one of the sub-sites at Daheishan petroglyph site, Wengniute Banner, Inner Mongolia.

then following the flank behind the mountain to the right. We managed to see one concentration of rock art but very adverse weather conditions, including an approaching snowstorm, prompted our withdrawal. The rock art we managed to examine under these conditions included patterns of circles connected by straight lines and 'faces/masks' of a rather elaborate style. These petroglyphs are generally shallow, of even depth, with sharply delineated margins that are perpendicular to the rock surface. Individual dints are easily discerned and imply the use of rather pointed metal tools. It is unclear whether these were bronze or steel punches, but we attribute the images tentatively to the Bronze Age. There is no discernible quartz presence; hence no microerosion analysis was attempted (Fig. 5).

Figure 6. Semi-naturalistic, recent zoomorph in 'typical Upper Palaeolithic

The second area of interest we examined during the October 2015 expedition in Inner Mongolia included some valleys in the Daqing mountains to the north of the capital, Huhhot. Near Xiaojinggou, c. 25 km north-east of Hohhot, valley floors surrounded mostly by schist mountains are geologically dominated by significant deposits of rounded granite blocks that have been extensively transported by glacial or fluvial action. In several days of investigation we located very few genuine petroglyphs in the area: two cupules on schist in Yémá Gōu (Wild Horse valley) that had been made with metal tools (Bednarik 2016b: Fig. 4), and one recent inscription on a granite boulder just upstream of Xiaojinggou.

Deep in another southern valley of the Daqing mountains, about 20 km from Huhhot, we examined the surroundings of a former Buddhist monastery. Located on a steep mountainside overlooked by vertical cliffs we managed to locate a carefully produced, large Buddha petroglyph high above the ruins. It occurs together with an undated inscription, but despite a thorough search no further rock art was found on this occasion.

Other work in June 2015

The other three regions we worked in during the June 2015 expedition were Ningxia, Henan and Guangxi. In Ningxia Hui Autonomous Region, none of the rock art we visited was suitable for microerosion analysis or any other direct dating attempts. A newly found site named Jiucai Gou ('chives valley') was examined and found to feature a few scattered recent zoomorphic petroglyphs, all of them on chlorite schist (Fig. 6). In the town of Yinchuan we attempted to use granite blocks used in the construction of a high Buddhist tower to secure a calibration curve for the region. The tower was supposedly built in 1050 CE, modified around 1240 CE, but after it was damaged by an earthquake it was rebuilt about 1829 CE. With these uncertainties in mind the attempt was abandoned.

In Guanxi Zhuang Autonomous Region, in China's far south, we travelled to Shangjin near Ningming, to access the gorge of the Zuojiang river. This area is within 20 km of the Vietnamese border, and part of the gorge has been submitted for World Heritage listing (Bednarik 2016c). It features a spectacular series of 81 rock painting sites, including the main site, Huashan. That site consists of a vertical cliff, 270 m high and 350 m wide, the largest painting panel in the world. Pictograms extend up to a height of 90 m above the river at Huashan and the surviving rock art corpus covers an area of c. 4000 m2 (Fig. 7). At one of the other 37 sites within the now protected zone the paintings even reach a height of 130 m on the vertical cliff.

Figure 7. Section of the Huashan pictogram panel, Zuojiang Gorge, Guangxi.

The method of scaling the limestone cliffs has not been established. We examined the site and met the nearby Zhuang community at Laijiang Tun, whose ancestors, the Luo Yue, are thought to have created the rock art. We also met with members of the Chinese World Heritage Application Office to assist in their task. (Since then, the Zuojiang rock art has secured World Heritage listing.)

It has been proposed, on the basis of radiocarbon analyses of reprecipitated carbonate deposits, that the Huashan rock art dates from between 2370 and 2115 years bp (Qin et al. 1987), which is contradicted by more recent U–Th results placing it after the end of the Han Dynasty, 220 CE (M. Aubert, pers. comm.). Moreover, the porous state of the precipitates is of concern, and lack of protection against the rain renders a shorter chronology more plausible.

Finally, we attempted to conduct fieldwork in Henan Province but had to abandon this plan after three days due to persistent heavy rains and we resolved to return at a later time.

Henan Province

Xuanluoling

Having abandoned our attempt in June to continue our extensive previous research in Henan Province (Tang et al. 2014; 2017) we returned there in October

2015. We managed to visit numerous cupule sites in the vicinity of Mt Juci in the course of intensive fieldwork. We began where we discontinued our work in 2014, on the mountain ridge named Xuanluoling (Tang et al. 2017: 43).

This ridge is located approximately 20 km SW of Xinzheng, overlooking steep slopes with c. 400–year–old stone terraces reaching almost up to its top. Many hundreds of cupules are found on the phyllite outcrops along the ridge leading up to an extensive fortification on the nearby hilltop. This consists of the remains of a stone wall, maximal 4 – 5 m high, which once contained a village of several hectares. The cupules occur either randomly, even singly, or they are arranged in rows and double rows. Rosettes are very prominent, consisting of a central cupule surrounded by a circle of several more cupules. The central pit tends to be larger than the others and in one case is 8 cm deep. In some of the cupules there is good evidence of the use of metal tools, most likely of iron or steel, as shown by distinctive floor pits and consistently steep walls (Bednarik 2016b: Fig. 5). There are numerous silica veins in the phyllite, but the majority of them consist of agglomerations of amorphous silica, of granular appearance and lacking distinctive crystal texture. They are therefore either unsuitable for microerosion analysis or the fracture angles are outside the required range.

Figure 8. Xuanluoling cupules site, cupule No. 2, phyllite with crystalline quartz inclusions.

However, on one quartz–rich block occurs a single cupule, unusually deep for its diameter and bearing several tool depressions on its floor indicative of the use of a metal punch (Fig. 8). The cupule has an inner rim (where the sides steepen markedly) of c. 35 mm, the outer rim (full size of depression) measures 45mm × 50 mm. It is located at an elevation of 403 m. The cupule is 26 mm deep

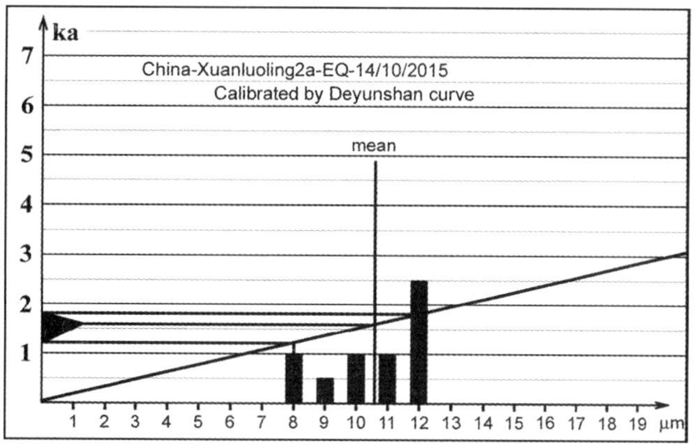

Figure 9. Microerosion age estimate yielded by one of the two micro-wanes analysed in the Xuanluoling cupule No. 2.

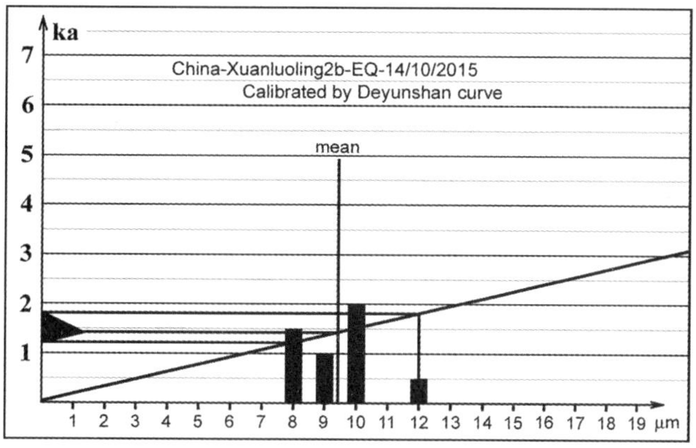

Figure 10. Microerosion age estimate of a second microwane in the Xuanluoling cupule No. 2, matching the age range of the first wane.

and its floor would be flattish, were it not for the tool indentations. On the cupule's peripheral part, close to the inner rim, is a major body of crystalline quartz on which two edges at 90° were measured. Micro-wane'a'is 130μm long and yielded the following wane widths: 8, 8, 10, 10, 9, 11, 12, 12, 12, 11, 12, 12 = 127/12 = 10.58 μ m. Here, the Deyunshan calibration applies, with its microerosion coefficient of 6.6 μ m/ka (Tang et al. 2017), providing an age estimate of E1603+215/–390 years bp (Fig. 9).

Wane 'b' of the same cupule is 210 μ m long and provided these wane widths: 10, 10, 12, 10, 10, 9, 9, 8, 8, 8 = 94/10 = 9.4 μ m. These readings translate into an age estimate of E1424+400/–210 years bp. Thus the two estimates are of identical ranges but of different emphases (Fig. 10).

There is considerable variability in the depth of the cupules at Xuanluoling, in the execution of rosettes (some are incomplete, some are well made) and in the state of weathering. In view of some very faint specimens it seems that others may have faded away altogether; that weathering is not uniform but varies according to the variable local lithology of the phyllite. It is amply apparent that by an age of 2000 to 2500 years the cupules begin to fade into oblivion, as is to be expected on these schistose facies.

Taibailing (Mt Juci)

The site Taibailing is located on the eastern slopes of Juci Mountain, 19 km south-west from Xinzheng, east of the temple on the mountain's slope. The site complex features a group of petroglyph sites along two ridges, occupying many prominent rock outcrops between the elevations of 480 and 580 m asl. The rock in that area consists of various facies of schistose rocks, ranging from phyllite to well-metamorphosed schists. It contains masses of silica minerals, ranging from fairly amorphous, granular texture to fully crystalline forms. The petroglyphs consist entirely of cupules and grooves interconnecting them or draining them. However, not all grooves are suitable for drainage as some of them rise rather than fall. The block with the largest such design measures about 2.5 m × 2 m and bears a total length of approximately 4.5 m of such grooves. Most but not all of them are capable of draining. It is, however, possible that the inclination of the block has slightly changed since the production of the grooves.

Where the cupules occur without grooves they are either random, aligned or in double rows (Fig. 11), but rosettes are rare here. It is notable that cupules of conical section may be very pointed at the deepest part, requiring metal tools for their production, and there are also others with a flattish floor showing the impressions of the tool point, as also seen at northern Chinese sites (e.g. near Hohhot, see above). Although other cupules are typically cup-shaped, there is no certainty that they were made with hammerstones. There are also rect-angular depressions, usually small but in at least one case quite large, also connected by channels. In all we saw

Figure 11. One of the numerous cupule panels at Taibailing on the eastern slopes of Mt Juci, Henan.

in the order of 300 petroglyphs at seven sites of this complex.

In one of the petroglyph sites at the complex's higher elevation, in a cupule of c. 10 mm depth and a mean diameter of c. 40 mm, occurs extensive crystalline quartz that has been impacted upon (cupule Juci2). The panel is located at 568 m a.s.l. elevation. Two micro-wanes were considered for analysis, but one was found to be unsuitable. The other is an elongate shelf, its wane being 190 μm long. It provided the following wane-widths: 14, 15, 15, 15, 16, 16, 16, 16 = 123/8 = 15.375 μm. This translates into an age estimate of E2329+95/−200 years bp. Another cupule in this site complex analysed in 2014 yielded an estimate of E3170+620/−440 bp (No. China-Juci1-EQ-27/6/2014; Tang et al. 2017: Table 1), implying that cupule production at this complex continued for at least 800 years (Fig. 12).

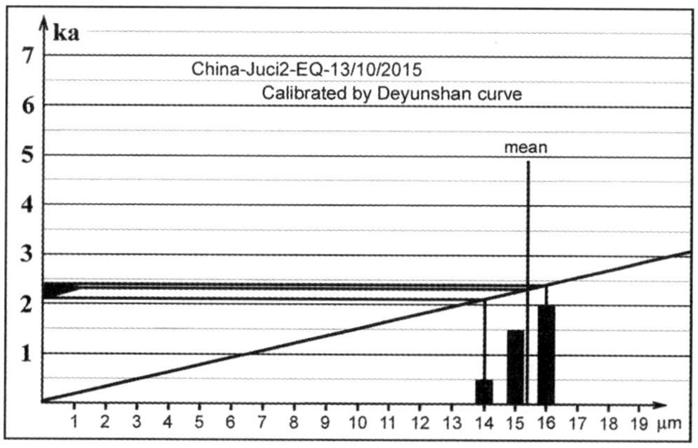

Figure 12. Microerosion age estimate of cupule Juci2 at Taibailing site, Henan.

At an adjacent ridge to the east all silica bodies found in petroglyphs were of partially crystallised amorphous silica, coalesced to a semi-granular texture that does not allow the formation of clear fracture edges, nor can its solution rate be assumed to match that of crystalline quartz.

In re-examining the sites we investigated in 2014, on the slopes below the cliff of the main peak of Mt Juci, we tried to re-locate the cupule we analysed then (op. cit.) and did succeed in identifying the site of the 1.4 mm long micro-wane measured in 2014. Although we failed to find the cupule because we lacked the location

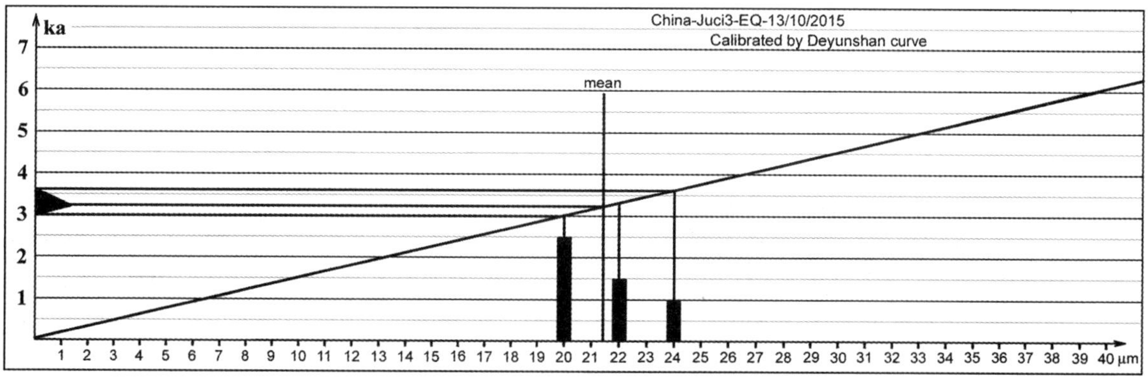

Figure 13. Microerosion age estimate of a further cupule at Taibailing, Mt Juci, Henan.

photographs, we succeeded in locating another suitable micro–wane in the same site. It was discovered in cupule Juci3, located near the edge of an elevated rock platform at 395 m a.s.l. The wane is on one of three convergent edges. The south–western edge is 210 μm long and it yielded these wane widths: 20, 20, 22, 22, 20, 20, 24, 24, 22, 20 = 214/10 = 21.4 μm. These data equate to an age estimate of E3242+400/–210 years bp. This result is not very secure because it could not be established conclusively that the quartz is crystalline, but it matches the nearby 2014 determination of China–Juci1–EQ–27/6/2014 very closely (Fig. 13).

Paomaling

Paomaling is a group of sites on a pronounced western spur of Mt Juci, about 2.5 km from the main peak with the temple below. Again the petroglyphs occur along a prominent ridge top on schist boulders and outcrops, mostly on top of the ridge, sometimes also slightly below it. Besides random and arranged cupules, there are also connecting channels and reticulate motifs, such as rectangles of five by five squares. The main panel is located at 537 m a.s.l. Besides many other motifs it features two rectangles side by side. The western one measures 29 cm × 25 cm, consisting of 25 squares. Its eastern surround groove traverses a mass of crystalline quartz, where it narrows to 2 – 3 mm width at a maximum depth of only 3.5 mm due to the local hardness of the rock. Here and elsewhere it is clear that the tool used was a flat chisel, almost certainly of steel/iron. It is also clear elsewhere in the motif that the groove section is determined by the application angle of the tool, and that the chisel edge may have been in the order of 11 mm long. Some grooves are narrow and symmetrical, where the tool was applied perpendicular to the surface, but where the angle was lower, impact led to the removal of flakes along the 'thalweg' of the grooves.

On the east side of the groove crossing the quartz, where it is the narrowest, the quartz wall is vertical. At its top is a long fracture edge bearing a micro–wane, but because only sides of it can be viewed, it is impossible to measure its width accurately. However, in its left part a slightly S–shaped edge, 144 μm long, veering off the main edge towards NE. It offers

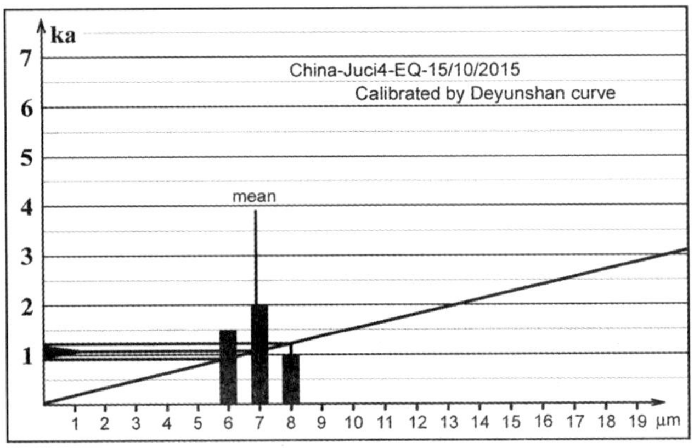

Figure 14. Microerosion age estimate of a chiselled rectangular outline at Paomaling site, Mt Juci, Henan Province.

an excellent micro–wane that can be viewed full on, providing the following wane–widths: 6, 6, 7, 6, 8, 8, 7, 7, 7 = 62/9 = 6.88 μm. An age estimate of the geometric grid motif derives from this: E1042+170/–130 years bp (Fig. 14).

As a general observation of the degree of weathering on this schist after approximately 1000 years of exposure it can be said that the most foliate component minerals have remained slightly reflective, but surface retreat has clearly taken place. It is significantly greater on the background surfaces, but cannot be measured. There is practically no lichen growth on these rocks.

Boshishengtailin

This extensive complex of cupule sites follows the top of the ridge of the long sweeping spur extending for several kilometres to the south–west of Mt Juci. Thousands of cupules occur along this curved, schistose mountain ridge, generally near its crest. A major concentration of them is called Boshishengtailin ('Doctors' Ecological Forest Site'). This cluster of several sites is overlooked by a steel pole supporting a closed circuit television camera. When movement of visitors is detected an automatic loudspeaker plays an explanatory warning, reminding people that they are being observed. One of the sites was singled out for detailed attention by us. It is located at an elevation of 552 m a.s.l. On the crest of the ridge are several blocks of schist bearing randomly arranged cupules and a few minor grooves. The main block features a concentration of cupules, some in alignment, and there is also one rosette. One group of cupules is partly concealed by sediment. The deepest cupules on this rock are fairly conical and their section is indicative of metal tools. They show relatively little weathering along the foliation grooves, an indicator of recent antiquity.

Figure 15. Close–up view of conical–section cupule at Boshishengtailin, with impression of metal tool on the floor.

One of the cupules has a central pit in its floor that clearly indicates the shape and size of the tool point. It is circular and of 4.3 mm diameter 1.5 mm above the deepest point of the well-rounded tip of the tool impression （Fig. 15; see also Bednarik 2016b: Fig. 7）. Another, deeper cupule is about 21 mm deep and of fairly conical section, with three or four very distinctive depressions on the narrow floor. One of them is 2.8 mm diameter at the rounded point, a second is very similar. The tool used in producing this cupule was clearly much pointier than that applied to the previous specimen. A third cupule on the same panel is also of quite conical section, c. 26 mm deep and of c. 45 mm diameter, also containing distinct tool marks. Here, the floor is a single depression of c. 5.7 mm diameter, and there is a distinctive groove on the western slope suggestive of a tool of similar diameter. Where sediment has tended to settle in the petroglyphs, little weathering is apparent, and above its level it is very limited. Several more sites were examined along the ridge to the two main peaks of Mt Juci, without locating any petroglyphs suitable for microerosion analysis. However, many other observations were possible. For instance in one of the deep rectangular recesses （4 cm deep and 8 cm long）, six grooves are distinctly visible along two walls, indicating the metal tool's movement action. Although no age estimates could be secured from this part of the Mt Juci massif, it is clear that its cupule-dominated repertoire was created with metal tools and that the rock art seems to be of relatively recent times.

Conclusion

During 2015, the successful series of international rock art expeditions in various parts of China begun in the previous year was continued, conducting research in Xinjiang, Inner Mongolia, Ningxia and Guangxi Autonomous Regions and in Henan Province. It provided the first scientific attempts of rock art age estimation in the first two regions named and continued our work in other provinces, especially Henan. It was particularly marked by an increased level of research applying forensic methods, as is evident from the manifest emphasis on approaches endeavouring to illuminate the circumstances of the production of rock art. An increase in the application of this specialised methodology, one of the most promising directions in rock art research （Bednarik 2001, 2016; Montelle 2009; Bednarik and Montelle 2016）, has been noticeable in recent years, e.g. in Australian work. In this approach the question, what happened in this place, displaces traditional concerns of meaning or stylistic notions and replaces them with testable propositions. While the questions of antiquity remain of central importance, those of production traces and other forensic evidence have gained much attention in the recent rock art research of China. In some instances, these two approaches are complementary; for instance an attribution of petroglyphs to metal tools limits their potential age significantly.

An interesting development in the more recent work at Mt Juci is the concurrence of two age estimates of cupules at the Taibailing site, one of approximately E3170 years bp secured in 2014, while a nearby cupule analysed in 2015 seems to be in the order of 3242 years old, but on the basis of comfortably overlapping tolerance limits the two petroglyphs could easily be of similar ages (Shang dynasty). Those at Paomaling, a ridge connected to Mt Juci, appear generally much younger, with one age estimate of only about 1000 years secured (possibly late Song dynasty), while nearby Xuanluoling yielded two estimates of about 1500 years bp (probably during the split of Northern and Southern dynasties). Therefore, on the present evidence, the known rock art of central Henan Province is of the Metal Ages, especially the Iron Age.

By contrast, rock art examined in Inner Mongolia, at Xiapaozi and Baimiaozishan, is clearly of Neolithic antiquity. This result coincides with the well-known and extensive Neolithic evidence from the Chifeng region. However, the rich petroglyph site complex Daheishan, in the same area, is significantly more recent.

Thus the 2015 rock art dating expeditions in China have added to the growing corpus of scientific data about Chinese rock art, especially to establishing a sound chronological basis for the country's petroglyph traditions.

References

Beaumont, P. B. and R. G. Bednarik 2015. Concerning a cupule sequence on the edge of the Kalahari desert in South Africa. Rock Art Research 32 (2): 163~177

Bednarik, R. G. 1992. A new method to date petroglyphs. Archaeometry 34 (2): 279~291.

Bednarik, R. G. 2001. Rock art science: the study of palaeoart, 1st edn. Brepols, Turnhout (2nd edn 2007, Aryan Books International, New Delhi.

Bednarik, R. G. 2015a. Dating rock art in Xinjiang Province, China. AURA Newsletter 32 (1): 6~8.

Bednarik, R. G. 2015b. The 2015 rock art expedition in Xinjiang Uygur Autonomous Region, China. Purakala 25: 55~66.

Bednarik, R. G. 2016a. Rock art and pareidolia. Rock Art Research 33 (2): 167~181.

Bednarik, R. G. 2016b. Forensic science of cupules. Rock Art Research 33

(1) : 49~64.

Bednarik, R. G. 2016c. Huashan nominated for World Heritage listing. Rock Art Research 33 (1) : 112~113.

Bednarik, R. G. and Y.-P. Montelle 2016. Forensic replication work with Australian cave art. In Robert G. Bednarik, Danae Fiore, Mara Basile, Giriraj Kumar and Tang Huisheng (eds) , Paleoart and materiality: the scientific study of rock art, pp. 99~112. Archaeopress Publishing Ltd, Oxford.

Guo D. S. 1995. Hongshan and related cultures. In S. M. Nelson (ed.) , The archaeology of northeast China: beyond the Great Wall, pp. 21~64. Routledge, London and New York.

Montelle, Y.-P. 2009. Application of forensic methods to rock art investigation — a proposal. Rock Art Research 26 (1) : 7~13.

Qin S., Qin C. and Lu M. 1987. Guang Xi Zuo Jiang liu yu yan bi hua shu lun (The investigation and research of rock art in Zuojiang River valley, Guangxi) . Guangxi Ethnic Publishing House, Nanning.

Taçon, P. S. C., Tang H. and M. Aubert 2016. Naturalistic animals and hand stencils in the rock art of Xinjiang Uyghur Autonomous Region, northwest China. Rock Art Research 33 (1) : 19~31.

Tang H., R. G. Bednarik and G. Kumar 2014. Preliminary report of the 2014 rock art dating expedition of China. Purakala 24: 63~75.

Tang H., G. Kumar, Liu W., Xiao B., Yang H., Zhang J., Lu X. H., Yue J., Li Y., Gao W. and R. G. Bednarik 2017. The 2014 microerosion dating project in China. Rock Art Research 34 (1) : 40~54.

南西伯利亚岩画中的心形人面像

А.Л.扎伊卡　著　肖波　译

摘　要：心形样式的人面并非南西伯利亚岩画中的典型形象。它有两种亚型：剪影式和轮廓式。它来源于当地新石器时代人群的宗教神话观念，并受到古代邻近的泰加林和森林地区，尤其是安加拉河下游地区人群的影响。这些过程可以在米努辛斯克盆地的奥库涅夫文化的岩画中得到最好的体现，并且在叶尼塞河上游和戈尔诺—阿尔泰岩画中得到间接体现。

关键词：新石器；铜石并用；岩画；石柱；分类；断代；语义；类人形图像心形人面；“图伊姆”类型人面；奥库涅夫造像传统

前　言

类人型图像最早出现在旧石器时代的艺术中，但经济和社会的发展并未使其得到广泛的传播，甚至更少人格化。小型艺术品比较流行，尽管原始艺术具有自然主义的特点，然而，大多数女性形象的雕塑还是失去了个性。图像的侧面具有动物艺术的传统，并且通常以夸张面部细节特征的漫画图像形式表现。尝试从正面表现人脸的情况是个别而随机的，而且并非总是成功（扎伊卡，2007）。

新石器时代的艺术继续动物造型的传统，而且在某种程度上继续旧石器时代人像的造像传统。同时，新型的艺术——人面像获得发展。例如人像脸部的正面形象或者人脸面具，这些人脸面具将宽大的轮廓与内部和外部装饰

原文发表于Заика А．Л．Сердцевидные Личины в Петроглифах Южной Сибири [J]．Научное Обозрение Саяно – Алтая．2013, (1).

作者简介：
А.Л. 扎伊卡，男，俄罗斯克拉斯诺亚尔斯克国立师范大学考古系副教授、博士、著名岩画专家。用俄、英、韩等语言出版论著200余部（篇），其中专著6部。
译者简介：
肖波，男，广西民族博物馆副研究馆员、博士。

细节区分开来（扎伊卡，2008）。

心形人面像是这种特殊岩画的形式之一，它在两眼之间的轮廓上面弯曲。心形人面像在从乌拉尔山到阿穆尔河下游地区岩画中都能见到（M.杰夫列特，1997，第240页）。很大程度上它们是北亚泰加林和森林地区岩画的典型。在乌拉尔地区比较著名的是"写石"（维谢拉河）上的人面像（利奥捷耶夫，1978，第102页，图10，6）。心形人面像在托姆河岩画和托姆河的其他遗迹中被发现（奥克拉德尼科夫、马丁诺夫，1972；科夫通，1993等）。完整或有部分轮廓的心形人面像在安加拉河岩画中被大量发现（奥克拉德尼科夫，1978；扎伊卡，2006 б；2012 а）。这类图像在雅库特岩画中则非常罕见（奥克拉德尼科夫、马金，1979，第139页；M.杰夫列特，1997，表1，图9；E. 杰夫列特、M. 杰夫列特，2005，图204，9），而更常见于阿穆尔河下游地区（奥克拉德尼科夫，1971）。

在南西伯利亚岩画中，这种类型的人像并不明显，且很难归入叶尼塞河中游著名的奥库涅夫传统中去。对叶尼塞河上游的穆古尔—苏古尔类型的人面像而言，这种图像也不典型，在阿尔泰卡拉科尔文化艺术中的主题中也很少见。基于这种原因，岩画中的心形人面像，长久以来从未引起该地区岩画研究者的注意。

这项工作的目标是展现南西伯利亚地区岩画中的心形人面像，确定它们的文化属性和年代，研究本区域岩画中该类型图像的产生和发展，以及解释相关的问题。

资料评述

我们的注意力完全集中到具有部分或者完整心形轮廓的人面像上来，它们创作于岩面、石板以及单独的巨石上。很大程度上涉及的是石板上用浮雕形式制作出轮廓的人面像，出于解释理论的需要，主要将浮雕型的轮廓区分为浮雕和浅浮雕两种结构。

叶尼塞河中游

1. 来自塔加尔墓葬围墙的一块砂岩石板（155厘米×104厘米×24厘米），该墓葬在希拉湖东南4.5公里处，南距松河0.7~0.8公里（利奥捷耶夫等，2006，图29，第72号）。岩面的正面（南面）是"三眼"奥库涅夫类型的人面（按照Д.Г.萨维诺夫的分类，属于切尔诺夫斯卡亚类型的第二亚型）（萨维诺夫，2006）。在石头右上角一块宽敞的平面上，敲击出一幅有轮廓的心形人面（图1，4）。图像的中心部分剥落。水平椭圆形的眼睛中间带有小窝或瞳孔，嘴唇不完整。

2. 来自阿斯基兹区乌斯季—叶西近郊的墓葬附属的一块砂岩石板（保存

于哈卡斯博物馆）（30厘米×31厘米）。在上面有不同时期的图画，用不同的技术制作（敲击、雕刻、磨制）（利奥捷耶夫等，2006，第98页，第238号）。在右下角保存有心形人面轮廓的残片，通体磨制而成（图1，1a）。用浮雕的方式刻画隆突的眼睛，鼻子的线条在两眼之间，上面是嘴的边缘。

3. 来自阿斯基兹区更南的波尔塔科夫村的塔加尔墓葬围墙的砂岩石板（250厘米×120厘米）。巨大的带有射线的脸部占据了宽阔的平面。在其下方补充敲凿了几个不同类型的小巧的脸（利奥捷耶夫等，2006，第96页，第203号）。左边边缘保存有心形人脸轮廓的局部（图1，2a）。中间位置是2个无轮廓的人脸（图1，2б，2в）。局部的无轮廓心形人面在眼睛上刻画有括弧（眉毛？）。同样在岩面右边敲击出心形的局部轮廓，但是区分出了鼻子的轮廓。（图1，2г）。

4. 来自白伊尤斯河右岸希拉区特罗斯基纳村近郊的灰色花岗岩（140厘米×68厘米）石雕像（保存于哈卡斯博物馆）（利奥捷耶夫等，2006，第91页，第141号）。在脸的一面刻有浮雕的带有人面的图像，该图像在鼻子上有小型人面画像（图1，3a）。倒三角形轮廓的人脸，在上部有不大的“角的”分支。古代工匠连续不断地磨制浮雕，鼻子和眉弓以上的线条下面部分磨平，将人面内部的空间做成心形轮廓（图1，3б；在已公布的插图中，脸部轮廓以倒置形式显示）。在雕像侧面的边缘发现了6幅不同种类的纵向排列的人面像，可以分为3组。下面的人面像具有颅骨状的外形，它的上部轮廓有心形“弯曲”（图1，8г）。在其上方是带有多层弧状眉毛的人面，这是心形人面像的典型特征（图1，8в）。

5. 来自阿斯基兹河左岸塔加尔文化墓葬砂岩石柱（墓葬围墙的东北部石头），离上阿斯基兹村10千米，在2号农场附近（萨瓦杰耶夫，1983，第20页）。在石头的狭窄边缘，保留了具有奥库涅夫人面像特点的近似直角形的人面像残片。在其上方，通过敲凿勾勒出心形人面的逼真形状。她的眼睛和嘴巴以水平线表示。鼻子的纵向线在底部有一个三角形轮廓（鼻翼？）（图1，7）。

6. 来自阿斯基兹区别利特尔铁路会让站近郊的砂岩石头上（28厘米×20厘米），是属于塔加尔文化的围墙的一块残石（现保存于哈卡斯博物馆）。岩画精确地敲凿而成，人面像不大，非奥库涅夫传统的典型形象（利奥捷耶夫等，2006，第99页，第251号）。该图像具有颅骨状轮廓，在上部有平滑的心形“凹槽”。在眼睛下方是水平线条，它们之间是两条纵向的线条“花纹”。嘴的两侧由短斜线限定（图1，9）。

7. 来自乔亚河（石泉通古斯卡河）和塔什特什分水岭处，离乔亚河下游村庄约6千米处的直立砂岩巨石（160厘米×60厘米）（现保存于哈卡斯博物馆）（利奥捷耶夫等，2006，第97页，第218号）。侧面敲凿出无轮廓的示意性人脸，类似于奥库涅夫类型人面像（“切尔诺夫斯卡亚类型第一亚型”

1. 第238号；2. 第203号石柱（局部）；3. 第141号石像（人脸正面局部）；4. 第72号石柱上的图像；5. “戈罗多夫墙”岩画上的人面；6. 普洛斯库利亚科娃洞穴岩画；7. 上阿斯基兹附近石柱；8. 第141号石柱；9. 第251号石柱；10. 格奥尔吉耶夫斯卡娅岩画上的人面；11. 第83号石柱上的图像；12. 萨满石上的人面；13. 第218号石柱上的图像；14、15. “皮亚石”岩画中的人面；16. 第121号小石像；17. 乌斯季—土巴4号岩画点中的人面；18. 第134号石板；19. 第90号石板（1~4、9、11、13、16、18、19引自利奥捷耶夫等，2006；5、6、10引自А.Л.扎伊卡；7引自萨瓦杰耶夫，1983；12引自吉姆·周克·别等，2007，图34；14引自杰夫列特，1976，图9，4；15引自米克拉舍维奇，2006，图9；17引自利奥捷耶夫，1978，图3）

图1　叶尼塞河中部岩画中的心形人面像

（萨维诺夫，2006））。其特征是具有纵向的“鼻子”线条。两眼的纵向弧形在上部闭合，形成心形的“弯曲”（图1，13）。

8. 来自叶西河的克孜拉斯村附近带有恰阿塔司“чаатас”① 的砂岩石柱（135厘米×65厘米）（现保存于哈卡斯博物馆）。用很深的沟槽形的线条制成，并有大量后期的小窝叠压在上面（利奥捷耶夫等，2006，第85页，第83号）。在石板的右部边缘，还添加了带有颅骨状面具或人面的类人形图像（图1，11a）。人像的胸部有一个心形人面像，其上部是剪影式的，而下部是轮廓式的（图1，11б）。

9. 来自基赞地区奥克拉赫特山麓的砂岩石板（2.5米×3米）。该块石板上刻画了将近一百幅各种图像，包括动物、太阳符号、人面像、匕首和类人型图像）（科瓦列夫，2011，第86页，表63）。在石板的东部边缘有心形剪影人面像。该人面像有用浮雕法制成的“凸起的”眼圈和嘴，以及三角形轮廓的鼻梁（图1，12）。

10. 来自乌斯季—阿巴坎地区的恰尔科夫村近郊的别伊卡河的绿色砂矿岩的小突厥雕像（33厘米×10厘米×8厘米）（利奥捷耶夫等，2006，第90页，第121号）。在鹅卵石的一端，心形人脸部分被用浮雕的形式表现了出来。剪影法敲凿成“凸起”的眼圈，弧形的眉毛，被拉伸成梯形的鼻子，水平带有缝隙的椭圆形嘴唇（图1，16）。

11. 普洛斯库利亚科娃岩洞，由石灰岩构成，位于白伊尤斯河右岸希林斯克区叶夫列姆基诺村，离水面6~7米，岩洞朝南。在洞穴的深处（离入口约5米），在距左墙两个相邻平面的“地板”1.9米的高度，用深红色的颜料制作出3个简单的面具图像，图像带有向两边下垂的“辫子”（图5）。中间的人像刻画有明显的心形轮廓，用圆点来表示眼睛，圆圈表示嘴。胳膊和身体的线条已经不完整（图1，6б）。侧翼面具有圆形轮廓，但在上部有一个纵向的划线（心形“偏转”的雏形）在面部的右侧（图1，6c）。两侧人脸都有圆形轮廓，但是右边的人脸（图1，6в）顶部有纵向的线条（心形“弯曲”的残迹？）。

12.“戈罗多夫墙”岩画，石灰岩构成，位于克拉斯诺亚尔斯克水电站右岸，在诺沃谢罗沃村对面。在平面的锐角处悬垂27幅人面像和斜交叉形式的标志，用红色赭石绘制而成（扎伊卡等，2004，第257页）。人面像有一个几乎空心形的轮廓，在“下巴”位置有两条倾斜的线条（图1，5），在岩石上以倒置的形式显示（安加拉河下游岩画的工作实践表明，在岩石的飞檐和陡峭倾斜的平面上，类人形的图像通常以倒置的形式绘制（扎伊卡，2006б）。

13. 米努辛斯克地区铁西村土巴河左岸近郊的格奥尔吉耶夫岩画。在岩面上敲凿而成。在一个平面上，用敲凿法制作出以有蹄类动物为主的成组图

① 译者注：чаатас是哈卡斯—米努辛斯克盆地的6~9世纪的吉尔吉斯人的考古学文化，以及属于该文化的特定墓葬的名称。

像，具有“米努辛斯克”风格，有巨大的人脸和人像轮廓。人脸具有圆形轮廓，在轮廓上部、下部以及右侧略微凹入（图1，10）[①]。人面像有2根角状头饰（也不排除（右侧）有第三个“角”，与邻近动物背部线条相吻合）。在眼睛的两个圆形轮廓内部，敲凿出两个圆点表示瞳孔。U形的鼻子（嘴？）中断“花纹”的中央水平横线，并从下面与其相连。

14. 来自乌准—哈尔墓葬的砂岩石板，位于希拉区（哈卡斯共和国——译者注）图伊姆河岸边。2块石板残片用作墓葬的盖板（103厘米×130厘米和90厘米×102厘米）。在石板上敲凿出了很多类人型图像和不同类型的人面，这些图像在奥库涅夫艺术中并不常见（图2，6）（Л.克兹拉索夫、И.克兹拉索夫，1987；利奥捷耶夫等，2006，第85页）。

叶尼塞河上游

1. 来自于费德罗夫卡河（乌斯河的右支流）左岸被犁过的田地里的3块砂岩石板（30厘米×50厘米×6厘米~10厘米），在下乌辛斯克村西南7千米处。“石板上用浮点法敲凿出2幅对称排列的人面像……类似于穆古尔—苏古尔和钦格岩画……根据风格特点，该遗址属于青铜时代”（博科文科，1984，第9~10页）。人面有外部心形轮廓，轮廓两侧有类似于“耳朵”的凸起。刻画出眼睛和嘴巴。鼻线上部的线条与心形“凹槽”连接，下部则与横向的凿线相连（图3，1 a）。

2. 一块小圆石（27厘米×17厘米×12厘米），发现于多戈—巴拉墓地内被草坯覆盖的一层石块的中间，位于比伊—海姆河右岸台地上，距离大小叶尼塞的交汇处7千米（丘古诺夫，1997，第237~238页）。在圆石的一面上，用浮点法敲凿出无轮廓人面像。圆形凹穴表示眼睛，水平线条表示嘴。鼻子的梯形轮廓在顶部与眼睛上方的弧线（眉毛？）相连。在鼻梁上方随意地敲凿出“第三只”眼睛（图3，14）。

3. 位于乌鲁克—海姆左岸萨彦峡谷穆古尔—苏古尔地区的人面像岩画，以及位于钦格河河口及其对岸位置的岩画。岩画用浮点法敲凿在岸边的岩石、单个的小圆石及巨石上。岩画定期被水淹没，许多岩面都被沙石冲洗过（杰夫列特，1976，第6页）。人面像通常有圆形轮廓、眼睛、嘴巴和用直线或三角形线条表示的鼻子。人面像通常刻画有纵向的诸如“Φ”式样、“树枝”（“天线”）位于头顶两侧的“角”等。面部轮廓下面常连有一条短直线（图3）。M.A.杰夫列特专门将其划归为“穆古尔—苏古尔”类型（杰夫列特，1980）。部分人面像有内部或外部的心形轮廓（图3，5、9~11、15），部分图像的眼睛上方有连在一起的弧线（图3，2、4、6、7）。

戈尔诺—阿尔泰

1. 卡尔巴克—塔什岩画，位于丘雅河右岸，距伊雅村和伊奥德罗村之间的楚伊大道723千米。在由页岩组成的平坦岩石山丘上，发现了超过500组

①译者注：此处应为（图1，10），原文作者书写错误，写成（图1，9）。

图像，单体岩画图像超过5000幅，由敲凿和雕刻两种技法制成。此外，还有一些古斯堪的纳维亚文字。图像包括动物、人像和战车等。一个没有四肢（“小人偶”）的戴有面具的人面像引起了人们的注意（库巴列夫、马托奇金，1992，图34）。人面像在下面有四角形的轮廓，在上部具有心形凹槽，并用小凹穴表示眼睛。人脸轮廓外侧围绕一圈线条，其内部同样覆盖有雕刻的线条（图4，19）。

2. 在卡拉科尔村的西郊5号墓葬石棺的东壁上，有一个用雕刻和磨制技法制作并涂有颜料的正面人像，人像的脸部呈圆形，或是戴有圆形的面具，面具上部有“公牛”角状饰品（库巴列夫，1988，第66页）。脸内刻有心形轮廓和带有拱形“眉毛”的圆形眼睛，以及从下方用短线包合的括弧状“嘴巴”（图4，16）。

图像分类

经过初步研究，可将人面像划分为三组：颅骨状、心形剪影状、心形轮廓状。

颅骨状人面像轮廓上方的“弯曲处”不明显，与人面像两侧轮廓的凹陷处结合在一起（图1，8 г 、9、10、11 а ；图2，13；图3，3）。它们通常位于米努辛斯克盆地的奥库涅夫石柱和石板上。

对大多数剪影状的心形人面像而言，它们具有以下典型特征：图像的主要部分被敲凿或者通体磨光；仅仅剩下纵向的鼻子线条（它在人面轮廓的上部处断开），用浮雕的方式绘出瞳孔和嘴部（图1，1a、3 б 、11 б 、12；图2，3 б 、8 б 、10、11、13、15 б ）。一些人面像被添加了外部轮廓（图2，14，15a）。它们集中在米努辛斯克盆地的石板上。这种心形人面像可以归为浮雕状的，制作于椭圆形砾石上的（图1，16），以及尚未完成的（图1，2 г ；图2，6、7、8a、9）。

这种人面像在图伊姆河墓葬石板残片上最为集中。考虑到地域范围和风格变化，笔者提出了深入考察剪影式心形人面像形成的可能逻辑关联。在第一阶段，用敲凿的方式将瞳孔和嘴轮廓凿出（图2，12），然后用敲凿的方法添加上“水珠形的”眼睛（图2，6、7、8a、9）。由于内部空间的问题，鼻子部分最终没能敲凿出，并用之前的长圆圈环绕眼睛和嘴巴，随后用剪影法添加上了人像的躯干部分。

考虑到所研究的心形人面像剪影的独特性时，这组类人型图像应当像（根据主要发现地点）“图伊姆”类型的人面像一样被强调。在讨论“水珠形的”眼睛形成的原因时，应当将注意力转向来自于塔什—哈扎（图1，19）的奥库涅夫早期墓葬的人面像中。与“图伊姆”人面像不同，它有圆形的外

图2　乌准—哈尔墓葬石板上的人面像

部轮廓，而水珠形的眼睛只有一个轮廓。类似的外形在土巴河的入口处，在卡梅什金的大圆形石板上和伊吉尔—塔什的岩画中也有发现（图1，14、15、17、18a），而没有完成的类型在属于奥库涅夫文化的叶欣9号墓葬中也有发现（图1，2д）。我们预先将它们归为“图伊姆”人面像“有轮廓的”类型里。

“典型的”有轮廓心形人面像很少，它们有完美的心形轮廓，通常都刻画有眼睛和嘴，鼻子较少一些（图1，4、5、6б、7）。与剪影式不同，它们中的一些是用颜料绘制的。无轮廓的或者有部分轮廓的可以归为这种类型的某种亚型，有部分轮廓的人面像的眼睛上方有弧线，或者有其他轮廓外的残片（图1，2б、2в；图2，1б、5；图3，2、4）。大多数情况下，有轮廓的人面像集中在叶尼塞河中游，而穆古尔—苏古尔人面像（图3，5）、卡尔巴克—塔什岩画中的“神像”面具和戈尔诺—阿尔泰的卡拉科尔墓葬中石板上的正面人像（图4，16、19）除外。

这种有轮廓的心形人面像构成了特殊的类型，它们集中在叶尼塞河上游（穆古尔—苏古尔岩画、钦格岩画），其心形轮廓可通过内部的，而非外部的敲凿面辨认出来（图3，10、11）。值得注意的是，它与剪影式的人面像一样，其上部被表示鼻子的垂直线条分开。与“穆古尔—苏古尔”类型的其他人面像不同，事实上，它们在下巴下面没有“天线”和线条。在某种程度上，这种人面像是叶尼塞河中部剪影式心形人面像的倒置。它们与有轮廓人面像的风格联系发现于乌辛斯基盆地石板上的心形人面上（图3，1a），某种程度上也发现于哈卡斯奥库涅夫文化石柱的人面上（图1，7）。

年代问题

上述图像主要属于奥库涅夫造像传统（杰夫列特，1997；萨维诺夫，1997）。虽然按照目前的发现，最古老的应当属于哈卡斯北部图伊姆地区环形巨石墓葬中石板上的图像。按照发掘者的观点，对研究者而言，两个遗址（古墓和环形巨石建筑），均属于铜石并用时代（Л.克兹拉索夫、И.克兹拉索夫，1986；1987）。除根据随葬品作为断代依据外，奥库涅夫文化早期带有岩画的墓葬也是一种断代依据。

将注意力转向乌准—哈尔铜石并用时代墓葬中带有岩画的石板这种仿制品上，我们可以认为，它的早期阶段分布在奥库涅夫早期造像传统的地域内。自然而然地出现以下问题：“图伊姆”类型的剪影式心形人面像的年代是否与著名的“塔斯—哈金”类型的古代类人型的人面有关？

对“塔斯—哈金”类型的类人型图像而言，有如下特征（利奥捷耶夫，1978；萨维诺夫，2006）：有轮廓的人面像；横向的线条或者对角线或交叉的“花纹”的人面像，在人面像的“前额”部分（内部构图）有纵向的线条；尖顶的头饰或者天线状的头饰，纵向的“角”（外部构图）；类人型图像的双臂上扬（头部“陷进去”）；类人型图像的躯干正面显示，而腿部从侧面显示（更少的情况下——所有图像都从正面显示）。

在乌准—哈尔墓中的石板上，晚期的“图伊姆”类型的人面像亚型被增加了轮廓，轮廓被射线环绕并“被塞进”更晚添加上的躯干里（图2，

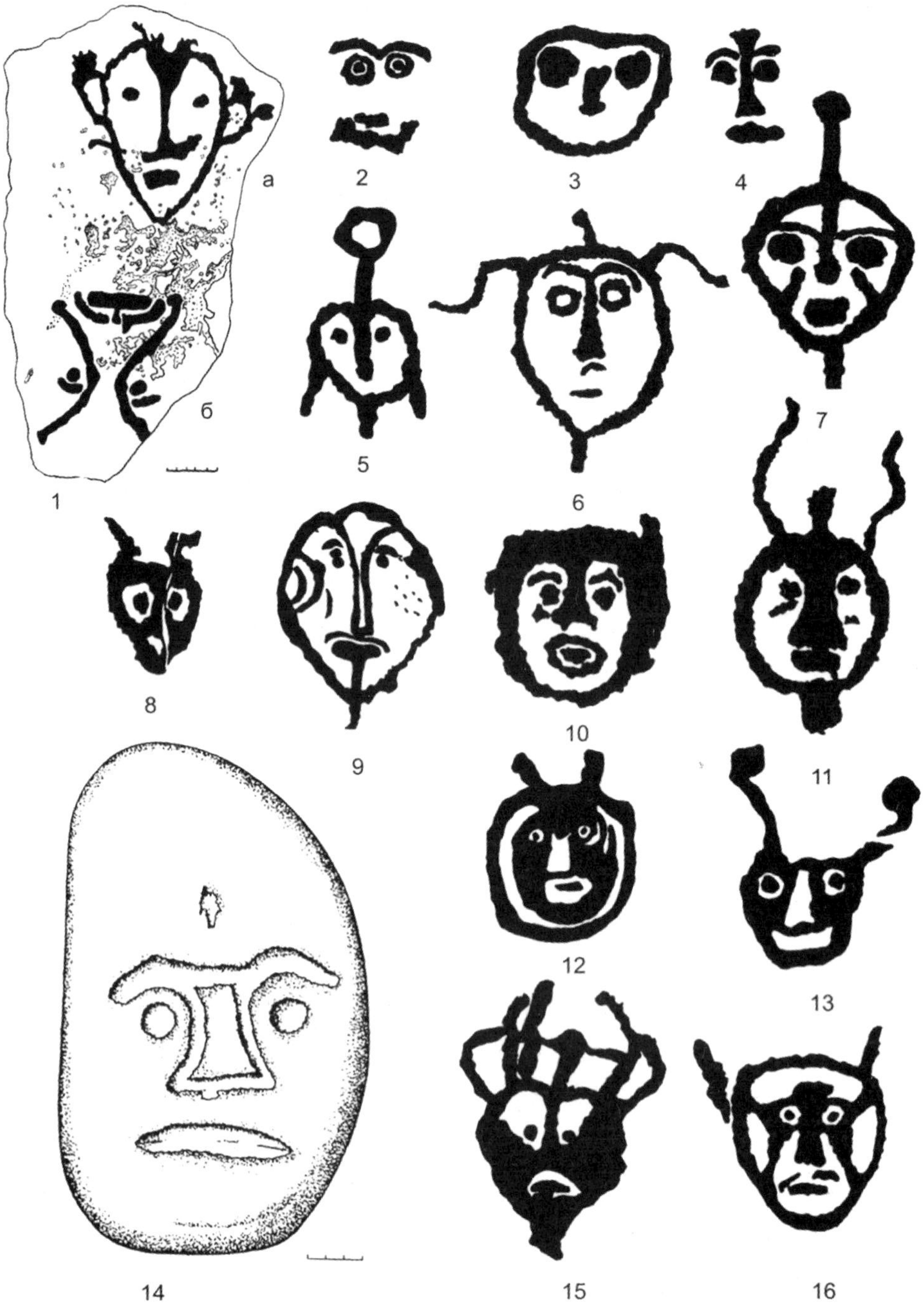

1. 乌辛斯基盆地；2~6、8、10~13、15、16. 穆古尔—苏古尔地区；7，9. 钦格河河口；14. 多戈—巴拉墓地（1 引自博科文科，1984；2~13、15、16引自杰夫列特，1976，图4~7；14 引自丘古诺夫，1997，图2）

图3 叶尼塞河上游岩画中的人面像

1、2.新石器时代的沃兹涅先诺夫卡居址；3、4. 新石器时代的孔东遗址；5. 塔谢耶瓦河附近石板上的图像；6. 班谷杰岩画中的人面像；7. 鸟形图像残片；8. “格奥菲济克”人面像岩画；9、10. 萨卡奇—阿连岩画；11、12. 阴山岩画；13. 萨姆斯4期居址；14. 卡缅卡1号岩画点；15. 长石滩岩画；16、17. 卡拉科尔墓葬；18. 沙拉博利诺岩画第2地点；19. 卡尔巴克—塔什岩画；20. 卡缅卡岩画；21. 维杜姆斯基—贝克岩画（1~4、9、10.阿穆尔河下游；5、8、14、20、21. 安加拉河下游；6. 韩国；7、13.西西伯利亚；11、12. 中国北部；15. 安加拉河中游；16、17、19. 戈尔诺—阿尔泰；18. 叶尼塞河中游）（1~4引自梅德韦杰夫，2005，图8，36；5，8，14，20，21引自扎伊卡2012 a，表5；6引自李，2005，图1；7引自克柳契尼科夫、扎伊卡，2006，图2，10；9，10引自奥克拉德尼科夫，1971，表98，99；11，12引自杰夫列特1992，图4，7，8；13引自叶欣，2009，表1，图143；15引自奥克拉德尼科夫，1978，表24；16，17，19引自萨维诺夫，1997，图4，8；18引自А.Л.扎伊卡（1~4、13. 陶器；7. 青铜器；5、6、8、9~12、14~21. 石头上的图像））

图4　古代亚洲艺术中的人面像

15a）。没有胳膊，人物的腿只有侧面轮廓（图6）。不能否认，最初的变形源于“塔斯—哈金”类型图像传统的承载者。“塔斯—哈金”的雕刻人像是模仿自所选取的中心形象（图1，19）同样是无可置疑的（利普斯基，瓦杰茨卡娅，2006）。随后应当指出，中心形象在前额部位有纵向短线（像乌斯季—土巴的人面像）。考虑到“有轮廓的”人面像亚区与剪影式心形人面像（图1，18a、18б）以及“塔什—哈金”类型的人面在“皮亚石”岩画的分布区接触，在将注意力转向地层学和风格学指标时，会发现“有轮廓”人面像亚区事实上作为“图伊姆”和“塔什—哈金”类型人像转变的/中间的阶段出现。

这种人面像的存在可能在238号石板（图1，1a、1б）中得到证明。“图伊姆”类型人面像是对“塔斯—哈金”类型的仿制，在奥库涅夫83、141、203（图1，2a、2в、2д；3a、3б；11б）号石柱上得到体现。以“图伊姆”类型的人面像为例，奥库涅夫造像传统最晚的亚型集中在萨满石（图1，12）岩画中，其大多数被断代为青铜时代晚期（公元前11~公元前8世纪）（科瓦列夫，2012，第86页）。考虑到图的整体布置中的单个图像及其外围状况，可以说该区域的后来的文化艺术中基本保留了这类图像。

这样，“图伊姆”类型的剪影式的心形人面像不晚于铜石并用时代，在奥库涅夫造像传统区域的岩画中一直得到保存，其“孑遗的”类型延续到青铜时代晚期。

叶尼塞河中游的有轮廓的人面像大多数集中在奥库涅夫石柱上，但事实上，这是对中心固有图像的一种模仿（图1，2，4，13）。唯一的例外是岩石上的彩绘岩画。由于图像极为简洁和知识匮乏，“戈罗多夫”墙壁上的图像仍然难以断定年代。普洛斯库利亚科娃岩洞（图1，6）的构图需要更多的关注。构图组合的性质，统一的配色，一系列共同的风格特征，不仅表明人像是同步使用，而且表明他们的创作者相同。弧形的线条（辫子），对奥库涅夫形式连接到人面外轮廓的上面部分而言是非典型的，但是在“图伊姆”类型和“对角线或交叉线”类型的人面中遇到（图1，14；图2，11）。“图伊姆”类型的既与邻近地区的乌准—哈尔墓葬直接相关，在这里它们表现得最集中，也与心形轮廓的中心人像的人脸直接相关。塔斯—哈金传统既在两侧图像（有轮廓的人面像、简练的内部构图、在人面像“前额”部分有纵向竖线）中得到继续，也在中心人像中得到继续（齐腰的人像、被缩短到颈部的、最上端是角的形状）。在风格上和肖像学方面，完全来自普洛斯库利亚科娃岩洞的人像，结合了奥库涅夫人面像最早阶段的特征，所以处于中心位置的心形人面像可能被认为是一系列著名的叶尼塞河中部“经典的”有轮廓的形象中最早的。

叶尼塞河上游著名的“穆古尔—苏古尔”类型的人面像，同样属于奥库涅夫造像传统的分布区，但是，M. A. 杰夫列特用足够多的论据断定其年代在青铜时代（1980，第227~230页）。显然，最早的应当是有内部心形轮廓的人面像（图3，5、9~11），它按照反转原则复制了“图伊姆”类型的人面。此外，多戈—巴拉墓地墓葬残片中的这种石制心形人面的部分样式被添加了第三只眼（图3，14）。在乌辛斯基盆地石板上的带有外部和内部心形轮廓的人面像与无轮廓的人面像相邻，后者结合了奥库涅夫人面像面部的（垂直括弧状纹饰）和穆古尔—苏古尔类型的（括弧状“胡须”和“眉毛”）（图3，1）。

图5　普洛斯库利亚科娃洞穴红色涂绘岩画

在戈尔诺—阿尔泰有轮廓的心形人面像中，像已经指出的那样，仅出现在以下情况中：人像的人脸面具、墓葬石板和石柱上。石板上的图像表现在卡拉科尔文化的埋葬中，它比阿凡纳谢沃文化的年代要晚，实际上与奥库涅夫文化同期。В.Д.库巴列夫依靠岩画的主题—风格特征和羊皮纸文献的分析，划分“所有卡拉科尔岩画创作的三个主要的时期或者阶段”：“猎人时期”（公元前4000年至公元前3000年中叶），“牧人时期”（公元前3000年下半叶），“萨满时期”（公元前3000年末至公元前2000年初）（库巴列夫，1988，第97页）。这种根据某个对象对岩画进行广泛的年代划分的观点引起了争议，但这个年代序列无疑是正确的。В.И.马罗金将卡拉科尔岩画归为唯一的与叶尼塞河奥库涅夫艺术相关的文化综合体（马罗金，1993）。Д.Г.萨维诺夫将上述与墓葬（卡拉科尔墓葬第6组）直接相关的正身人像年代归为卡拉科尔壁画年代最晚的一期（萨维诺夫，1997，第207~207页）。刻画为圆形有轮廓的面具的心形人面像（图4，16）被认为属于其中之一。类似的图像上的角对该组的其他类人型图像来说也是共同的属性，在它们之中上述的没有肢体的人物形象需要引起注意。类似的人像在卡尔巴克塔什岩画的心形“人偶”面具图像中发现很多共同点（图4，17б、19）。从墓葬物品的年代特征来看，卡拉科尔墓葬以及墓葬石板上晚期图像的年代为公元前18~前16世纪（马罗金，2007，第281页）。

图6　乌准—哈尔墓葬石板上的岩画

像有轮廓的心形人面像一样，颅骨形的人面，大多数集中在奥库涅夫石柱上，并按照中心图像的样式被临摹（图1，8г、8а、9、11а）。最早的可能属于格奥尔吉耶夫斯科娅岩画（图1，10）。从构图上看，它与“米努辛斯克”类型含有有蹄类动物的绘画有共同的特点，具有“塔什—哈金”类型的人面典型的特征（圆形的轮廓，横向的“花纹”样式，顶部是2或3个“触角”的形式）。

颅骨形状的人面像集中在乌准—哈尔墓葬中的石板上（图2，16、2а、13），它们是按照“图伊姆”的类型来进行制

图7　塔谢耶瓦河附近石板上敲凿而成的人面

作。显然，141号石柱上的颅骨状人面像是按照这个原则来进行制作的（图1，8г）。带有胸部的颅骨形人面像仿制了83号石柱中的“塔斯科尔”类型的中心人像，而最初则来自于“图伊姆”类型的人面像（图1，11a）。最晚的颅骨形的有轮廓的图像是251号石柱（图1，9；显然，属于奥库涅夫文化的“切尔诺夫斯卡亚类型图像的第一亚型”（萨维诺夫，2006）。与其最类似的是第123和263号石柱上的人面像（利奥捷耶夫等，2006）。外部轮廓的存在特别的重要，没有“角”和“第三只”眼。

心形岩画的起源和语义学

根据前面的分类法和依靠年代学得出的参数，可以指出南西伯利亚岩画中心形人面像构图的两条途径——以剪影状和轮廓状人面像为例。

剪影状人面像。在研究“水珠形”眼睛的构图起源时，应当将注意力转向上述的亚洲其他地区古代居民的肖像学因素。最古老的有水珠状眼睛的心形人面像（图4，1、2），出现在阿穆尔河下游的新石器时代的沃兹涅先诺夫卡文化的陶器中（公元前4000年末至公元前2000年）（梅德韦杰夫，2005）。在很多情况下，没有外部轮廓的“水珠状”的眼睛在远东陶器中可以见到，图像通常在水平面上显示，这也是许多萨卡奇—阿连人面像岩画的典型特征（图4，3、4、9）。一些阿穆尔河下游的人面像中有水珠状的轮廓，上面布满纵向的尖端或者有向上的对角线（图4，10），即与“图伊姆”类型的人面像在相反的方向。

带有水珠状眼睛构图的类人型图像，同样出现在中国北方阴山（“流泪的”人脸和朝鲜半岛南部（图4，6、11、12）。中国最古老的类人型图像可能属于铜石并用时代（杰夫列特，1992，第40页），在韩国的板固街则接近于新石器时代（距今6000年）（李，2005，第365页）。

由于风格和图像惊人的相似性（图2，14和图4，2a、2в），用居民迁徙或者间接的经济文化联系来解释它们是可行的，但应当充分考虑到这些地区之间有相当远的距离（近5000公里），并且，目前在北亚和中亚中间地带的古代文化中缺乏这种造像传统的证据。此外，众所周知，在塔谢耶瓦河（安加拉河下游左岸的支流）（扎伊卡，2005）岸边的砂岩石板残片上偶然发现了此类图像。这个图像用敲击的方式制作，是在眼睛上方带有水珠状轮廓的心形人面。在眼睛之间有很深的弯曲处代表“鼻子”，属典型的“图伊姆”类型人面像（图7）。与此同时，平行的水珠状眼睛和轮廓状的轮廓将其与上述人面像区分开来，看来认为其是源于对叶尼塞河中部的剪影形式的模仿并非完全适当的（图4，5）。

“图伊姆”图像传统的间接影响可能在安加拉河中游被发现。在多尔吉石滩的岩画中发现了一个心形人面像，其在两眼之间的地方用圈状的轮廓（“鼻子”）标识出来，它的顶端与心形的“弯曲处”结合在一起（图4，15），这是“图伊姆”类型的典型特征（图2，8б、10、15a、15б）。A.П.奥克拉德尼科夫将多尔吉石滩的心形人面像断为早期铁器时代，在详细说明这一点时，他提出论据，岩画制作的优美，与安加拉河沿岸金属制的人像的脸部类似（奥克拉德尼科夫，1978，第183页）。考虑到在上述带有纵向头饰人面像的邻近地区，还发现了具有类似特征的驼鹿头部（岩面上没有其他图像），可以断定这些心形形象的年代为更早时期的。在所有情况下，按照A.П.奥克拉德尼科夫所述，这些岩画通常“仿佛被硬塞进一个很大的图像综合体中，被草率地插入剩下的空间中”，属于格拉兹科夫时期（奥克拉德尼科夫，1966，第128页）。这些事实引起了按照“图伊姆”类型人面像来复制安加拉河人像的猜想，证明了后者的本土性质。

在一般的情况下，安加拉河下游岩画中的心形人面像的普及过程中（扎伊卡，2006б），有奥库涅夫造像传统的显著参与（扎伊卡，2006а），“图伊姆”类型图像的唯一性或者在毗邻的安加拉河地区岩画中其因素的唯一性，看起来有些令人难以置信。这显示了带有水珠形眼睛的人面像从安加拉河向叶尼塞河外部传播的解释理论是不能令人信服的。部分地，按照E.Г.杰夫列特的设想，来自内蒙古的古代移民通过几次来到北方，到达阿穆尔河下游和安加拉河北部（杰夫列特，1999，第373页；2000，第132~133页）。“……来自中亚腹地的居民，像来自一口煮沸的大锅，向不同的方向四溢出去，其中就包括向北方地区的移民浪潮。人面像成为他们迁徙路径的见证。来自中亚的居民集中到北方时，移民沿着太平洋沿岸和安加拉河盆地到叶尼塞河地区”（M.杰夫列特、E.杰夫列特，2006，第326、328页）。这再一次证实了该图像的古老性和本地性，来源于某些本地的“图伊姆”造像传统，这种本地性在跨区域的联系中失去了现实意义，并采用了其他的形式。

在西伯利亚西部的艺术中，更准确地说，在早期铁器时代的和中世纪时代的金属制品中，经常可见到鸟型人物的胸部带有心形人面像的题材，在这里我们同样发现了唯一一幅与“图伊姆”类型人面像相关的图像证据（图4，7）。

至于中叶尼塞地区，考虑到前面提到的事实，应当指出，“图伊姆”类型的人面像，出现于奥库涅夫造像传统的早期阶段的构图中的同时，从一方面来看，与另外一组青铜时代晚期的类人型图像的形式相符合；从另外一方面来看，它还影响到一些人面像的构图，例如“塔斯—哈金”类型。在后一种情况中，心形剪影式有半圆形和圆形的轮廓，或者嵌入其中（图1，17、18a、19；图2，15）。眼睛和嘴的边条独立存在了一段时间（图1，17、18a），然后与外部轮廓合在一起，用弧形的线条简练地强调“黥面”（图1，16、14）。从相同的角度来看，可能解释其他线条的组合形式，这些线条将奥库涅夫人面像的眼睛和嘴巴区分开来（图1，1в、2е、2ж、2з）。同样，不能排除平面的“图伊姆”的造像经过高浮雕的雕像形式（图1，16）

转换为大的类人型图像的解释（图1，36）。

在叶尼塞河上游，毫无疑问“穆古尔—苏古尔”类型人面像具有独特性。与此同时，像已经指出的那样，一些有轮廓的图瓦人面像“底片”类型重复了“图伊姆”类型的图像特征。此外，一些叶尼塞河上游人面像按照“图伊姆”的工艺制作。在所有情况下，它们有完全相同的一些特点：样式——剪影式的，但是没有敲凿出瞳孔的边条和嘴的孔穴（偶尔也有鼻子）（图3，8、12、13、15）。同样地必须指出水珠形眼睛的人面像（图3，16）作为钦格河岩画的一种形式，拉长了其两眼之间的“鼻子”轮廓（图3，9）。如果不考虑钦格河人面像外部轮廓上面的括弧，这个括弧稍微不自安然的闭合（从图中判断），如果不考虑钦格河人面像外部轮廓上面的括弧，这个括弧稍微不自安然的闭合“图伊姆”类型心形人面像有轮廓的类型。

这些事实可以证明“图伊姆”造像传统对“穆古尔—苏古尔”类型的形成和发展的显著影响。一个来自这种文化关联的证据可能是乌辛斯基盆地带有人面像的石板（图3，1）。它们最迟出现于卡拉科尔文化的岩画中。某种程度上，可以将戈尔诺—阿尔泰人面像的纵向“花纹”弧线解释为水珠形眼睛的一种残留（图4，17a、176）。

将视角转向剪影式人面像起源的语义学问题，必须将注意力集中到岩画样式的基本元素——眼睛的水珠状轮廓。在与远东新石器时代的类似物进行对比时，它们可能解释为“鱼”风格的图像（梅德韦杰夫，2005，第63页）。希什基诺岩画（勒拿河上游）中那些环斑海豹的图像（梅德韦杰夫，1992，图2）是这种图像反转（元素——符号的外形）的一个例子，与人面像的轮廓很好地结合在一起。类人型图像的特点体现在圆形的眼睛和椭圆形的嘴上。此外，一个被认为是环斑海豹眼睛的地方放置了一个人面像，这证明了人面像和典型水生动物之间存在语义学的联系（扎伊卡，2009）。相应的，不排除在与“图伊姆”类型人面像有关的最早的人群的经济生产方式与水的环境有关。

有轮廓的形式。叶尼塞河中部地区“典型的”有轮廓的心形人面像，可能是剪影式的（其亚型上文已经研究过）派生产品。但是一些心形人面像（参阅图1，7、4），根据奥库涅夫岩画中的中心形象进行模仿的观点是无懈可击的，它们在该地区岩画中的数量极少，证明了这个主题是外来的，而且已经具有成熟的形状。

为了寻找起源，需要深入研究毗邻地区的古代艺术中的这种样式。西伯利亚西部地区的心形人面像集中在萨穆西文化的陶器上，年代上与奥库涅夫文化接近。在所有搜集到的用于证明萨穆西人和奥库涅夫人文化交流的证据中（叶欣，2002；2009，第162~169页），应当注意萨穆西文化陶瓷器上绘制的心形人面的独特性。它们有传统的半椭圆型，通常在上部刻画出角状轮廓（图4，13）。与人面像心形轮廓类似的构图很大程度上证明了是借用过来外形的一种变体。

在托姆河和其他托姆河沿岸的岩画中发现了10个接近现代的有心形轮廓人面像（奥克拉德尼科夫、马丁诺夫，1972；科夫通，1993；科夫通等，2005；等等）。考虑到“安加拉”传统的风格存在于动物图像中，根据其年代特征，有理由假定心形人面像较晚出现于该地区岩画中，这显然是由安加拉河图像影响造成的。

相反地，与许多人像中的心形人面像不同，这种类型在安加拉河下游岩画中有很多（图4，8、14、20），时代从新石器时代到早期铁器时代和中世纪时代（扎伊卡，2004，2006 б）。注意到大量关于米努辛斯克盆地古代居民跨文化联系的证据（克柳契尼科夫、扎伊卡，2002；扎伊卡，2006 a），考虑到奥库涅夫造像传统参与到安加拉河下游岩画中（图4，21），有理由假设奥库涅夫人或原始奥库涅夫人遇到一些原始森林文化的主题，这些主题部分是心形轮廓人面像。在我们看来，图像的传播及其相关观念，在安加拉河河口的左岸地区可以找到（扎伊卡等，2000）。

除了众所周知的心形轮廓的人面像，还可以在叶尼塞河中部地区观察到这种造像传统的雏形：奥库涅夫石柱（利奥捷耶夫等，2006，140号）和岩画（图4，18）中人脸上部的三角形的轮廓，在眼睛上方弧线的上部添加一个心形轮廓（利奥捷耶夫等，2006，第43、108号）（图1，8 в），以及心形轮廓的部分变体等（图1，2 б 、2 в ）。

在戈尔诺—阿尔泰岩画中，心形轮廓的人像仅发现数例，并且看起来是与叶尼塞河中部奥库涅夫造像传统的携带者文化交流的结果。根据人物图像的判断（图4，16、19），卡拉科尔的图像不是神话中的人物本身，而是他们的再现（“人偶”、模型、祭祀的对象）（萨维诺夫，1997，第209页），为了开展仪式，其图像在区域文化空间内被简化了。也就是说，某些地方接受了这种形式（脸部的肖像学），并且弱化或变换了其原始含义，表明了该研究对象被广泛借用过。

现在，让我们转向北亚古代艺术中心形人面像出现原因问题的语义方面，和它们在南西伯利亚岩画中流行的原因，以及对人面像内涵的解释。

按照E.A.奥克拉德尼科娃的观点，心形人面像是一个来自脑形图像的变体（奥克拉德尼科娃，1979，第39~42页）。M.A.杰夫列特猜想，在心形人面像凹穴处，标出了顶部的窟窿，按照古代观念，这个窟窿是集中生命力的地方。过了数千年之后这个神圣的地方仍然被佛教利用，被视为“婆罗贺摩（梵天）的孔洞”（M.杰夫列特，1997，第242页）。A.戈兰认为“……这种现如今被称为心脏的古代图像……”按照作者观点，与女性臀部组合出现，象征着“伟大的神”，也就是母亲祖先（戈兰，1994，第169页）。

在我们看来，可以将图像学的方法作为开展人脸（首）图像研究的基本原则。在合理地解决这些任务时，古代艺术家创作数量最多的人面像，均是从正面用对称的兼有它的侧部轮廓的方法制作。同时，在图像的上部分，在前额轮廓相连的位置，出现典型的弯曲（扎伊卡，2012 б）。类似的艺术手法（对称、“重叠”“分割成”两半），广泛地分布在太平洋地区民族的造像传统中（扎伊卡、叶梅尔亚诺夫，1998；扎伊卡，2001；2006 a；列维·斯特劳斯，1983，第219~220页）。关于它被诸如奥库涅夫人等古代人群使用这一点，在兽首残片中的双人形图像（两个轮廓对称）中得到证明（利奥捷耶夫等，2006，第103、111、140、194、230号等），已知的浅浮雕和人面像的平面图像相似，将人面像安置在石板的侧面是中间的一个变体（利奥捷耶夫等，2006，第21、70、141、247号等）。

在北亚泰加林和森林地区的新石器时代文化中广泛流行的同时，这种图像传统在某种程度上被南西伯利亚的畜牧文化所接受，但由于种种原因，它采用了某种“妥协”的形式。

事实是，对称展开的形式不仅展示了图式手法，而且多少也表明了二元对立的世界观，这是世界水平模型的典型特征（托博洛夫，1982，第24~28页）。二元对立通过人面像“眼睛的不同”及其“眼镜状的”[①]构图来突出图案的纵向设计（E.杰夫列特，2004，第187~193页）。在古老的世界水平模型中，宇宙的主轴是河流，其起源与积极的因素（出生，光，热）有关，河流出口则与死亡、黑暗和寒冷有关。相应的，死者将通过（“世界的”“部落的”“萨满的”）河流被送往“祖先之地”（托博洛夫，1994）。根据水生环境本质的一些迹象（扎伊卡，2009），在本文语境中的心形图像中，例如岩画中“人面像和船”组合出现的图像，可以视为引导死者的灵魂进行来世之旅，即在进入“祖先之地”的过程中扮演“向导”的角色，象征着神话中的祖先和图腾的保护者（扎伊卡，2003 б）。在平面上展开的鱼头，可以作为心形人面像（以及用于仪式目的的面具）最初的天然模型，其构图与这个图像非常相适应（扎伊卡、叶梅尔亚诺夫，1998）。这种转换过程和图像构成的语义关系，在美国岩画中有清楚的表现，其中鱼头和人面像的图像不仅在构图上相互组合，而且在图像上（在作者定义的语境中）彼此对应（奥克拉德尼科夫，1979，表6，图2）。大量心形人面像中刻画有眉弓，可能最初模拟的是鳃缝（图1，8 в；图4，15）。与亡灵崇拜和祖先崇拜的关系，决定了随后的图像转换，使一些人面像具有骷髅般的外观和恶魔特征（扎伊卡，2003a）。

在奥库涅夫早期的图像传统中，人面图案的水平模式占主导地位，标记世界秩序垂直模型的世界山（世界柱）——连接天地的宇宙轴占据了主要位置（在奥库涅夫艺术中，雕像或其在岩画中的图形解释）（克兹拉索夫，1986，第192页；叶欣，2009，第89、167页，图64）。

在进行宇宙模型的解释时，不同的世界观在具有鱼形特征的奥库涅夫人面像的各种“图案”组合中可以得到反映（扎伊卡，1991；2009）。石雕像[①]

①译者注：按照 E. 杰夫列特的解释，所谓的“眼镜状的”构图指的是人面像岩画眼睛部位有两个圆形轮廓和一条螺旋线，被一条或数条线条连在一起。同时，这些人面像本身也成对地组合在一起，被一根或数根线条连接起来，偶尔这些成对出现的人面像之间没有连接物，或者仅仅是彼此轮廓相连，具有很强的神格特征。

本身具有鱼的外形，而便携式石雕像则清晰地塑造了鱼的身体（塔拉索夫、扎伊卡，2000）。人面像与水生环境的共生关系可通过其位置的景观特征得到证实。图像位于周期性淹没的岩石突起部或岸边巨石上（扎伊卡，1996；杰夫列特，1976，第30页）。从制图来看，米努辛斯克盆地的草原石雕像大多数和天然水体（河流、湖泊）联系在一起（利奥捷耶夫等，2006）。

关于宇宙结构（垂直和水平）的不同认识导致了河流概念的转变，这种河流概念是世界上许多古代神话中都具有的“宇宙”状态。它来源于山顶，其上游代表天堂，中游代表地面世界，下游河口位置代表地下世界（克兹拉索夫，1986，第203页）。类似世界观的共生，与从攫取型的经济形式向生产型经济转变相关的过渡时期的文化特征相关，这在奥库涅夫传统图像中也有反映。

总之，铜石并用时代、早期青铜时代以及更晚期的南西伯利亚地区中世纪人面像的发展基础，既包括地方新石器时代居民基本的世界观，也包括更晚期毗邻的泰加林和森林地带渔猎文化的影响，部分来自安加拉河下游沿岸地区。这个过程最明显体现在米努辛斯克盆地奥库涅夫文化的岩画中，间接的体现在叶尼塞河上游和戈尔诺—阿尔泰地区。

结　语

根据南西伯利亚图像的年代数据和风格学、图像学分析的结果，可以得出以下结论：

1. 剪影式心形人面像起源于叶尼塞河中部地区。它们不晚于铜石并用时代，而其余的亚型在岩画区中“持续到”青铜时代晚期。图像的起源以水珠形人眼为基础。这种造像传统的作用反映在奥库涅夫文化的“塔斯—哈金斯基”类型人面像、图瓦地区“穆古尔—苏古尔”类型人面像的肖像学中，并且应当指出，一些戈尔诺—阿尔泰卡拉科尔文化的岩画人物中也有所体现。在西伯利亚西部和东部（阿穆尔河沿岸）地区，这个主题或者它的元素作为传播的结果，在青铜时代和早期铁器时代的艺术中偶然遇到。

2. 有轮廓的心形人面像出现于叶尼塞河中部青铜时代早期的岩画中。可能是“图伊姆”类型图像的变形，但更多证据表明这个图像和相关的观念来自于安加拉河下游地区。以相互联系的事实为例，在某种程度上这个图像的中间形态，被图瓦和和阿尔泰青铜时代的古代文化所接受。

3. 在我们看来，根据有轮廓的心形人面像的图像起源，心形轮廓人面图像起源的核心在于通过两个轮廓的对称组合将人的头部或面部投射到平面上，其确定了前额水平处的心形“偏转”。类似的艺术手法（对称的分配、“重叠”以及“分割成”两半）也出现在奥库涅夫文化的岩画中，相应的，提出了对这种造像传统的相关看法，而该传统在南西伯利亚的邻近地区没有

①译者注：这里的石雕像指的是奥库涅夫类型石雕像。

得到适当的传播。

4. 对称的分配外形是二元对立世界观的特征，对古代水平的世界模型而言是典型特征，在这里，河是世界轴。心形人面像和其他图像中的鱼形元素证实了它的起源，它起源于新石器时代形成的与水环境和“世界”河相关的观念。

5. 经济生产方式的发展和宇宙垂直结构的概念导致了心形图像（以及它们所暗示的意义）的转变，它们逐步简化，并且最终完全消失于南西伯利亚青铜时代成熟期的岩画和晚期的岩画中。

参考文献：

[1]Н.А.博科文科：《关于1984年克拉斯诺亚尔斯克边疆区叶尔马科夫和诺沃谢罗夫地区考古工作的报告》，俄罗斯科学院考古研究所田野调查部档案馆，Р－I，编号9393。

[2]А.戈兰：《世界和象征》，莫斯科：鲁斯利特出版社，1994年，第375页。

[3] Е.Г.杰夫列特：《一些鸟形和人形的图像：美国和亚洲的相似之处》，引自《关于原始艺术的国际会议论文集》，克麦罗沃：尼卡尔斯出版社，1999年，第1卷，第131~138页。

[4] Е.Г.杰夫列特：《Н.К.勒里赫和文化遗产利用》，引自《1997年勒里赫纪念报告会》，新西伯利亚：西伯利亚勒里赫协会，2000年，第366~375页。

[5] Е.Г.杰夫列特：《阿尔塔米拉：艺术的起源》，莫斯科：阿列杰雅出版社，2004年，第280页。

[6] Е.Г.杰夫列特、М.А.杰夫列特：《岩石中的神话：俄罗斯的岩画世界》，莫斯科：阿列杰雅出版社，2005年，第427页。

[7]М.А.杰夫列特：《乌鲁克—海姆岩画》，莫斯科：科学出版社，1976年，第120页。

[8]М.А.杰夫列特：《穆古尔—苏古尔岩画》，莫斯科：科学出版社，1980年，第271页。

[9]М.А.杰夫列特：《南西伯利亚和中亚的古代人像》，引自《原始艺术：欧亚岩画》，新西伯利亚：科学出版社，1992年，第29~43页。

[10]М.А.杰夫列特：《北亚和中亚岩画中的奥库涅夫人像》，引自《奥库涅夫论文集：文化、艺术和人类学》，圣彼得堡：彼得罗—里夫出版社，1997年，第240~250页。

[11]М.А.杰夫列特、Е.Г.杰夫列特：《作为古代迁徙标志的人面像》，引自《奥库涅夫论文集2：文化及其环境》，圣彼得堡：恩里克西斯·普林特出版社，2006年，第325~329页。

[12]Ю.Н.叶欣：《西伯利亚的古代艺术：萨姆斯文化》，托木斯克：托

木斯克国立大学出版社，2009年，第526页。（西伯利亚考古学和民族学博物馆成果第2卷）

[13]Ю. Н.叶欣：《萨姆斯和奥库涅夫文化的有关问题》，引自《以B.M.弗罗林斯基命名的托木斯克国立大学考古学和民族学博物馆成果》，托木斯克：托木斯克国立大学出版社，2002年，第一卷，第39~56页。

[14] А. Л.扎伊卡：《奥库涅夫图像的解读》，引自《西伯利亚和远东考古学和民族学问题》，克拉斯诺亚尔斯克：克拉斯诺亚尔斯克国立教育学院出版社，1991年，第2卷，第30~34页。

[15] А. Л.扎伊卡：《叶尼塞河中部的岩石艺术》，引自《叶尼塞河中部的泰加林》，热列兹诺戈尔斯克：穆夫茨出版社，1996年，第25~39页。

[16] А. Л.扎伊卡：《安加拉河下游人面像（风格分析结果）》，引自《为科学、实践、教育服务的地理科学：为庆祝俄罗斯地理学会克拉斯诺亚尔斯克分会成立100周年而召开的第七届科学实践和教学会议论文集》，克拉斯诺亚尔斯克：克拉斯诺亚尔斯克国立师范大学出版社，2001年，第48~52页。

[17] А. Л.扎伊卡：祖先国度的船（对安加拉河下游岩画主题的分析），引自《西伯利亚叶尼塞河流域的历史和文化》，克拉斯诺亚尔斯克：克拉斯诺亚尔斯克国立师范大学出版社，2003年，第21~31页。

[18] А. Л.扎伊卡：《人面像和船（安加拉下游岩画中的图像组合分析）》，引自：《北亚、东亚和中亚的考古学和古生态学问题：国际会议论文集》，新西伯利亚：俄罗斯科学院西伯利亚分院考古学和民族学研究所出版社，2003年，第128~130页。

[19] А. Л.扎伊卡：《安加拉河下游晚期岩画中的人面像》，引自《西伯利亚的民族：过去、现在和未来（国际会议论文集）》，第1卷，克拉斯诺亚尔斯克：克拉斯诺亚尔斯克边疆区方志博物馆，2004年，第102~105页。

[20] А. Л.扎伊卡：《安加拉河下游岩画研究历史》，引自《古代叶尼塞河流域的西伯利亚》，第4卷，克拉斯诺亚尔斯克：克拉斯诺亚尔斯克国立师范大学出版社，2005年，第127~147页。

[21] А. Л.扎伊卡：《岩画的田野调查法：教学参考资料》，新西伯利亚：新西伯利亚国立大学出版社，2006年，第43页。

[22] А. Л.扎伊卡：《亚洲艺术发展语境中的安加拉河下游人面像》，引自《奥库涅夫论文集2：文化及其环境》，圣彼得堡：埃里克西斯·普林特，2006年，第330~342页。

[23] А. Л.扎伊卡：《安加拉河下游的心形人面》，引自《考古和人种学研究的融合：研究论文集》，克拉斯诺亚尔斯克、鄂木斯克：科学出版社，2006年，第172~174页。

[24] А. Л.扎伊卡：《以人形图像为例的北亚岩画中的"新石器时代革命"》，引自《历史深处的欧亚大陆人类：研究论文集》，圣彼得堡：阿斯

杰廖恩，2008年，第175~190页。

[25] А.Л.扎伊卡：《北亚新石器时代人群世界观中的水环境（基于岩画资料）》，引自《西伯利亚的亚族群：文化、传统和精神性（全俄科学著作资料五）》，克拉斯诺亚尔斯克：克拉斯诺亚尔斯克国立师范大学出版社，2009年，第92~105页。

[26] А.Л.扎伊卡：《北亚岩画中的心形人面（关于造像传统的起源）》，引自《欧亚草原文化及其与古代文明之间的关系：纪念М.П.格拉兹诺夫诞辰110周年国际会议论文集》，圣彼得堡：俄罗斯科学院物质文化史研究所，2012年，第1册，第148~156页。

[27] А.Л.扎伊卡：《安加拉河下游岩画中的人面像》，引自《欧亚考古学、民族学和人类学》，2012年，第1（49）期，第62~75页。

[28] А.Л.扎伊卡、А.П.别列佐夫斯基、И.Н.叶美尔亚诺夫、Т.А.克柳奇尼科夫、А.Ю.塔拉索夫、Ю.А.格列夫佐夫：《比留斯河岩画（根据2000年的工作成果）》，引自《西伯利亚和邻近地区的考古学、民族学和人类学问题：俄罗斯科学院西伯利亚分院考古学和民族学研究所年会资料》，新西伯利亚：俄罗斯科学院西伯利亚分院考古学和民族学研究所出版社，2000年，第6卷，第122~123页。

[29] А.Л.扎伊卡、Н.И.德罗兹多夫、В.И.马库罗夫、В.В.沃因科夫、С.П.祖拉夫科夫、М.А.皮杨科夫：《叶尼塞河右岸岩画的研究成果》，引自《西伯利亚人类学和邻近地区的考古学、民族学和人类学问题：俄罗斯科学院西伯利亚分院考古学和民族学研究所2004年年会资料》，新西伯利亚：俄罗斯科学院西伯利亚分院考古学和民族学研究所出版社，2004年，第10卷，第257~258页。

[30] А.Л.扎伊卡、И.Н.叶美尔亚诺夫：《关于安加拉河下游人面像》，引自《原始艺术国际会议》，克麦罗沃，1998年，第98~99页。

[31]吉姆·周克·别、张苏红、Н.А.博科文科、М.Е.基卢诺夫斯卡娅：《中亚岩画》，首尔，2007年，第355页（用汉语和俄语书写）。

[32] Т.А.克柳奇尼科夫、А.Л.扎伊卡：《安加拉河下游岩画中的青铜时代的动物形象》，引自《青铜时代的北亚：空间，时间，文化》，巴尔瑙尔：阿尔泰国立大学出版社，2002年，第63~65页。

[33] Т.А.克柳奇尼科夫、А.Л.扎伊卡：《安加拉下游岩画中的鸟形图像（根据泪布诺耶岩画的调查材料）》，引自《欧亚大陆北部和邻近地区的考古学、民族学、古生态学》，第1卷，克拉斯诺亚尔斯克：克拉斯诺亚尔斯克国立师范大学出版社，2006年，第128~131页。

[34]О.В.科瓦列夫：《米努辛斯克盆地青铜时代晚期的岩画》，新西伯利亚：俄罗斯科学院西伯利亚分院考古学和民族学研究所出版社，2011年，第160页。

[35] И.В.科夫通：《悬石岩画和托木斯克岩画年代》，克麦罗沃：库兹

巴苏吉兹达特出版社，1993年，第140页。

[36] И. В.科夫通、И. Д.鲁萨科娃、Е. А.米科拉舍维奇：《托姆河沿岸岩画遗迹的考察》，引自《西伯利亚和邻近地区的考古学、民族学和人类学问题：俄罗斯科学院西伯利亚分院考古学和民族学研究所2005年年会资料》，新西伯利亚：俄罗斯科学院西伯利亚分院考古学和民族学研究所出版社，2005年，第11卷，第1期，第355~358页。

[37] В. Д.库巴列夫：《卡拉科尔的古代图画》，新西伯利亚：科学出版社，1998年，第171页。

[38] В. Д.库巴列夫、Е. П.马托奇金：《阿尔泰岩画》，新西伯利亚：科学出版社，1992年，第123页。

[39] Л. Р.克兹拉索夫：《古代哈卡斯》，莫斯科：莫斯科国立大学，1986年，第294页。

[40] Л. Р.克兹拉索夫、И. Л.克兹拉索夫：《哈卡斯北部的工作》，引自《1984年的考古发现》，莫斯科：科学出版社，1986年，第186~187页。

[41] Л. Р.克兹拉索夫、И. Л.克兹拉索夫：《矿渣墓——一种新的塔加尔文化古迹》，引自《1985年考古发现》，莫斯科：科学出版社，1987年，第255页。

[42] К. 列维·斯特劳斯：《结构人类学》，莫斯科：科学出版社，1983年，第535页。

[43] Н. В.利奥捷耶夫：《奥库涅夫文化人像（年代和语义学问题）》，引自《古代西伯利亚、中亚和东亚：新石器时代和金属时代》，新西伯利亚：科学出版社，1978年，第88~118页。

[44] Н. В.利奥捷耶夫、В. Ф.卡别立科、Ю. Н.叶欣：《奥库涅夫文化石像和石柱》，阿巴坎：哈卡斯图书出版社，2006年，第235页[译者注：本书共235页，作者引用时说有2006页，应属笔误]。

[45] Л. Н.利普斯基、Э. Б.瓦杰茨卡娅：《塔斯哈扎墓葬》，引自《奥库涅夫论文集2：文化及其环境》，圣彼得堡：埃里克西斯·普林特，2006年，第9~52页。

[46] В. Е.梅德韦杰夫：《阿穆尔河流域的新石器时代文化中心》，引自《欧亚大陆的考古学、民族学和人类学》，2005年，第4（24）期，第40~69页。

[47] Л. В.梅尔尼科娃：《勒拿河上游的环斑海豹图像（希什金诺岩画）》，引自《欧亚岩画：原始艺术》，新西伯利亚：科学出版社，1992年，第69~71页。

[48] Е. А.米克拉舍维奇：《奥库涅夫马：关于南西伯利亚马的驯化的问题》，引自《奥库涅夫论文集2：文化及其环境》，圣彼得堡：埃里克西斯·普林特，2006年，第191~211页。

[49] В. И.莫罗金：《再论图罗恰克岩画的年代问题》，引自《南西伯利亚古代居民的文化》，巴尔诺尔：阿尔泰国立大学出版社，1993年，第4~25页。

[50] В.И.莫罗金：《卡拉科尔文化》，引自《奥库涅夫论文集2：文化及其环境》，圣彼得堡：埃里克西斯·普林特，2006年，第273~282页。

[51] А.П.奥克拉德尼科夫：《杜贝林斯基—长石滩的新岩画（安加拉河）》引自《安加拉河流域的古代文化》，新西伯利亚：科学出版社，1978年，第160~191页。

[52] А.П.奥克拉德尼科夫：《安加拉河岩画》，莫斯科—圣彼得堡：科学出版社，1966年，第322页。

[53] А.П.奥克拉德尼科夫：《阿穆尔河下游岩画》，列宁格勒：科学出版社，1971年，第273页。

[54] А.П.奥克拉德尼科夫、А.И.马金：《阿尔丹河流域岩画》，新西伯利亚：科学出版社，1979年，第152页。

[55] А.П.奥克拉德尼科夫、А.И.马丁诺夫：《托木斯克岩画珍宝：新石器和青铜时代的岩画》，莫斯科：艺术出版社，1972年，第257页。

[56] Е.А.奥克拉德尼科娃：《亚洲和美洲的神秘人面像》，新西伯利亚：科学出版社，1979年，第167页。

[57] Д.Г.萨维诺夫：《关于奥库涅夫造像传统形成的问题》，引自《奥库涅夫论文集：文化、艺术和人类学》，圣彼得堡：彼得罗—里夫出版社，1997年，第202~212页。

[58] Д.Г.萨维诺夫：《关于奥库涅夫艺术风格和类型的划分》，引自《奥库涅夫论文集2：文化及其环境》，圣彼得堡：埃里克西斯·普林特，2006年，第157~190页。

[59] Э.А.《哈卡斯亚泰加林附近地区考古调查报告：1983年》，引自《俄罗斯科学院考古研究所田野调查部档案馆》，Р–І，第9584号。

[60] А.Ю.塔拉索夫、А.Л.扎伊卡：《小型的奥库涅夫石雕像（解释问题）》，引自《原始艺术的国际会议论文集》，克麦罗沃：尼克拉斯出版社，2000年，第2卷，第182~188页。

[61] В.Н.托博洛夫：《关于世界的原始观念》，引自《古代自然科学知识概述》，莫斯科：科学出版社，1982年，第24~28页。

[62] В.Н.托博洛夫：《河流》，引自《世界各国人民的神话：百科全书》，莫斯科：俄罗斯百科全书出版社，1994年，第2卷，第374~376页。

[63] К.В.楚古诺夫：《叶尼塞河上游新发现的人面像》，引自《奥库涅夫论文集：文化、艺术和人类学》，圣彼得堡：彼得罗—里夫出版社，1997年，第237~239页。

[64]李S.–M.：《韩国岩画中的鲸鱼》，引自《岩画世界：国际会议论文集》，莫斯科：俄罗斯科学院考古研究所出版社，2005年，第363~368页。

[65]扎伊卡·A.：《欧亚旧石器时代岩画中的人像》，引自《苏杨格和她的邻居：欧亚大陆和美洲的史前移民》，克拉斯诺亚尔斯克，2007年，第194~196页。

信息

Information

中国北方岩画遗产资料集成及数据库建设研讨会在银川召开

2018年8月16日，由北方民族大学社会学与民族学研究所主办的以“中国北方岩画遗产资料集成及数据库建设”为主题的学术研讨会，在银川召开。北方民族大学社会学与民族学研究所所长束锡红教授，宁夏大学人文学院院长胡玉冰教授，宁夏岩画研究专家李祥石研究员，原宁夏岩画研究中心主任乔华研究员，海南海洋热带学院杨超教授，中华女子学院艺术学院朱利峰副教授，西安美术学院美术史论系苟爱萍副教授，宁夏岩画研究中心杨惠玲副研究员等区内外岩画界的知名专家、学者及部分岩画保护机构人员参加。

宁夏大学人文学院院长胡玉冰教授首先指出，岩画作为图像文献，是古文献研究中不可或缺且具有重要学术价值的珍贵资料，尤其是研究内容，要注重可行性、可操作性，子课题的设计不宜过多，但要尽量完善。

海南海洋热带学院杨超教授指出，用岩画来复原历史面目，需要借助一些其他辅助材料才能更接近真实，而进一步实施系统研究则需要强大的资料集成及数据库建设作为支撑，这是岩画学研究进程中具有创新性和开拓性的举措。

中华女子学院艺术学院朱利峰副教授认为，应利用最新的资讯科技，将不可再生的岩画资源予以数字化，整合、建设成为图文资料库，供大众查询利用，进而实现岩画多元化的价值应用。

西安美术学院美术史论系苟爱萍副教授指出，北方人面岩画图像集多样性、多元性、复合性于一体，是中国人面岩画图像类型、风格最多样、本土图像最丰富、图像母题最独特的地区。各分布区人面岩画图像存在着内部的演化现象，因文化背景有别，宗教信仰成分各有侧重，人面岩画的图像母题亦各有偏重。

原宁夏岩画研究中心主任乔华研究员介绍了近年来西北地区岩画资料集成情况，及目前国内最为前沿和科学的岩画田野调查方法，并提出了中国北方岩画建设岩画档案体系探索性的设想和规划。

会后，项目组全力进行项目书的编制、撰写工作，并按时申报。10月23日，全国社科规划办传来喜讯，此次申报的《中国北方岩画遗产资料集成及数据库建设》已入选2018年度国家社科基金重大项目立项名单，相信此次入选必将对我国岩画研究事业的进步起到积极的推动作用。

（图/文　夏亮亮）

《岩画研究 2017》

由宁夏岩画研究中心主编的《岩画研究 2017》，将面向全国岩画界征集到的一些优秀文章，进行编辑、出版。这些文章分别从考古学、艺术学、图像学、人类学等学科角度出发，对我国乃至世界岩画进行综合研究，有新发现、新成果，也有钩沉、探索与研究等，是对近年来岩画界取得的研究成果进行的一次总结和梳理，推动了国内岩画学界专家、学者间相互交流与借鉴，以此促进我国岩画研究与保护工作的持续发展。

《广西左江蹲踞式人形岩画研究》

广西左江岩画规模宏大，气势磅礴，其主题内容90%以上是“蹲踞式人形”，数目之多在我国乃至世界原始岩画中都首屈一指。

本书作者黄亚琪教授，运用岩画语言符号学的方法，对左江81个岩画点中“蹲踞式人形”的普遍性以及特殊性进行研究，把左江岩画看成表情达意传递信息的符号，从岩画符号的语用、语形、语义三个方面，通过分析存在于岩画中的形式、意义以及创作者之间的关系，对左江岩画的部分和整体结构作出探讨和论证；同时本书还从整体的、可持续性的文化遗产保护观念上，对如何保护左江岩画进行了有益探索。

《岩石上的信仰》

由王晓琨和张文静合著的《岩石上的信仰》一书，运用考古类型学的方法，对中国北方系统中的人面岩画进行研究，分析与总结中国北方各区域人面岩画的特征及分布特点，并进行分期研究，同时尝试进行年代的探讨。同时，利用多学科的研究成果，对人面岩画的传播路线，人面岩画与原始宗教，人面岩画与巫傩面具及原始戏剧等问题加以讨论，以更全面地研究人面岩画的文化内涵，再现中国相关历史文化面貌。